RELIGION SAINT-SIMONIENNE.

POLITIQUE EUROPÉENNE.

ARTICLES EXTRAITS DU GLOBE.

PARIS,

AU BUREAU DU GLOBE, RUE MONSIGNY, N° 6.

PUBLICATIONS

DE

LA RELIGION SAINT-SIMONIENNE.

Les publications de la religion Saint-Simonienne ne sont pas une spéculation, mais une œuvre d'apostolat. L'enseignement qu'elles renferment est distribué aux mêmes conditions que les autres enseignemens, c'est-à-dire *gratuitement*. Elles sont adressées par nous aux personnes que nous avons *choisies* ou *acceptées*.

Les personnes qui désireraient les recevoir doivent adresser leur demande motivée au Directeur du *Globe* par lettre affranchie.

Le Globe, journal quotidien de la religion Saint-Simonienne.

Exposition de la doctrine de Saint-Simon, 1re année, 1 vol. in-8°, 3e édition.

Exposition de la doctrine de Saint-Simon, 2e année, 1 vol. in-8°. (Sous presse, pour paraître incessamment.)

Economie politique et Politique, petit volume in-8°. (Articles extraits du *Globe*.)

Lettres sur la Religion et la Politique, par Eug. RODRIGUES.

Aux Industriels, Lettres sur la Législation dans ses rapports avec *l'industrie* et *la propriété*, petit volume in-8°, par M. Decourdemanche. (Extrait du *Globe*.)

Industrie et Finances, Leçons de J. Pereire. (Extrait du *Globe*.)

Recueil de Prédications, 1 fort vol. in-8°.

Correspondance. (Extrait du *Globe*.)

Appel aux Artistes, brochure in-8°.

Résumé général de l'exposition de la première année. (3e édition.)

Enseignement central, brochure in-8°.

La Presse (articles extraits du *Globe*), brochure in-8°.

Politique européenne, petit volume in-8°.

Projet de Discours de la couronne, pour la session de 1831. — *Moyens de supprimer* IMMÉDIATEMENT *les impôts du sel, des boissons et la loterie.* — *La Vendée*, brochure in-8°. (Articles extraits du *Globe*.)

Réunion générale de la famille. — Détails de la séance du 19 et du 21 novembre à l'occasion de l'avénement de l'autorité nouvelle.

Enseignement fait par LE PÈRE SUPRÊME sur la morale et la politique nouvelle. (Sous presse.)

Tableau synoptique de la doctrine de Saint-Simon.

RELIGION SAINT-SIMONIENNE.

POLITIQUE EUROPÉENNE.

ARTICLES EXTRAITS DU GLOBE.

PARIS.
AU BUREAU DU GLOBE,
RUE MONSIGNY, N° 6.
1831.

RELIGION SAINT-SIMONIENNE.

POLITIQUE EUROPÉENNE.

ARTICLES EXTRAITS DU GLOBE.

PARIS.
AU BUREAU DU GLOBE,
RUE MONSIGNY, N° 6.
1831.

ÉVERAT, inprimeur, rue du Cadran, N° 16.

TABLE DES MATIÈRES.

AVIS.

Nous publions ici une série d'articles de politique générale qui ont déjà paru dans *le Globe*, et qui y ont été remarqués. Nous savons qu'ils présentent aujourd'hui ce défaut, entre autres, qu'ils sont parfois profondément empreints du caractère critique qui était et qui devait être plus particulier à notre rédaction alors qu'ils ont été écrits. Ils sont encore incomplets sous ce rapport, que nous y avons assigné à l'Orient un rôle trop passif vis-à-vis de la civilisation occidentale, et c'est pour ce motif que nous leur donnons aujourd'hui le titre restreint de *Politique Européenne*. Toutefois, ils posent les rapports des diverses puissances de l'Europe sur une base beaucoup plus large qu'on ne l'avait fait jusqu'à nous; c'est un premier essai de distribution des rôles dans l'œuvre humanitaire qui doit préparer l'*association universelle*; tels qu'ils sont, ils sont de nature à être lus avec profit.

Le Directeur du Globe,

MICHEL CHEVALIER.

POLITIQUE

EUROPÉENNE.

L'INTERVENTION.

(EXTRAIT DU GLOBE DU 17 DÉCEMBRE 1830.)

Depuis les événemens de juillet tout le monde a compris que les intérêts dont ils ont assuré le triomphe sont peu en faveur auprès des souverains de l'Europe ; tout le monde a senti que les principes de légitimité tels que les avait promulgués la sainte-ailliance, tels que les interprétait, en Allemagne M. de Metternich, en Angleterre Wellington, tels que les répétaient sur les autres trônes de l'Europe les fidèles échos de ces deux maîtres, venaient de recevoir un solennel démenti. On s'est rappelé la réponse faite à des démentis sinon pareils, au moins analogues, interjetés par les cortès espagnols, par les constitutionnels de Naples et de Turin. Pour écarter une attaque semblable à celle qui avait noyé dans le sang et enseveli sous des cadavres la constitution espagnole au sein de trois royaumes; attaque qu'on ne redoutait pas, car la

France a le sentiment de sa puissance, mais qu'on aurait voulu éviter parce que la guerre, considérée en soi, n'apparaît plus que comme un fléau; pour continuer paisiblement l'œuvre de régénération intérieure, un cri s'éleva unanime sur toute la France : on proclama le principe de non-intervention, on le posa comme une barrière à l'antipathie des rois contre les idées d'affranchissement.

Parmi les publicistes qui poussèrent avec eux la France entière à embrasser étroitement le principe de non-intervention, à lui vouer un culte, le plus grand nombre furent guidés par des sentimens d'ordre et de paix certainement dignes d'éloges, mais mal éclairés; quelques-uns cédèrent purement et simplement aux inspirations d'un patriotisme égoïste et barbare. Ceux-ci eussent volontiers entouré la France d'une enceinte de murailles pareille à celle de la Chine, et à l'abri derrière leurs remparts, isolés de tous les peuples de la terre, ils eussent, à leur compte, discuté leurs affaires, formulé une Charte et organisé leurs cités et leurs bureaux sans s'enquérir de ce qui se serait passé de l'autre côté de la muraille, sans s'inquiéter si au dehors on avait pour la France amour ou haine, sans écouter les menaces ou les cris plaintifs qui auraient traversé leurs lignes de circonvallation.

Les uns et les autres ont méconnu le rôle que la France est appelée à jouer dans les affaires du monde civilisé; ils se sont mépris sur le caractère et la gravité des événemens qui ont renversé le trône de Charles X.

L'histoire entière de l'humanité n'est autre chose qu'une série d'*interventions* d'homme à homme, ou de peuple à peuple. En se plaçant à une grande hauteur pour étudier la vie de l'espèce humaine, elle apparaît comme un être collectif se développant dans son ensemble et dans ses membres par le rapprochement et le contact continuel des diverses sociétés qui la composent, par leur action et leur réaction les unes sur les autres, et dans chaque société par l'action et la réaction des castes, des classes et des individus.

Pendant les premiers âges de l'humanité, où les peuples étaient plus habiles à détruire et à dévaster qu'à créer et à embellir, l'*intervention* a eu un caractère violent. Quelquefois des hommes ont compris qu'ils avaient mission d'accomplir, par leurs nations et par eux-mêmes, sur leurs compatriotes et sur les peuples voisins, une œuvre civilisatrice, une œuvre d'amélioration. Ceux-ci sont en petit nombre : ce ne sont guère que les révélateurs, ceux qui ont apporté à leurs semblables une religion nouvelle ou qui se sont chargés de la répandre. Ils ont fait sanctionner leur mandat par la foi religieuse. Mais presque toujours ils ont été obligés d'opérer par des moyens barbares sur des êtres barbares ; ils sont *intervenus* le glaive à la main dans les affaires des peuples qu'ils avaient mission d'initier à des progrès nouveaux ; ils ont fait écouter leur enseignement en imposant silence autour d'eux par le fer et par le feu.

Et cela a été convenable et légitime, car c'était la condition du progrès de l'humanité.

Tel a été le caractère général des guerres et des actes du gouvernement, quelquefois sanglant, de Moïse, de Charlemagne et de Mahomet.

Souvent encore des hommes et des peuples ont surgi, instrumens aveugles d'une loi de perfectibilité, chérissant la guerre, idolâtrant la conquête et s'y adonnant avec passion. Tantôt ce sont les Grecs et les Romains épanchant leur civilisation supérieure sur des peuples moins avancés, et superposant une nationalité plus large à une foule de nationalités étroites; tantôt ce sont les barbares qu'un vague instinct fait déborder de leurs forêts, et qui viennent providentiellement et sans en avoir la conscience, briser des institutions vieillies, pour faire place à des institutions progressives.

Ainsi dans le passé, la guerre, malgré toutes ses horreurs, malgré toutes les cruautés dont furent souillés les lauriers des consuls romains et des stratréarques grecs, des César et des Alexandre; malgré les profanations hideuses et les dévastations qui signalèrent les pas des Attila et des Clovis; la guerre, alors si meurtrière, si spoliatrice, si étrangère à tout sentiment de générosité et de clémence, la guerre, c'est-à-dire l'*intervention armée*, apparaît comme un moyen puissant d'éducation du genre humain, comme un instrument de progrès et d'amélioration, comme un lien qui a enlacé les peuples, les a mêlés les uns aux autres et les a préparés à une association générale où la violence ne trouverait plus de place.

Plus près de nous, les sociétés *interviennent* encore très fréquemment les unes chez les autres; mais comme elles sont alors singulièrement adoucies, parce que Jésus-Christ, et après lui quelques pêcheurs de Judée, jugèrent à propos, il y a dix-huit cents ans, d'*intervenir* dans les affaires du monde entier; ce n'est plus toujours les armes à la main et la menace à la bouche qu'un peuple se présente à un autre peuple. Les missionnaires ne sont pas exclusivement des guerriers. Les armées ne sont que les escortes de commerçans, ou de prêtres, ou de philosophes. Souvent même ceux-ci se présentent tèls que Penn dans les contrées éloignées, seuls, inoffensifs, sans autre mousqueterie que leurs marchandises, sans autre artillerie que la parole de l'Évangile ou que la science et les arts.

Dans la situation présente des peuples européens, leurs relations ordinaires ne sont qu'une intervention continuelle. Bien plus : il y a déjà entre eux de nombreux élémens d'une association vigoureuse. Sous le point de vue commercial, il y a association par la solidarité des affaires de banque auxquelles se rattachent toutes les autres, solidarité si bien constituée, qu'une hausse ou une baisse à Paris se répercute immédiatement à Londres, à Pétersbourg, à Francfort, à Amsterdam, partout enfin où l'on négocie et où l'on cote des valeurs. Sous le point de vue scientifique, il y a association par le fait des rapports constans d'académie à académie, ou de savant à savant. Sous le point de vue moral, le lien d'association se resserre de jour en jour par la communauté de vues et d'affections, par la disparition des haines nationales, par les sympathies vives qui de chaque centre viennent converger vers Paris. Dans un pareil état de choses, il y a échange continuel de sentimens, d'idées et de produits matériels entre les peuples; et de cette circulation constante, de ce triple courant qui toujours va et revient, s'alimentant et se dispersant sans cesse, résulte une *intervention* perpétuelle d'homme à homme, de cité à cité, de nation à nation, de continent à continent.

Dans ce majestueux ensemble des peuples gravitant avec dignité vers une unité glorieuse de bonheur, de science et de richesse, nous le disons avec une conviction tout-à-fait pure des inspirations d'un patriotisme égoïste, la France apparaît comme le coryphée qui précède et conduit la foule, comme le foyer de toutes les sympathies, de tous les efforts généreux; c'est elle qui continue avec éclat la mission des peuples civilisateurs; c'est elle qui a mandat de grandir sans cesse en élevant avec elle les autres peuples, c'est elle vers laquelle tous tournent les yeux, pour qu'elle leur indique d'un signe ce qu'ils doivent aimer, ce qu'ils doivent penser, ce qu'ils doivent faire; c'est elle qui a le superbe privilége de répandre à pleines mains l'enthousiasme dans l'univers, de faire partager à toutes les nations ses joies et ses douleurs; c'est elle aussi dont les bras sont animés d'une vigueur irrésistible; c'est en elle que tous les peuples ont placé leur confiance et leur espoir.

De toutes les contrées la France fut celle où la féodalité fut le plus tôt attaquée; il y a quarante ans, nos pères assaillirent les derniers retranchemens de la vieille forteresse édifiée par Charlemagne; ils l'envahirent en foule, la saccagèrent, la minèrent par mille points, et la firent sauter avec fracas. L'explosion fut épouvantable; les trônes d'Europe furent ébranlés, les peuples secouèrent leurs chaînes, et la France, inondant l'Europe entière de ses soldats et de ses missionnaires républicains, propagea chez tous l'enseignement anti-féodal, brisa les couronnes, détacha çà et là des chaînes, et, momentanément épuisée par tant d'efforts, se reploya sur elle-même, pareille au Nil qui rentre dans son lit lorsqu'il a déposé sur le sol de l'Égypte le limon salutaire qui la fertilise.

Les quinze années qui viennent de s'écouler ont été comme un long entr'acte dans le grand drame de l'affranchissement et de la régénération des peuples. Voici qu'un nouvel acte vient de s'ouvrir......

LOI DES 80,000 HOMMES.

LA FRANCE ET L'ANGLETERRE.

(EXTRAIT DU GLOBE DU 8 DÉCEMBRE 1830.)

La loi sur la levée de 80,000 hommes a été présentée, examinée, rapportée, discutée et votée en quatre jours. Une pareille vivacité est peu dans les habitudes de la Chambre; c'est un progrès qu'elle a accompli, c'est une réponse à ceux qui l'accusent d'immobilité, réponse directe et beaucoup plus péremptoire que les âcres admonestations adressées à la jeunesse, ou que les citations à la barre dont on a fait peur à certains magistrats.

Il est cependant remarquable que les faits à l'occasion desquels la Chambre manifeste cette activité inaccoutumée, les seuls qui aient puissance de lui donner, sinon l'enthousiasme, au moins la chaleur vitale, soient exclusivement ceux qui sont conçus et exécutés dans des formes rétrogrades, bien que pour un but légitime, et qui par leur nature ne sauraient l'être autrement. Il est singulier que le seul moyen d'exciter les sympathies de ces législateurs peu belliqueux soit de faire retentir à leurs oreilles un cri de guerre; que pour les rendre vigilans et alertes, il faille absolument faire un appel à leurs sentimens de haine contre de *grands princes* qui les menacent, et que ce soit en les entretenant de 500,000 baïonnettes et de préparatifs guerriers, en leur parlant combats et prouesses, qu'on obtienne d'eux le plus grand de tous les sacrifices, celui de leurs habitudes lentes, de leur mollesse circonspecte et méticuleuse. Ils doivent eux-mêmes être tout surpris d'avoir voté par acclamation un impôt énorme, le plus onéreux de tous, celui du sang; de l'avoir voté large et abondant, eux qui ont consumé en débats inactifs des semaines entières, des mois bien longs, pendant que l'industrie gémissante, atteinte d'un coup imprévu, languissait à la porte, implorant leur secours; eux qui, après une longue attente, n'ont su lui mettre dans la main qu'un soulagement précaire, qu'ils regrettaient tout haut de ne pas lui avoir refusé. Ne dirait-on pas que le seul sentiment vivace dans le cœur des députés de France soit une aversion profonde contre le passé personnifié dans la race déchue et dans les rois qui s'en feraient les champions imprudens; que chez eux toute affection générale est éteinte, et qu'ils ne savent plus rien aimer, rien, pas même l'industrie, qui est la nourricière des empires.

Ce n'est pas seulement l'allure animée de cette discussion qui mérite une attention sérieuse. Lorsque après les événemens de juillet les hommes d'en bas, tout animés encore de l'ardeur du combat, crièrent vivement vers la

Chambre, et lui demandèrent vaguement des *progrès*, elle, dont la plupart des membres n'avaient vu dans la révolution que la substitution d'un drapeau à un autre sur le clocher de leur village, elle qui n'avait pas respiré l'odeur de la poudre, prit assez mal les brusques avertissemens qu'on lui adressait, et repoussa avec humeur les donneurs d'avis, les traitant de *jeunesse inquiète et inexpérimentée.* Il n'y a même pas long-temps, l'un des orateurs de la majorité les reprit encore une fois avec amertume, leur disant que le *progrès c'était la soif des places.* Or cependant un perfectionnement s'est accompli; il s'est réalisé au sein même de la Chambre, et l'orateur que nous venons de citer s'est raccommodé avec le *progrès* lui-même. Ce mot, dont on s'était fait un épouvantail, qui avait la fâcheuse prérogative d'exciter, au sein de l'assemblée, des murmures et des tumultes, M. Jars l'a prononcé, l'a répété, l'a répété encore, toujours à propos, avec l'épanchement d'une réconciliation récente. « La guerre, a-t-il dit, ne saurait être le vœu d'un » esprit *progressif;* la guerre compromet tout et détruit » tout : c'est un obstacle certain à tous les *progrès*, à toutes » les améliorations; c'est un fléau des temps anciens, un » legs de la barbarie, et nous devons espérer que la civili» sation moderne, à mesure de ses *progrès*, pourra nous » en délivrer. »

Ces pensées sont assurément de celles qu'on est malheureusement peu habitué à entendre prononcer par les politiques du jour, par les hommes qui contemplent dans le ravissement de l'extase le mécanisme compliqué de l'équilibre européen; et comme elles ont été hautement applaudies, nous en concluons que la majorité de la Chambre a prodigieusement avancé depuis le temps où les membres qui la composent aujourd'hui votaient dans le même budget

200 millions pour les dépenses du ministère de la guerre, et 2 à 300,000 francs pour l'instruction élémentaire.

M. Audry de Puyraveau est allé plus loin encore que M. Jars : c'est dans l'ordre; il est un des honorables membres que le mot de progrès avait le moins effarouchés. « Bientôt, a-t-il dit, la guerre ne sera plus possible : les » peuples ne voudront plus se suicider. ILS FORMENT PAR LE » FAIT UNE SEULE FAMILLE qui bientôt n'aura plus de limites » que celles nécessaires à l'administration. Des rapports » existeront, qui feront participer tous les peuples aux » créations de toutes les contrées, et l'association sera réa» lisée dans le vœu de la nature. »

Après de telles déclarations, il était impossible que la Chambre accueillît avec bienveillance les démonstrations hostiles du général Richemont contre l'Angleterre. A part quelques considérations fort raisonnables sur l'impossibilité qu'il y aura pour la Belgique à exister comme état isolé, et à part des observations stratégiques d'un haut intérêt sur le sentiment hostile à la France qui a présidé à la démarcation de ses frontières lors des traités de Paris et de Vienne, le long discours du général, beaucoup trop long au gré de M. le ministre des affaires étrangères, qui s'en est expliqué avec une franchise peu diplomatique, a pour objet unique d'éloigner la France de toute alliance avec le cabinet anglais.

C'est là une question grave, et la Chambre, qui ne veut pas de guerre, a sagement fait en repoussant la solution présentée par l'honorable général. C'est ce que nous allons essayer de démontrer.

Les longues et sanglantes querelles du moyen âge, ces terribles débats dans lesquels les peuples de la Germanie, devenus les maîtres de l'Europe, très-incomplètement policés dès l'abord par le christianisme, assouvissaient leur fureur belliqueuse, leur rage de conquête, peuvent se résumer depuis long-temps par la lutte acharnée de la France contre l'Angleterre. L'une et l'autre, entraînant les autres états dans leur orbite comme des satellites soumis, se sont ainsi choquées pendant huit cents ans, depuis la bataille d'Hastings jusqu'à celle de Waterloo, avec une haine insatiable, s'envahissant tour à tour, se ruant sans cesse l'une sur l'autre, et n'interrompant les hostilités que lorsque, accablées de lassitude, elles avaient besoin de respirer. Les papes seuls, et ceci est une des preuves les plus frappantes de l'influence pacifique exercée en Europe par le christianisme; les papes seuls eurent la puissance de mêler un instant les deux nations sous le même drapeau; à eux seuls il fut donné d'établir une alliance entre les deux peuples et de les envoyer combattre pêle-mêle, pour la gloire et la défense de la chrétienté, contre Saladin, le héros de l'islamisme.

La systématisation de la plupart des guerres, si complexes au premier coup d'œil; qui ont désolé l'Europe, mais qui ne l'ont pas désolée en pure perte, parce qu'à une époque où la science et l'industrie n'existaient qu'en rudiment informe, c'était le seul moyen de rapprochement qui existât entre les nations; la personnification de l'antagonisme général, qui a agité la chrétienté, par l'antipathie des deux peuples anglais et français, sont manifestes dès les temps les plus reculés : toutes les fois qu'il s'est livré une bataille, la France a eu ses soldats, ou au moins ses alliés, ses représentans d'un côté, et l'Angleterre les siens de l'autre; chacune a été l'ame, la vie d'une des deux parties belligérantes.

Ce fait est surtout bien net depuis l'époque où le développement industriel, qui s'est manifesté en Angleterre à la suite de la réforme religieuse, lui donna moyen d'intervenir activement contre la France autrement que par ses soldats. Ainsi l'on voit sous Louis XIV la France en lutte continuelle avec une coalition formidable, formée successivement de diverses puissances, et finalement de l'Europe presqu'entière, que la reine Anne avait ameutée; ainsi, sous Louis XV, les guerres de sept ans et celle de la succession impériale furent des duels entre la Grande-Bretagne, agissant par ses propres troupes et par celles des princes allemands qu'elle stipendiait, et la France, entourée des puissances méridionales, dont les rois, membres de la famille bourbonienne, n'étaient, à vrai dire, que les mandataires du monarque de Versailles, du moins pour toutes les questions de politique générale.

A partir du règne de Louis XVI, les combattans se dessinent plus nettement encore; les guerres que le monde entier contemple en suspens sont des combats corps à corps entre la France et l'Angleterre. On se bat tout le long de l'immense littoral de l'Amérique septentrionale, des flottes se canonnent et s'abordent à l'île d'Ouessant, dans la baie de Chesapeack, en cinquante points des parages des Antilles, et toujours les soldats portent d'un côté les fleurs de lis (alors ce signe n'était pas souillé du sang de juillet), de l'autre, le léopard de la riche Albion. A l'époque de la république, l'Europe entière se lève contre la France, bientôt les rois épuisés veulent poser les armes; mais l'Angleterre est derrière eux qui les alimente de ses subsides; et qui d'un fleuve d'or remplit leurs coffres sans cesse vidés par les dépenses de cette guerre terrible. C'était elle, c'était Pitt que l'on battait à Fleurus, dans les mille combats de l'Italie et de l'Allemagne; c'était lui que frappait la garnison de

Mayence lorsqu'elle faisait une boucherie de l'armée vendéenne; c'était Pitt, toujours Pitt que l'on rencontrait à Aboukir, à Saint-Jean-d'Acre, à Héliopolis, à Zurich et à Marengo, dans la personne de la marine ou de l'infanterie, ou de l'artillerie anglaise, dans la personne des Turcs, dans celle des Autrichiens et des Russes, partout enfin où il y avait des ennemis du nom français. Et lorsque les princes épouvantés signent humblement des traités de paix à l'apparition du drapeau tricolore aux portes de leurs capitales, seule l'Angleterre reste debout, défiant la révolution et bravant les tempêtes qui éclatent en Irlande.

Enfin, après le traité éphémère qui porta le nom de paix d'Amiens, s'accomplit le dernier acte de ce drame affreux. D'un côté Napoléon, de l'autre Pitt, Castelreag et Wellington, s'assaillirent pendant quatorze ans avec une rage qui tenait du délire. Par le blocus continental, Napoléon ferma tous les ports de l'Europe à ses ennemis; il les poursuivit deux fois dans les murs de Vienne, les flagella sur les épaules de François, d'Alexandre et de Guillaume, les chassa de Lisbonne, mit la Péninsule en feu pour les en écarter, et alla faire sauter le Kremlin pour les exclure d'Odessa, de Cronstadt et d'Archangel.

Eux, non moins tenaces, vomirent des soldats dans la Hollande et dans la Péninsule, lui suscitèrent sans cesse des ennemis à un bout de l'Europe, lorsqu'il était occupé à une autre extrémité. Enfin, grâce aux rigueurs imprévues de l'hiver de 1812, le colosse, affaissé sous le poids des glaces du Nord, chancela, et ils l'écrasèrent sous le poids d'un million de Prussiens, d'Espagnols et de Cosaques.

Mais cette épouvantable querelle de Napoléon et du cabinet anglais n'était autre chose que l'effrayante agonie du génie guerrier de l'Europe. Les sentimens de patriotisme étroit qui divisaient jadis les peuples sont tombés avec des monceaux de cadavres dans les fosses profondes de Leipsick, de Lutzen et de Waterloo; la sainte-alliance cherchait en vain à les exhumer, lorsqu'elle même s'écroula, frappée du même coup qui atteignit le ministre dirigeant, lord Castlereagh. De pareilles guerres d'horreur et d'extermination sont désormais impossibles; car la guerre ne vit que de haines, et les haines nationales sont éteintes à jamais.

Aujourd'hui l'Angleterre applaudit avec le monde entier à la révolution de juillet; non pas comme en 1789, car alors une partie seulement de la population anglaise, et c'était la plus éclairée, sympathisait avec les patriotes de Paris; actuellement la France compte en Angleterre autant d'admirateurs qu'il y a d'individus, à part un tout petit parti aristocratique sans racines dans la nation. Sur les théâtres, dans les tavernes, le nom français n'est prononcé qu'avec respect et avec éloges; et pendant que d'ignobles caricatures, où le ridicule et le sarcasme étaient prodigués à la Grande-Bretagne, disparaissaient peu à peu en France des murailles et des tréteaux, de l'autre côté du détroit le bon sens public faisait justice de toutes les vieilles turpitudes, de tous les lazzis ironiques qui, d'après un antique usage, étaient en possession de faire rire aux dépens des Français.

Un tel accord entre les peuples est évidemment le prélude d'une alliance politique intime. Tout porte à croire qu'en dépit des erremens d'une diplomatie aveugle qui se croit profonde, parce qu'elle opère ténébreusement et tortueusement sous terre, les chefs de l'Angleterre et de la France se jetteront dans les bras les uns des autres, car les gouvernemens, pour être stables, ne doivent être que la personnification des nations.

Cette alliance aura lieu : et c'est la plus convenable pour la France, parce que, selon nous, les *alliés naturels* sont les peuples qui sont les plus avancés, les plus riches, les plus voisins l'un de l'autre, et non, comme le pense M. Richemont, ceux qui *sont séparés par de vastes contrées*, pas plus que ceux qui, comme la France et la Russie, sont placés, l'un au premier étage, l'autre au dernier sur l'échelle de la civilisation européenne.

C'est surtout la plus désirable pour les amis de l'humanité, pour ceux qui veulent qu'elle fasse de nouveaux progrès, aux yeux desquels la guerre est un *fléau*, un *legs de la barbarie*. Car lorsque la France et l'Angleterre se seront embrassés étroitement ; lorsque les deux nations qui tiennent en leurs mains les richesses du monde et le flambeau de la science, celles qui sont les régulatrices des sentimens, des pensées et des actes de l'univers, se seront unies pour marcher ensemble vers un même but, entraînant avec elles les peuples accoutumés à suivre leurs traces ; qui pourra barrer le chemin à ce majestueux cortége ? qui osera le vouloir ? quelle cervelle insensée pourrait concevoir le plan d'une pareille entreprise ?

DIRECTION NOUVELLE

A DONNER

A LA POLITIQUE GÉNÉRALE.

(EXTRAIT DU GLOBE DU 3 JUIN 1831.)

Depuis dix mois il s'est fait beaucoup de diplomatie en Europe : le gouvernement français en a fait pour sa part plus que tous les autres ; mais il l'a enveloppée de tant de mystère, ou plutôt il l'a faite si indécise, qu'il est difficile de savoir positivement quelle est sa pensée directrice, ou même s'il en a une.

Toutefois il nous paraît à peu près certain qu'il a toujours agi sous la préoccupation de cette idée que la guerre serait mortelle au système récemment établi en France ; et que, dans cette opinion, il s'est prêté à ce qui lui paraissait efficace pour comprimer toute commotion partielle, pour maintenir le *statu quo* qu'il confond avec la paix, espérant par là éviter la conflagration générale qu'il redoute pl que personne.

En cela il s'est trompé, comme ferait un médecin qu ayant à guérir un malade atteint d'un mal profond, ira cautérisant un à un tous les indices extérieurs par lesque le mal se manifesterait successivement, au lieu de lui ac ministrer un traitement général. Vains efforts! à peine un plaie serait fermée qu'une autre s'ouvrirait ailleurs, e le prétendu médecin se trouverait, après bien d'infruc tueuses opérations, n'avoir été que le bourreau de son malade.

Le gouvernement nouveau, en vivant de la sorte, d'expédiens au jour le jour, n'a évité véritablement aucune difficulté; il n'a fait que les ajourner en les aggravant. Ce que voyant, beaucoup de gens sont disposés à croire qu'il y a dans son fait lâcheté insigne, trahison, pacte infernal. Nous croyons, nous, qu'il y a seulement erreur; erreur cependant qui deviendrait éminemment funeste si l'on s'y entêtait.

Notre devoir n'est pas d'observer le pouvoir, de surveiller ses mouvemens pour le châtier aigrement et le menacer lorsqu'il s'est mis en défaut, mais bien de l'avertir et de lui montrer la bonne route. Au lieu donc de perdre notre temps en des récriminations irritantes, nous le préviendrons qu'il n'a pas compris la tâche que la France a accomplie depuis quarante ans, et celle qui lui convient aujourd'hui; et nous essaierons, ainsi que nous l'avons déjà tenté, de lui faire comprendre l'une et l'autre.

Depuis quarante ans la France est à la tête d'un immense travail qui s'opère dans toute l'Europe. Elle renverse le passé; elle prépare l'avenir.

Le passé, c'est le régime fondé sur la *légitimité* par droit de NAISSANCE, régime où les peuples et les classes étaient divisés d'affections, de pensées et d'intérêts; régime d'hostilité où chacun s'efforçait de s'assurer sur ses voisins une suprématie violente.

L'avenir, c'est l'association universelle des peuples et des individus, unis entre eux pour leur développement pacifique, MORAL, *scientifique* et *industriel.*

Les guerres de la révolution, guerres d'enthousiasme, de fraternité et de propagande, eurent spécialement pour objet de détruire chez tous les peuples européens les habitudes féodales, les priviléges nobiliaires, les barrières élevées entre les nations et les classes.

Puis vint Napoléon, qui régularisa cette vaste démolition en France et à l'extérieur, qui laboura l'Europe en tout sens, véritable ange exterminateur de l'ancien régime, par sa rapidité et par la puissance de ses coups. Il traça ce code qui consacre le principe de l'égalité, qui l'applique très-largement, à beaucoup d'égards, aux rapports matériels des individus. Il le promulgua partout, l'implanta profondément dans son immense empire, le fit au moins partiellement adopter par les princes nombreux auxquels il avait imposé son patronage. Il modifia ou biffa les tarifs de douanes entre les nations du continent.

Pour inoculer à toute l'Europe les principes de la révolution française, il incorpora à la France l'Italie, la Hollande, les rives du Rhin, les villes anséatiques; il rejeta dans le moule la constitution helvétique, et noua fortement les cantons les uns aux autres, à l'aide d'un même lien qu'il garda dans sa main puissante. Il tenta, par la confédération du Rhin, un essai d'union germanique; épura l'Allemagne de quelques monstruosités féodales, la plaça sous son protectorat, c'est-à-dire sous sa direction. Il envahit l'Espagne et le Portugal; il crut même un instant qu'il allait étendre sa loi sur l'héroïque Pologne. Par ses soldats, par ses ambassadeurs, par ses préfets, par ses commissaires, par ses décrets partout exécutoires, lui, que des observateurs superficiels haïssent comme le représentant du despotisme, il travailla sans relâche à la réforme politique de l'Europe; il propagea partout les sentimens d'égalité; il démantela partout le système féodal.

En 1814, Napoléon fut arrêté dans son œuvre; il fut vaincu par les deux plus grandes puissances rétrogades de l'Europe, autour desquelles se groupèrent, dès que le géant chancela, tous les féodaux qu'il avait foulés aux pieds; par l'aristocratie anglaise, qui, par Pitt et Castlereagh, dominait depuis vingt ans la Grande-Bretagne; et par la Russie, peuple de soldats qu'on mène à la baguette, et qui doit être ainsi mené, car le bras de fer de l'autocrate peut seul aujourd'hui pousser à la civilisation une population barbare; par l'Angleterre, personnification de l'élément industriel, qui en le terrassant, lui guerrier, constata la supériorité de la force créatrice sur la force qui détruit; et par la Russie, à laquelle il avait cherché vainement à opposer la double barrière de la Pologne et de la confédération du Rhin.

Et si terrible qu'ait été la catastrophe dans laquelle ce colosse fut englouti, on ne saurait faire un crime à ses vainqueurs de l'avoir abattu, car il était devenu la guerre incarnée; il avait détruit par la guerre les institutions guerrières : et si celles-ci avaient disparu, ce ne pouvait être pour faire place à d'autres institutions qui en fussent les fantômes.

A partir de 1814, la politique européenne, dirigée par l'aristocratie féodale, et principalement par Castlereagh et

Wellington, et par l'empereur Alexandre, fut toute réactionnaire contre la politique de la révolution française. La sainte-alliance se proposa exclusivement pour but d'arrêter le progrès des idées d'égalité et de liberté. Son règne fut serein et sans partage jusqu'au suicide de Castlereagh. Mais à ce moment l'aristocratie anglaise, réduite à se défendre contre les réformateurs, abandonna à leurs propres forces les rétrogrades du continent. Dès lors la sainte-alliance fut à peu près réduite à l'impuissance. A la mort d'Alexandre, la Russie, absorbée soit par des dissensions intestines, soit par ses projets de guerre contre la Turquie, n'en fit plus partie que nominalement; si bien que de fait elle se trouva dissoute, ou ne subsista plus que dans le cœur de M. de Metternich.

Le mouvement réactionnaire ayant cessé, le mouvement d'émancipation devait reprendre; c'était à la France de donner le signal. Le 25 juillet a donc eu lieu; et les insurrections de Belgique, de Pologne, de Brunswick, de Dresde, de Suisse et d'Italie, les troubles même survenus à Berlin, l'allure vive qu'a prise depuis lors la réforme en Angleterre, tous ces symptômes attestent que le signal a été aperçu de tous, que de toutes parts on est en mesure, qu'on marque le pas en attendant l'ordre de marcher.

Mais la reprise du mouvement progressif ne doit plus être comme la période qui a duré de 89 à 1814, exclusivement destructrice. Elle doit au contraire être particulièrement fondatrice, car les institutions du passé sont presque partout moralement ruinées, et presque partout leur existence ne tient plus qu'à un fil. Il s'agit bien moins aujourd'hui de broyer la féodalité que de poser les bases premières de l'*association* des peuples pour le développement MORAL, *scientifique* et *industriel*. Or nous pensons qu'il serait très-possible de diriger cette œuvre créatrice de manière à éviter de recourir au grand levier de la destruction, c'est-à-dire à la guerre.

En ce moment l'Angleterre a secoué le joug de l'aristocratie; M. Brougham s'assied à la place si long-temps occupée par le vieux lord Eldon. Elle va définitivement commencer sa transformation politique. De son côté, l'Allemagne, dont la Pologne peut être considérée comme un appendice, soupire elle-même après une régénération; elle aspire hautement à l'unité dont elle n'a jamais possédé que le simulacre. L'Angleterre et l'Allemagne, l'Autriche exceptée peut-être, ont bien autre chose à faire aujourd'hui que de guerroyer contre la France; elles sentent au contraire vivement le besoin des progrès que la France a déjà réalisés; et l'on ne provoque pas en duel les gens que l'on se propose pour modèles, auxquels on a témoigné la plus profonde admiration.

C'est l'alliance de la France qu'il faut à l'Angleterre et à l'Allemagne, alliance qui n'est pas moins dans les vœux et dans les besoins de la France.

Le peuple français est le plus SYMPATHIQUE, le plus LIANT, celui qui est doué au plus haut degré du sentiment d'association avec les autres peuples, celui qui possède les *idées* les plus larges, les plus générales, et la plus ardente *activité*. C'est de toutes les nations la plus complète par l'ensemble de ses facultés; il est prédestiné à être le LIEN de l'association universelle, puisqu'il peut le mieux sentir, comprendre et cultiver tous les autres peuples; il représente spécialement l'élément MORAL de l'humanité.

L'Angleterre est la terre de l'*industrie*, du perfectionnement *matériel*, de la *richesse*. L'Angleterre a porté à un haut degré de perfection toutes les branches de la fabrication. Par ses produits variés à l'infini elle a considérablement fait pour l'amélioration de la condition *matérielle* des hommes; par ses colonies, par son commerce et par son innombrable marine, elle a semé par tout l'univers les germes de l'ASSOCIATION UNIVERSELLE; c'est à elle qu'il est plus particulièrement réservé d'initier au bien-être et aux merveilles de l'*industrie* les populations *misérables* dont le globe est aujourd'hui couvert. Elle représente spécialement l'élément *industriel* de l'humanité....

L'Allemagne est le pays de la *science* : elle est la terre des poètes de l'*esprit*, des imaginations rêveuses, contemplatives, mystiques. C'est là que s'opèrent les plus importans travaux d'érudition, de métaphysique, de théories. C'est là que des savans infatigables se sont livrés, avec une constance sans égale, à des investigations extrêmement étendues, par lesquels ils ont singulièrement enrichi et éclairé l'histoire, la législation, les sciences minéralogique et zoologique. C'est l'Allemagne qui renferme les plus nombreuses ressources pour l'organisation du corps scientifique et dogmatique de l'avenir. Elle représente spécialement l'élément *rationnel*, *scientifique*, *spiritualiste* de l'humanité.

Par sa position géographique et par son génie particulier, la France doit être le LIEN de l'Allemagne et de l'Angleterre qu'elle résume en elle, et, par cette alliance, devenir la directrice de l'humanité.

La France, l'Allemagne confédérée et l'Angleterre ont toutes trois besoin les unes des autres pour se compléter. Par leur union elles formeraient une trinité puissante qui représenterait, de la manière la plus parfaite possible, toutes les faces du développement de l'humanité, MORALE, *science*, *industrie*. Toutes trois, associées pour leur propre amélioration et pour l'avancement général de la civilisation, présenteraient une masse d'ENTHOUSIASME, de *lumières* et de *puissance matérielle* que tous béniraient, contre laquelle nul ne pourrait avoir la pensée de se heurter; toutes trois produiraient inévitablement, soit sur elles-mêmes, soit sur le reste du globe, des prodiges de perfectionnement social.

C'est à opérer cette association que le gouvernement français doit s'appliquer aujourd'hui; *c'est là que gît sa politique nouvelle.*

Et d'abord l'association est facile entre la France et l'Angleterre : il n'y aura bientôt plus d'obstacle féodal qui empêche les deux nations de se joindre et de se donner la main. Il faut au plus vite cimenter entre ces deux peuples une étroite solidarité qui est dans les plus ardentes sympathies de l'un et de l'autre ; tous deux auront ensuite à s'unir avec l'Allemagne, à l'aider à se reconstituer unitairement dans son intérêt et dans celui de tous.

Et la Providence leur a ménagé, dans ce but, un puissant auxiliaire au sein de l'Allemagne; c'est cette Prusse dont le développement à travers mille difficultés serait un prodige inexplicable, si elle n'avait dû ainsi grandir pour l'établissement de l'unité allemande; cette Prusse toujours s'alongeant depuis les Frédéric, et toujours tendant à *s'arrondir;* cette Prusse qui a des portes ouvertes sur tous les états de l'Allemagne, qui est comme une voie immense jetée entre tous ces états divers ; cette Prusse dont la capitale est de fait aujourd'hui la capitale de l'Allemagne entière, le centre du mouvement *scientifique* et *spiritualiste* de la Germanie.

Voilà donc la donnée principale de la politique qui convient à la France de 1831 :

Alliance avec l'Angleterre ;

Alliance de l'Angleterre et de la France avec la Prusse pour recomposer l'empire germanique.

Par là plus de guerre possible ; car qui oserait affronter cette *alliance* vraiment *sainte*, proclamant qu'elle ne prétend rien entreprendre que pour le bien des peuples, qui serait aussi le sien propre ?

Par là toute l'Europe se pénétrerait pacifiquement des principes progressifs qui, sans cela, lui seraient tôt ou tard apportés les armes à la main.

Par là serait instituée une police européenne éminemment morale et civilisatrice. Plus de Ferdinand, de Miguel, ni de Grégoire XVI.

Par là M. de Metternich emploierait sa finesse et son activité au développement de la population qu'il gouverne, et Nicolas, au lieu de s'acharner à détruire la Pologne, irait continuer l'éducation de ses peuples commencée par Pierre-le-Grand, et poursuivie avec constance par tous les czars et les czarines qui lui ont succédé.

Et maintenant, descendons de ces hauteurs où il a fallu nous placer pour apprécier convenablement la piteuse allure des gouvernemens actuels, et demandons à M. Périer si les résultats qu'il obtient de sa diplomatie sont si brillans qu'il ne puisse consentir à les échanger contre ceux que nous venons de signaler.

LA RUSSIE ET LA POLOGNE.

(EXTRAIT DU GLOBE DU 4 JUIN 1831.)

L'acharnement de la Russie contre la Pologne est un fait douloureux, non-seulement parce qu'il est difficile de croire que le colosse du Nord ne finisse pas par écraser de son poids cette Pologne si indignement délaissée, mais parce qu'il révèle dans les conseils du czar une tendance politique qui serait funeste à la Russie et funeste à la cause de la civilisation; cause à laquelle la Russie, toute barbare qu'elle est, a rendu et peut rendre encore d'immenses services.

Les Russes sont un peuple de soldats tout prêts à marcher au premier coup de tambour. L'organisation de la Russie est purement militaire : tout y est enrégimenté et gradé; tout y obéit militairement à la première injonction du maître. Les fonctionnaires qui composent ce qu'ailleurs on appelle l'administration civile sont revêtus de grades militaires et agissent en conséquence. Toutes les places de la cour et autres sont remplies par des personnages ayant titres de majors, de colonels, de généraux. Les dames d'honneur elles-mêmes sont gradées et hiérarchisées comme des officiers d'état-major. Il n'y a là d'autre loi que la volonté du czar, qui règne lui-même par sa propre grâce, c'est-à-dire par la grâce de son épée, de ses canons et des automates de sa garde impériale. La Russie, en un mot, offre l'image d'un vaste camp au centre duquel est la tente du chef, tente à laquelle tout aboutit, et qui est entourée de licteurs prêts à exécuter sur un clin d'œil les ordres de sa majesté impériale.

Le gouvernement russe est, en un mot, le type de ce qu'on appelle *despotisme*. Toutefois, en le désignant ainsi, nous ne prétendons pas le flétrir, le vouer à l'animadversion de tous les peuples. Cette immense autorité a sa justification dans l'état arriéré des populations soumises au sceptre du czar. Il est indispensable que toute cette puissance soit exclusivement confiée à l'empereur, qui la départit à son gré à quelques familiers, instrumens dociles qu'il plie ou brise dès qu'ils ne lui conviennent plus, parce qu'il n'est en Russie aucune classe assez éclairée, assez dominée par des sentimens civilisateurs, pour pouvoir porter une partie du fardeau de la direction de ces peuples. Il y a peu de lumières, encore moins de larges sympathies parmi les classes élevées, fort peu nombreuses il est vrai, qui résident dans quelques grandes villes; et cela est si vrai que la plupart des hauts fonctionnaires de l'empire sont étrangers, Français, Italiens et surtout Allemands.

Il y eut autrefois en Russie une aristocratie puissante, celle des boyards; mais Pierre-le-Grand la trouva ignorante et grossière, antipathique à toute innovation;

et, pour ne pas être arrêté dans ses desseins d'arracher les Moscovites à la barbarie, il fut contraint de l'anéantir.

Jusqu'à présent les czars ont fait de leur omnipotence un usage très-louable à l'intérieur, au moins en masse, car nous ne prétendons pas dire qu'ils n'y ait pas eu de détails odieux. C'est par eux seuls qu'il existe des écoles, des routes, des usines; ils se sont constamment appliqués à appeler des étrangers éclairés au sein de leur empire, afin d'y implanter la civilisation européenne; ils ont fait de constans efforts pour améliorer la condition de la classe la plus nombreuse, soit en lui fournissant des moyens de travail à l'aide de l'industrie qu'ils ont développée autant qu'il était en eux, soit en l'instruisant, soit en préparant ou consommant son émancipation légale. Beaucoup de serfs ont été affranchis, et le gouvernement russe prépare depuis fort long-temps l'affranchissement successif de tous les autres. Or, pour réaliser de semblables résultats sur des êtres brutaux, dépourvus de toute spontanéité, tels que sont presque tous les Russes, sur des êtres chez lequels la foi religieuse est passée à l'état de lourde superstition, et par conséquent d'impuissance, il n'y avait qu'un moyen efficace : un régime de fer, une règle militaire.

Jusqu'à présent donc le rôle de la Russie vis-à vis l'Europe a été un rôle d'absorption. Les czars ont jusqu'à ce jour tendu les bras à la civilisation européenne, l'attirant sans cesse à eux, et obligeant leurs sujets, par oukases et sous peine du knout et de la Sibérie, à lui faire bon accueil; consacrant leur puissance, leurs armées innombrables, à l'acclimater en leurs états.

Bien plus, la Russie a rempli, vis-à-vis l'Asie barbare, un rôle d'expansion, faisant refluer vers ces populations arriérées la lumière européenne, et à cette fin, l'envahissant et se l'incorporant pièce par pièce; s'en rapprochant par la Crimée, puis prenant un jour la Géorgie et le Caucase; une autre fois empiétant sur la Perse et s'installant dans ses meilleures provinces, et dernièrement surtout s'avançant jusqu'à Andrinople, préludant ainsi à la satisfaction de son vœu le plus cher, la conquête de la ville de Constantin.

La politique des czars a donc été constamment, depuis Pierre Ier jusqu'à ce jour, de civiliser hardiment la Russie, et d'initier les nations asiatiques à la civilisation de l'Europe. C'est pourquoi, malgré ses formes violentes, le gouvernement russe, tel qu'il est, a plus d'avenir que presque tous les gouvernemens de l'Europe occidentale. Il est en effet progressif sur son terrain, tandis que les autres sont plus ou moins nettement rétrogrades.

Actuellement Nicolas semble avoir momentanément perdu de vue cette politique qui est dans son intérêt et dans celui du progrès. On dirait qu'il n'a plus les yeux fixés sur l'Orient, ni même sur le développement intérieur de son empire; c'est vers l'Occident qu'il est aujourd'hui disposé à porter la masse de ses forces.

Au congrès de Vienne, où ne présida aucune vue générale sur la division qui convenait à l'Europe, où l'on se décida d'après des vues étroites d'ambition personnelle, de vengeance contre les uns, de méfiance contre les autres, la Russie obtint, du prétendu consentement de tous, c'est-à-dire d'accord avec quatre ou cinq diplomates, l'adjonction d'un soi-disant royaume de Pologne, sorte de tête de pont fortifiée sur l'Europe occidenlale.

Comme la domination russe ne convient pas à la Pologne, qui est plus avancée que la Moscovie et la Sibérie; comme d'ailleurs l'écoulement naturel de la Russie est vers l'Orient et non vers l'Occident, ce ne pouvait être là qu'une possession précaire ; et en effet est survenue la formidable insurrection du 30 novembre.

Voici que, par orgueil et par un sentiment exagéré de son importance, l'empereur veut à tout prix remettre la Pologne sous le joug; il veut plus, il prétend, comme disent quelques écervelés du Nord, *mettre à la raison les révolutionnaires* de tous les pays.

L'empereur Nicolas s'égare : la Pologne ne peut pas rester russe; il peut la conquérir aujourd'hui, demain elle lui échappera de nouveau. D'un autre côté l'Europe n'a rien à recevoir de lui; c'est lui qui doit recevoir d'elle. Ce n'est point à lui à la rappeler à l'ordre; c'est à elle à lui donner des leçons. Il faut qu'il comprenne encore une fois que la pente de la Russie est uniquement vers l'Orient.

Il faut aussi que les puissances parviennent à sentir cette tendance orientale du géant du Nord. Par là il leur est facile de sauver la Pologne. L'empereur, quoique absorbé momentanément par sa colère contre les Polonais et contre la France, ressent toujours secrètement un faible pour la Romélie, la Macédoine et Constantinople; qu'on rachète la Pologne à ce prix. Dans l'intérêt de tous, mieux vaut cent fois l'aigle russe à Stamboul qu'à Varsovie : à Varsovie il est oppressif, il est rétrograde; aux Dardanelles, en place du croissant, il est civilisateur.

C'est là qu'est le salut de la Pologne; c'est là qu'est l'avantage de la Russie; c'est là qu'est le progrès de la civilisation. Faudra-t-il que des considérations d'un mesquin égoïsme, que de misérables rivalités nationales, empêchent la mise en pratique de cette féconde combinaison?

ALLIANCE DE LA RUSSIE AVEC LA PORTE.

ÉQUILIBRE EUROPÉEN.

ROLE DE LA RUSSIE.

(EXTRAIT DU GLOBE DU 18 JUIN 1831.)

Il circule des bruits sinistres. On prétend que l'empereur Nicolas vient de faire alliance avec la sublime Porte, pour l'aider à reconquérir la Grèce et les îles; la Porte s'abstiendrait, en retour, de toute diversion en faveur de la Pologne; et en cas de guerre entre le czar et la France ou l'Angleterre, elle fermerait aux flottes de ces puissances le passage des Dardanelles.

Le *Courrier français*, qui insiste sur ces bruits, s'élève hautement contre cette alliance monstrueuse : « Voilà, s'é- » crie-t-il, la Russie qui commence un pas rétrograde, qui » retourne vers la barbarie, et qui justifie son origine orien- » tale en se liguant avec les Turcs contre la civilisation eu-

» ropéenne. » Tout cela est plein de justesse; mais s'il en arrivait ainsi, si la Russie se prêtait à remettre les Hellènes sous le joug d'un pacha, tout le tort serait-il de son côté? Serait-ce à Nicolas ou à la diplomatie qu'il faudrait imputer cet attentat odieux?

La Russie est disposée comme un vaste camp (voir page 29), comme jadis la république romaine; c'est un peuple-soldat auquel il faut un but d'activité, une expansion. Huit cent mille hommes enrégimentés et dressés ne peuvent demeurer indéfiniment immobiles au port d'armes; la diplomatie qui l'a rêvé et qui le rêve encore atteste par là son ineptie. Il faut que l'on conduise ces innombrables troupes moscovites quelque part où elles cessent d'être des mannequins en uniforme, impassiblement alignés. Or, de quel côté doit-on les diriger dans l'intérêt de la civilisation?

TENDANCE DE LA RUSSIE.

La tendance de la Russie est manifeste. Son histoire entière, depuis Pierre-le-Grand, la révèle aux yeux les moins clairvoyans : c'est un torrent dont l'écoulement est vers l'Asie. Depuis cent ans, le point de mire des czars est Constantinople; leur ambition d'étreindre ainsi le détroit des Dardanelles pour s'élancer de là sur l'Orient est légitime; elle doit être satisfaite, car la Russie est organisée pour la conquête; et c'est l'Orient qu'il faut lui donner à conquérir, puisque, par son origine semi-asiatique, par sa supériorité sur lui, par son administration vigoureuse et convenable à des populations arriérées, elle est dans les conditions les plus favorables pour le civiliser.

Toute grande puissance qui vient à surgir sur la terre y

arrive avec une haute mission : on ne saurait le nier sans nier aussi la Providence.

Rome eut pour mandat d'établir entre les peuples une première *communion*, violente il est vrai; de les dresser à l'*unité*, de leur enseigner un commun langage, de leur imposer de communes lois, et de les préparer ainsi à l'*unité* religieuse du catholicisme.

Les Césars eurent le mandat terrible d'abattre l'aristocratie patricienne, de la noyer dans la fange et dans le sang.

Avant eux, Alexandre avait eu mission de faire déborder la Grèce sur l'Asie, et d'initier celle-ci à la civilisation hellénique.

Le pouvoir immense des papes, qui s'appuyait sur la foi et non sur la force des armes, et qui est le plus gigantesque que la terre ait encore vu, fut confié aux successeurs de saint Pierre, afin qu'ils renversassent les obstacles qui s'opposaient à la propagation des sentimens de charité et de fraternité spirituelle, à l'émancipation des classes inférieures et des femmes.

Le colossal Napoléon parut pour labourer de longs sillons l'Europe entière, et pour semer partout sur ce sol fécond les principes de la révolution française.

La Russie a grandi entre les mains de Pierre-le-Grand et de ses successeurs, parce que c'est à elle de faire refluer vers l'Asie la civilisation qu'elle reçoit à flots de l'Europe occidentale.

La diplomatie, dans son entêtement aveugle, n'a jamais voulu comprendre que la Russie était destinée à cette haute fonction. Elle a élevé à grands frais, entre les czars et l'Orient, une digue épaisse. Les masses russes ébranlées sont venues se heurter contre cette digue, et du contrecoup elles ont été refoulées sur l'Occident : de là ces menaces continuelles d'intervention de la Russie dans les affaires de l'Europe occidentale; de là cette guerre acharnée contre la Pologne; de là ces projets contre la Grèce et l'Archipel.

Sans doute Nicolas n'a rien à voir dans le réglement des affaires de l'Europe; sans doute son influence, qui serait civilisatrice à Andrinople, à Stamboul et à Erzeroum, est rétrograde à Varsovie, et serait monstrueuse, atroce à Paris, à Berlin ou à Londres. Mais son empire est organisé pour l'action, il faut qu'il agisse. Si on ne veut pas qu'il soit oppresseur sur la Vistule, sur le Rhin ou à Athènes, qu'on le *laisse passer*, qu'on lui ouvre le *chemin de Byzance*, et vous le verrez aussitôt, abandonnant tous ses funestes projets sur l'Occident, se retourner comme un lion dont la chaîne est rompue, franchir le Balkan une dernière fois, et en quelques mois faire retentir de son *Te Deum* grec le dôme de Sainte-Sophie. C'est là ce qu'il faut, à moins qu'il ne se trouve un Hercule qui se sente le courage d'aller affronter ce géant dans ses glaces, pour l'enlever de terre et l'étouffer dans ses bras, et qui veuille mettre ainsi un désert entre l'Asie et l'Europe.

ÉQUILIBRE EUROPÉEN.

La diplomatie est arriérée; elle vit encore sur un principe du passé que repoussent les hommes éclairés de tous les pays, et cela n'a rien qui doive surprendre : chez tous les peuples de l'Europe occidentale l'élément de progrès a cessé d'être dans le gouvernement. Suivant les diplomates, chaque peuple a des intérêts opposés à ceux des autres peuples; l'intérêt de l'Angleterre est contraire à celui de la

France; les intérêts de la France et de l'Angleterre sont les antipodes des intérêts de la Russie et de la Prusse. Telle est la haute conception qui domine le système de la diplomatie actuelle, qui passe pour axiome aussi bien au Foreign-Office à Londres qu'au boulevard des Capucines à Paris; dans le cabinet de M. Nesselrode tout comme dans celui de M. de Metternich.

Ce principe rétrograde a dû être en vigueur lorsque la vie extérieure des peuples ne se manifestait que par la guerre. Alors, aux yeux des rois, l'Europe était un champ de combat, où il n'y avait que des bataillons qu'ils tâchaient d'attirer dans leurs rangs, et des positions militaires qu'ils s'efforçaient d'occuper ou de rendre au moins inabordables à leurs antagonistes.

Alors il y avait des ennemis *naturels;* c'étaient les peuples qui cherchaient mutuellement à s'envahir, tels que la France et l'Angleterre. Alors, par exemple, la France, en guerre perpétuelle avec la maison d'Autriche, ainsi qu'il est arrivé depuis la réforme, posait son aile droite à Constantinople, et se servait de son allié *naturel*, le grand-seigneur, pour battre en brèche la puissance des Césars de Vienne, grands légataires et continuateurs de la féodalité.

Aujourd'hui les peuples sont casés. Nul ne songe à envahir son voisin pour lui découper son territoire et le convertir en fiefs. Le temps des *conquêtes* est passé, celui de l'*association* commence.

Sous l'influence de la politique de *rivalité* on avait formulé un prétendu *équilibre européen*, dans lequel les puissances diverses se contre-balançaient tant bien que mal les unes les autres, s'observant réciproquement et s'obligeant mutuellement à l'inaction. Dans un tel état de choses, tous les états s'opposaient à l'agrandissement de chacun d'eux, car cet agrandissement aurait troublé la *balance ;* ce qui n'a pas empêché le système de l'Europe d'être perpétuellement transformé.

L'*équilibre européen* a été, quant à l'organisation générale de l'Europe, ce qu'a été pour la France, par exemple, le système représentatif, une transaction entre les intérêts retrogrades et les intérêts de l'avenir; transaction toujours déclarée *perpétuelle* et toujours violée, puis récrite sur de nouveaux frais, tout comme les constitutions impérissables, dont dix ont péri en France depuis quarante ans.

En vertu de l'*équilibre européen*, la diplomatie, depuis cinquante ans, s'oppose à la tendance de la Russie vers l'Orient; elle veut faire mentir l'instinct qui révélait à Catherine que Cherson était le *chemin de Byzance*, et qui lui faisait donner à l'un de ses petits-fils le nom de Constantin.

Calcul insensé! La destination de la Russie est de s'étendre sur l'Orient. Constantinople deviendra le siége d'un nouvel empire; Saint-Pétersbourg subira peut-être le sort de Rome désertée par le premier Constantin, et la Russie perdra, en retour de la Macédoine, de la Romélie et des pachaliks d'Asie, quelques-unes de ses provinces occidentales, la Livonie, la Courlande, les pays russo-polonais, qui, par leur degré de civilisation, doivent rentrer dans le cercle de l'Allemagne. Il faut que la Russie s'épanche vers Constantinople, car il lui faut un cours, et si elle ne l'avait pas de ce côté, il faudrait qu'elle le trouvât vers l'Occident, qu'elle s'armât contre la civilisation, à laquelle son intérêt et celui de tous est cependant qu'elle tende les bras.

OBSTACLES A LA TENDANCE ORIENTALE DE LA RUSSIE.

Les puissances qui sont le plus fortement opposées à ce que la Russie envahisse l'Orient sont les deux plus féodales de l'Europe, l'aristocratie anglaise et le conseil aulique de Vienne. La France elle-même, trompée par ce vieil aphorisme de la diplomatie, que la Turquie est l'*alliée naturelle* de la France, et dominée par un faux point d'honneur qui l'empêchait d'abandonner le sultan, n'a pas été étrangère aux obstacles suscités aux empereurs de Russie. L'on a vu Napoléon lui-même, lui qui avait jadis rêvé pour lui-même un empire d'Orient, se faire un allié de l'infortuné Sélim III.

L'aristocratie anglaise s'était bercée de cette idée que l'empire des mers était sa propriété exclusive, que tous les ports importans devaient lui *appartenir*, être sa *chose*, ou au moins être conservés comme un dépôt aux mains de puissances subalternes. C'est dans cette pensée qu'elle s'était emparée de tout le littoral de l'Amérique du Nord, de Gibraltar, de Port-Mahon que le duc de Richelieu lui enleva; qu'elle a accaparé depuis Héligoland dans la mer du Nord, Malte dans la Méditerranée, Corfou dans l'Archipel grec, le cap de Bonne-Espérance et Sainte-Hélène, l'un et l'autre clefs de la navigation des Indes Orientales; c'est pourquoi encore elle n'a jamais consenti à ce que la France fût maîtresse d'Anvers et d'Alexandrie. C'est toujours par le même motif qu'elle s'est jusqu'ici opposée à ce que la Russie possédât les Dardanelles et la superbe rade de Constantinople.

Mais le rôle de cette aristocratie égoïste est joué; sa domination s'abîme; l'Angleterre émancipée va s'élever à une politique plus large.

Quant à l'Autriche, elle a mis des entraves au progrès de la Russie en Orient, parce qu'elle est la personnification des vieux intérêts, de la vieille politique, du retardement. Le conseil aulique est comme toutes les puissances qui vont finir; il a le pressentiment de sa chute : tout changement, tout mouvement lui fait peur; il se met en travers avec un acharnement hébété dès qu'il est bruit d'une modification au *statu quo* dont il s'est constitué le gardien.

Mais l'influence de l'Autriche sur les affaires de l'Europe est à son terme; elle ressemble à celle des Bourbons sur la France avant le 25 juillet. Aux yeux d'un observateur superficiel, elle peut paraître durable. En réalité elle porte sur des fondemens pourris. Quelque matin on se dira par le monde que l'empereur d'Autriche est descendu au rang des souverains du second ordre, qu'il est au niveau du roi de Naples, par exemple, s'il doit long-temps encore y avoir un roi de Naples. On apprendra que l'Allemagne possède enfin cette *unité* qu'elle ambitionne avec tant d'ardeur depuis les guerres napoléoniennes; que la Prusse, adjurant la funeste politique qu'elle a adoptée depuis 1815, a accompli un progrès nouveau et constitué cette *unité;* que l'Allemagne, confédérée autour de Berlin, traîne après elle à la remorque cette Autriche qui naguère l'avait muselée et attachée à son char.

Le temps est proche d'un grand mouvement européen : car les puissances occidentales commencent à être justement effrayées des conséquences de leur obstination à barrer à la Russie les voies de l'Orient. Elles la voient menaçant la Grèce, menaçant la Belgique, torturant la Pologne, lançant un défi à la France, et complotant avec la Turquie un débordement de l'Asie sur l'Europe, de la barbarie sur la terre des arts, des sciences et de l'industrie.

Cette alliance de la Porte et du czar n'aura pas lieu, ou du moins elle ne sera que très-éphémère. Ce serait comme l'alliance de la France avec l'Autriche, du progrès et de la rétrogadation; ce serait quelque chose de semblable à ce grossier amalgame du catholicisme et du libéralisme qu'ont rêvé quelques imaginations égarées.

CES OBSTACLES SERONT LEVÉS.

Une autre alliance se conclura et rendra impossible celle que le czar a projetée dans son désappointement : c'est celle des trois peuples les plus avancés, en qui sont personnifiés les trois aspects du progrès de l'espèce humaine, MORALE, *industrie*, *science*, de la France, de l'Angleterre et de l'Allemagne;

De la France, qui représente l'élément liant, généreux, aimant, MORAL, en un mot de l'humanité;

De l'Angleterre, représentation de l'élément créateur, *industriel*;

De l'Allemagne unie en une confédération dont Berlin serait le centre, et qui figure spécialement l'élément d'investigation, de méditation; l'élément *rationnel* ou *scientifique*.

Cette triple association présidera aux destinées de l'humanité; elle changera la face du monde.

Elle embrassera d'un coup d'œil le rôle de la Russie; elle sauvera définitivement la Pologne et la Grèce; elle garantira l'Occident tout entier d'une lutte épouvantable, en donnant aux czars l'investiture de l'Asie, en leur confiant la mission de travailler du côté de la Turquie, de la Perse et de la Tartarie, à l'œuvre de civilisation que poursuit avec gloire l'Angleterre du côté de l'Asie méridionale. Alors la Russie n'aura plus de relations avec l'Europe que pour en recevoir moralité, science, industrie, et elle grandira rapidement en élevant à elle les populations asiatiques dont l'éducation lui aura été confiée.

LA BELGIQUE ET LA POLOGNE.

(EXTRAIT DU GLOBE DU 14 JUIN 1831.)

Il est aujourd'hui deux peuples tous deux ayant devant eux un abîme de maux : ce sont les Polonais et les Belges.

Ces deux peuples avaient été l'un et l'autre accolés à une autre nation dont le gouvernement les exploitait; ils ont l'un et l'autre brisé, au moins momentanément, un joug qui leur pesait; ils ont l'un et l'autre acheté leur délivrance par des efforts inouis; et l'un et l'autre se trouvent cependant n'avoir fait que soulever au-dessus de leur tête un rocher toujours prêt à les écraser. L'un et l'autre restent au milieu de l'Europe comme cause permanente d'une conflagration générale; l'un et l'autre trouvent des hommes qui, justement effrayés à l'idée d'un incendie européen, lequel embraserait tout l'espace de Lisbonne à Wilna, de Christinia à Tarente, et ne sachant comment le conjurer s'il venait à éclater, les accusent des embarras que leur suscite leur propre impuissance, les insultent ouvertement ou les maudissent en secret; ou, les vouant à la mort, les traitent publiquement de *brouillons* ou de *malheureux destinés à périr*.

La conduite de ces deux peuples est digne d'admiration. L'un et l'autre ont déployé une constance héroïque; telle est leur foi dans la cause de l'émancipation, qu'environnés de périls, l'un délaissé de tous, assailli par le vainqueur des Balkans et par son armée innombrable, menacé de tout le courroux de Nicolas; l'autre, tiraillé, ballotté, joué par la diplomatie, foudroyé des anathèmes des grandes puissances, poursuivi par leurs houras; aucun d'eux n'a jamais douté de la bonté de sa cause, tous deux se sont montrés prêts à en être les martyrs.

LA POLOGNE.

La Pologne a surtout témoigné d'un sang froid prodigieux, d'une résolution touchante et magnanime. Les Polonais ont fait la guerre comme nul autre peuple ne l'avait faite encore. Ils se sont présentés sur le champ de bataille à demi armés; ils ont conquis leurs armes sur les Russes: ceux-ci, exaspérés par une résistance à laquelle ils ne s'attendaient pas, animés par les oukases sanguinaires de Nicolas, se sont livrés à d'épouvantables excès; ils ont mis à feu et à sang les districts insurgés des provinces russo-polonaises; ils y ont ravagé, pillé, avec un vandalisme furieux; ils y ont égorgé des populations pacifiques. Et cependant les Polonais ne se sont pas désistés de leur générosité; malgré la détresse financière de la nation polonaise, les prisonniers russes sont traités avec la plus grande humanité : les officiers en particulier sont considérés plutôt comme des hôtes que comme des captifs. Aux proclamations passionnées de l'autocrate, aux articles furibonds insérés dans l'*Abeille du Nord* et dans le *Journal de Saint-Pétersbourg* contre les *rebelles*, le gouvernement provisoire et le généralissime n'ont répondu que par des pièces exemptes de haine et de déclamations. Pendant que la chancellerie impériale les dénonçait à l'Europe comme une poignée d'artisans de désordre, eux, avec noblesse, avec sérénité, lui donnaient le plus irrécusable démenti par la modération de leur langage.

Pendant que les feuilles à la discrétion du cabinet russe racontent que la jeunesse de Saint-Pétersbourg a juré à genoux de *venger l'outrage fait à l'empereur*, pendant qu'à Rossiéna des horreurs étaient commises, que Sabanowski était pendu à Wilna, le généralissime disait dans ses proclamations : « Ce n'est pas contre la nation russe que nous »avons levé nos boucliers : ce peuple grand, généreux, est »d'une origine qui nous est commune; ses qualités et ses »forces dirigées par une fausse politique de nos ennemis »sont dignes d'un destin plus prospère.... Ce n'est pas avec »lui que nous sommes en guerre, mais bien avec cet esprit »de despotisme qui le domine comme il nous asservis»sait! »

Le calme des Polonais n'a pu être un instant troublé par l'apathique égoïsme des cabinets étrangers. Ils ne s'en sont plaints qu'en cherchant à les éclairer sur leurs propres intérêts par une discussion pleine de logique, qu'en protestant qu'ils étaient décidés à mourir pour la civilisation. »Les Polonais, ont-ils dit, sont habitués à s'immoler pour la France ; déjà pour elle 200 mille d'entre eux (on les a comptés) sont venus se faire tuer. Allez le demander plutôt à l'Espagne, aux défilés de la Somo-Sierra, à toute l'Italie, qu'ils ont marquée point par point de leur sang et de leur gloire; aux flots de l'Elster, qui recueillirent Poniatowski. Ils donneront encore une fois leur vie pour l'Europe, pour écarter d'elle le choléra-morbus et les baïonnettes russes, pour sauver Nicolas lui-même de ses propres excès; car à force d'être arrêté sur la Vistule, il finira par se demander sans doute ce qu'il viendrait faire sur le Rhin, et s'il n'agirait pas plus sagement en se dirigeant par d'autres voies récemment frayées par ses troupes. »

On a vu des populations insurgées contre une autorité oppressive chercher à s'étourdir par des forfanteries, s'échauffer l'imagination par de vaines bravades. Tels n'ont pas été les Polonais : ils ne se sont jamais un seul instant fait illusion sur les chances funestes auxquelles ils sont exposés; mais ils ont contemplé sans sourciller le couteau prêt à tomber sur leur tête. Ils se sont regardés comme la garde avancée de l'Occident contre les pays arriérés de la civilisation européenne qui se sont momentanément mis à le menacer du haut des glaces du Nord, et ils sont restés fermes, bien déterminés à se faire mettre en pièces à leur poste périlleux, plutôt que de le céder au nombre. « La vic» toire ne sera pas facile », a dit le généralissime en appelant aux armes les peuples de la Podolie, de la Volhynie, de l'Ukraine et de la Lithuanie, « il nous faut de grands » efforts, des sacrifices personnels et de fortune; de fré» quens revers peuvent nous attendre : en faisant une guerre » prolongée, l'exil et le martyre seront le partage de beau» coup d'entre nous; tout cela ne changera pas notre ré» solution. Nous avons placé notre confiance en Dieu; et en » combattant pour la religion et la liberté, nous espérons » mériter de voir un jour la victoire couronner notre union,

» notre courage et notre persévérance. » En vérité ces hommes sont dignes d'aimer, de connaître et de servir un autre Dieu que le dieu des chrétiens; car ils sont plus magnanimes que cette divinité implacable et vindicative.

Et à chaque nouveau coup qui leur est porté, chaque fois que leur sang ruisselle, ils se tournent vers l'Europe qui assiste à leur extermination comme à un spectacle où l'on trouve des émotions dramatiques de pitié et de terreur, et ils s'écrient comme les gladiateurs romains devant l'empereur : *Morituri te salutant* (ceux qui vont mourir te saluent); et la diplomatie qui préside à ces jeux atroces leur fait signe, comme jadis l'imbécille Claude, qu'il n'y a pas encore eu assez de sang versé, qu'ils aient à remporter une éclatante *victoire!* C'est à cette condition qu'on voudra bien s'occuper d'eux.

Voilà ce que sont les Polonais. Leur insurrection est véritablement fille de la révolution de juillet : elle est grande et pure comme elle; l'esprit et la force de l'héroïque population parisienne sont avec les hommes de la Vistule!

Pour les sauver cependant il serait un moyen infaillible que nous avons déjà indiqué. Le czar est dévoré de colère contre eux; il les hait pour leur résistance; il hait l'Europe occidentale qui les aime; il la menace de se ruer sur elle; il en est devenu comme insensé. Il prend son élan; il peut du premier bond entrer à Varsovie, et lancer ensuite pêle-mêle avec ses Cosaques la barbarie et la peste sur l'Occident. Pourquoi les puissances qui sont à la tête de la civilisation, la France, l'Angleterre et la Prusse, ne s'interposeraient-elles pas? pourquoi, abjurant toute ambition étroite, tout faux calcul d'un prétendu intérêt, ne l'avertiraient-elles pas hautement qu'il lui convient moins qu'à tout autre d'entrer en hostilité avec l'Europe, de qui il a tant recevoir de lumières, de force et d'ardeur progressive? pourquoi ne lui indiquent-elles pas que sa mission est d'un autre côté, vers l'Orient; que, dans l'intérêt de l'humanité, il doit réserver pour ces pays ses gardes impériales? pourquoi ne lui disent-elles pas que la Turquie lui est ouverte, qu'il retourne au Balkan, qu'il entre dans la Macédoine, dans la Romélie, et que Constantinople lui appartient? pourquoi ne l'envoient-elles pas initier aux progrès européens les pays assoupis sous le joug de l'islamisme?

Ne vaut-il pas mieux cent fois pour la civilisation en général, pour chaque puissance européenne en particulier, que la Russie s'épanche vers l'Asie que si cette Asie restait stérile, ignorante et brutale, aux mains des fils d'Othman, sous le sceptre des chahs de Perse et des khans de Tartarie? Qu'on parle dans ce sens au czar, et son funeste emportement se dissipera, et il reprendra du côté de l'Orient la mission civilisatrice commencée avec gloire par Pierre-le-Grand, poursuivie glorieusement aussi par Catherine, par Alexandre, par Nicolas lui-même.

Telle est la Pologne, tels sont ses mérites, tels sont les moyens de la sauver.

LA BELGIQUE.

Et la Belgique. Celle-ci est encore plus à plaindre peut-être. Elle aussi a eu ses trois jours; elle aussi a été courageuse, sage et forte, mais en vain : la diplomatie l'a prise entre ses griffes, l'a pelotée sans savoir qu'en faire; et elle, n'ayant pas de Diébitch à combattre, a reployé sur elle-même sa brûlante activité. Tandis qu'en Pologne les partis faisaient taire leurs dissentimens sous le feu de l'artillerie russe, elle se fractionnait en *orangistes*, en *patriotes*, en *réunionistes;* une population mourant de faim et ne sachant que faire de ses bras nerveux s'agitait en frémissant. L'anarchie y a montré sa tête, moins terrible peut-être, mais plus hideuse que celle de la guerre. Aujourd'hui les Belges sont aussi incertains de leur avenir que les Polonais; et de plus ils sont abreuvés de ce dégoût qu'éprouve tout homme de cœur à être mêlé à de honteuses intrigues. Indignés contre les misérables imbroglios des diplomates, et cependant dominés par cette horreur de la guerre commune aujourd'hui à toutes les populations éclairées, un œil à la frontière, l'autre sur les masses que le désespoir peut à chaque instant soulever, d'une main ils griffonnent avec colère et mépris des notes diplomatiques, de l'autre ils fourbissent leurs baïonnettes, à tout événement.

Qu'en veut-on faire de cette Belgique? Est-ce sérieusement qu'on parle de la diviser, d'en faire une curée? Les Belges le croient; et en effet tel est l'aveuglement de la diplomatie, telle est son ignorance des besoins actuels des peuples, qu'il n'est pas de projet, si absurde, si inique soit-il, dont on ne puisse la croire capable. On leur parle de 150,000 hommes coalisés qui doivent les envahir, sans compter les 100,000 stipendiés qu'entretient à grands frais leur ex-roi Guillaume. Tour à tour on les irrite, on les menace, on les caresse; on les assourdit de vingt combinaisons opposées : c'est à en perdre la tête. Conçoit-on supplice pareil à celui d'une population de 4,000,000 d'habitans resserrés sur un étroit espace, cernés de toutes parts, dépouillés de tout commerce, de toute industrie, réduits à la derniere misère, qu'on menace de mettre au ban de l'Europe, qui est repoussée du sein de la France aux bras de laquelle elle voulait se jeter, qui est menacée, ô douleur! par des diplomates se disant représentans de cette France qui est leur mère, qu'ils chérissent en cette qualité, d'être flagellés par elle?

Et qu'elle sera la fin de cette torture? Il n'en est qu'une possible. C'est la réunion à la France : hors de là il n'est que chimères. La Belgique et la France sont depuis longtemps destinées à être associées pour former une seule famille, et ce qui le prouve, c'est que hors de là on n'a pu imaginer aucune combinaison qui ne fût impraticable. C'est là qu'il faudra toujours en venir, après avoir épuisé tous les tours qui sont au fond de la gibecière diplomatique.

Nous avons dit souvent que les relations actuelles de peuple à peuple révélaient dans l'état de l'Europe un désordre profond; que la vieille politique et la diplomatie, telle qu'on l'a faite jusqu'ici, étaient barbares et immorales; qu'une politique neuve était indispensable. La situation de la France et de la Belgique ne justifie-t-elle pas pleinement notre assertion?

SITUATION DE L'AUTRICHE.

(EXTAIT DU GLOBE DU 8 JUIN 1831.)

L'Autriche joue en ce moment le rôle le plus odieux; elle est le mauvais génie de la sainte-alliance; elle lui sert d'exécutrice des hautes œuvres, et ce fait n'a rien qui doive surprendre. Entre les gouvernemens aujourd'hui influens, le gouvernement autrichien est le plus rétrograde; car le cabinet russe lui-même, dont l'intervention dans les affaires de l'Europe est justement repoussée comme un fléau, accomplit une œuvre de civilisation sur le peuple moscovite et sur l'Asie. L'Autriche représente en ce moment la féodalité; de tous les états, c'est celui où il reste le plus d'habitudes et de relations féodales, où les populations sont le plus enlacées dans les liens du moyen âge. C'est à tort qu'elle est comptée au nombre des cinq grandes puissances qui exercent sur l'Europe une haute suprématie, car il n'est aucun peuple qui ait plus besoin qu'elle d'être moralisé, conduit et enseigné. Le temps est proche où elle sera repoussée de l'aréopage européen et placée sous la surveillance de la haute police des nations, police qui se proposera pour objet, non de dégrader les individus et les corps soumis à sa direction, mais de les élever en MORALE, en *science* et en *industrie.*

L'Autriche n'est pas une *grande puissance;* il n'y a de grandes puissances aujourd'hui que celles qui accomplissent un mandat de civilisation, qui poussent l'humanité dans la voie du progrès en préparant l'*association universelle,* en étendant le domaine de la MORALE, de l'*industrie* et de la *science.*

C'est pourquoi, quelles que puissent être les gaucheries commises par leurs gouvernemens, la France, l'Angleterre et la Prusse, représentant toute l'Allemagne, sont trois *grandes puissances* au-dessus de toutes les autres.

La France est une *grande puissance*, car c'est chez elle que l'on trouve le plus de sentimens généreux, le plus de dévouement aux intérêts généraux de l'humanité. C'est elle dont la politique a toujours été la plus désintéressée ; c'est elle qui a sauvé la patrie des Washington et des Franklin, qui a arraché la Grèce aux hordes d'Ibrahim ; c'est elle qui a entrepris les guerres de la révolution, au nom de la fraternité des peuples ; c'est elle qui, par l'expédition d'Alger, est allée porter la civilisation sur une terre de brigandage, respectée jusqu'ici comme une pièce indispensable de l'équilibre européen ; c'est elle dont la voix réveillera l'Europe qui s'endort pendant qu'on égorge la Pologne ; c'est elle chez qui les sentimens d'*association* avec les autres peuples sont les plus développés : la France a particulièrement fait avancer la MORALE générale.

L'Angleterre est la terre de l'industrie, du développe

ment matériel de l'homme; sa vaste puissance industrielle se manifeste par la création d'immenses capitaux, par le prodigieux développement de ses établissemens manufacturiers, de sa marine, de ses colonies; l'Angleterre est une *grande puissance*, elle est à la tête du perfectionnement *industriel.*

L'Allemagne, considérée comme une confédération dont le centre serait la Prusse, et qui se composerait principalement de la Prusse, de la Saxe, de la Bavière, de la Hesse, de Bade et du Wurtemberg; de la Suède, du Danemarck et de la Pologne comme annexes, se livre avec une persévérance infatigable aux investigations scientifiques; elle a recueilli et mis dans un ordre provisoire une énorme quantité de matériaux pour l'avancement de l'histoire, de la législation, de la métaphysique et de l'histoire naturelle : l'Allemagne est une *grande puissance*, elle représente plus spécialement le développement de la civilisation sous le rapport *rationnel* ou *scientifique.*

Ce sont là trois grandes puissances qui, après s'être constituées toutes trois, doivent *s'associer* en une triple alliance où les trois aspects de la civilisation MORALE, *science*, *industrie*, seront représentés avec tout l'éclat aujourd'hui possible, et qui aura la haute administration des affaires de l'humanité.

La Russie, avec sa constitution actuelle, est encore une *grande puissance*, car l'empereur est dans ses états barbares la personnification du progrès. (*Voyez* page 29.) La Russie est civilisatrice dans ses relations avec les peuples voisins, non pas lorsqu'elle se rue sur l'Occident, alors elle est un fléau, mais lorsqu'elle s'élance vers l'Orient et qu'elle initie peu à peu, en l'envahissant, cette terre, premier berceau de la civilisation. Cette Russie, qui s'acharne à dévorer la Pologne, a d'un autre côté une si noble tâche à accomplir ! Elle est destinée à travailler à l'avancement des populations asiatiques et au sien propre, sous la direction de la coalition des trois grandes puissances occidentales, la France, l'Angleterre et l'Allemagne. Qu'elle débouche en Asie par la Perse, par la Turquie, par la Tartarie; qu'elle se développe elle-même par ses efforts pour élever à elle toutes ces nations arriérées; qu'elle pousse vers le Sud, et qu'elle aille rejoindre la civilisation européenne que les Anglais ont glorieusement établie dans l'Inde, et qu'ils font marcher à grands pas vers la Chine; qu'elle aille hardiment dans cette direction, et elle verra les peuples européens, qui aujourd'hui la considèrent avec effroi, empressés à lui inoculer affectueusement le perfectionnement social, afin qu'elle le transmette à l'Orient.

Telles sont les quatre grandes puissances de l'Europe. Hors de là il n'est que des forces rétrogrades ou des états secondaires destinés à se grouper autour des trois centres : Paris, Londres, Berlin.

L'Autriche, avons-nous dit, malgré l'importance qu'on est généralement disposé à lui attribuer, ne peut plus être admise au nombre des grandes puissances : elle occupe nominalement un vaste territoire, mais ce sont des provinces conquises qu'elle retient par la violence : telle la Gallicie, tel le royaume Lombardo-Vénitien.

L'Autriche est particulièrement la personnification du retardement. Le conseil aulique se considère comme l'ennemi naturel de toute innovation, de toute émancipation surtout; comme le protecteur du passé, des institutions brutales. L'Autriche a été sur le continent, non le plus redoutable, mais le plus entêté des antagonistes de la révolution française; elle a été l'alliée honteuse de Mahmoud contre les Grecs, et pendant que dans la baie de Navarin étaient réunies les escadres de toutes celles des quatre véritables grandes puissances qui ont une marine, c'est-à-dire de la France, de l'Angleterre et de la Russie, un amiral autrichien était au large, témoin désespéré de la ruine de la flotte turco-égyptienne. Actuellement elle tient sous son égide tous les tyranneaux qui désolent ou effrayent l'Europe, le Modénais, la duchesse de Parme, le pape Grégoire XVI et Miguel; Miguel dont M. de Metternich a voulu lui-même être le gouverneur.

Le premier acte des gouvernemens des trois grandes puissances de l'Europe occidentale, dès qu'ils renonceront à la politique du passé, politique étroite et jalouse que démentent les sympathies des peuples, et qu'ils se seront associés pour le perfectionnement de la société, devra être de signifier à l'Autriche qu'elle est incompétente à délibérer sur les affaires des autres peuples, et qu'il lui importe au contraire qu'on se mêle des siennes pour la soustraire peu à peu au joug féodal qu'elle porte encore.

Alors l'Autriche sera mise au rang des nations subalternes, dont les trois grandes puissances occidentales auront à soigner l'éducation MORALE, *scientifique* et *industrielle*.

Elle sera pour l'Allemagne confédérée autour de Berlin ce que sera pour la France la péninsule espagnole, ce qu'est pour l'Angleterre l'Irlande, ce que devraient être pour la haute Italie Naples et la Sicile, un peuple arriéré dont la confédération germanique aura à surveiller les mouvemens, à développer les facultés, et qui sera à ses côtés comme l'enfant près d'un instituteur bienfaisant, d'un père tendre.

Alors l'Italie cessera d'être sous la domination de sa majesté *apostolique*; elle sera près de la France, du peuple qui, par ses sympathies pour tous, est le plus propre à *relier* tous les autres, à faire le centre de l'association universelle, ce qu'étaient à côté des prêtres, *liens* des peuples de l'antiquité, les musiciens, les poètes, tous les artistes échauffant les hommes de leurs inspirations; ce qu'étaient près des pontifes chrétiens, *liens* de la société spirituelle du moyen âge, les prédicateurs destinés à répandre la parole de paix et de fraternité.

Alors la Gallicie cessera d'être occupée militairement par les troupes italiennes que le soupçonneux cabinet de Vienne exile loin des hommes qu'elles sentent et quelles comprennent : elle fera partie de la Pologne, qui sera libre alors, parce que le czar aura mieux aimé enfin être civilisateur sur le Bosphore que d'être exterminateur sur la Vistule, et la Pologne elle-même, se rattachant à Berlin, sera comme le dernier anneau de la chaîne électrique qui transmettra le progrès de la triple alliance occidentale à l'empire des czars.

Alors seulement l'Autriche sera classée *selon sa capacité*, tandis qu'aujourd'hui, placée momentanément au premier rang, pour ainsi dire, dans la politique des cabinets, elle est pour l'Europe ce que serait pour la France un ministère composé de MM. Polignac, Syrieys de Marinhac et autres, un prodige d'incapacité.

Et si nous nous exprimons ainsi, ce n'est point que nous nourrissions contre elle des sentimens de haine ou de vengeance; ce n'est point que nous nous complaisions dans l'idée de l'humilier. Loin de là, nous pensons qu'elle n'a qu'à gagner à être mise à la place que nous lui avons assignée; car elle sera alors dans les circonstances les plus favorables à son progrès. Au lieu de s'épuiser en stériles efforts pour tirer l'humanité en arrière, efforts qui ne lui valent que l'exécration générale, elle pourra consacrer toute son activité, sous la direction bienveillante des trois grandes puissances, à se guérir elle-même de la lèpre féodale.

Telle est la destinée de l'Autriche. Elle doit déchoir, elle doit céder son rang, et la déchéance définitive que nous lui annonçons a été présagée par toutes les chutes successives qu'elle a éprouvées depuis Charles-Quint. Il semble même qu'il y ait chez tous les peuples un pressentiment vague de la prochaine décadence qui l'attend; car partout l'Autriche est un symbole populaire de simplicité grossière, d'infériorité passive; et partout elle est frappé de ridicule et de dédain.

L'Autriche, patrimoine des Césars, centre de la féodalité, a dû être abaissée quand est venue la décroissance des institutions féodales, et c'est ce qui a eu lieu; il est même remarquable que ce soit principalement la France qui l'ait fait reculer d'étage en étage.

Depuis l'avénement au trône de Henri IV, la politique du cabinet français a été constamment d'affaiblir la maison d'Autriche : c'est là l'histoire de la plupart des guerres soutenues par la France sous Louis XIII, Louis XIV et Louis XV, et les guerres de la république et de l'empire ont en partie tendu au même but. S. M. *apostolique* a ainsi peu à peu perdu du terrain, et surtout on est parvenu par là à rendre indépendans d'elle les princes allemands jusqu'à ce qu'enfin Napoléon les ait formellement affranchis, qu'il ait enlevé à la maison d'Autriche jusqu'au titre d'empereur d'Allemagne.

Et pendant que l'Autriche descendait, une autre grande puissance a surgi, qui toujours a été en grandissant, même sous les coups de foudre dont ses ennemis croyaient l'avoir écrasée. Cette puissance c'est la Prusse, composée d'une population éclairée, qui s'est placée à la tête du mouvement *scientifique* de l'Allemagne, et qui est destinée à reconstituer une unité germanique toute pacifique, toute civilisante, au lieu de l'unité féodale mal jointe et mal assise dont l'Autriche avait été le chef. La haute influence dont jouit aujourd'hui la Prusse annonce que son tour est définitivement venu, et que la prééminence de l'Autriche touche à son terme.

DU ROLE QUI CONVIENT A L'ALLEMAGNE

ET

A LA PRUSSE EN PARTICULIER.

(EXTRAIT DU GLOBE DU 16 JUIN 1831.)

BASE NOUVELLE DE LA POLITIQUE GÉNÉRALE.

Nous avons déjà établi en plusieurs circonstances (*Voy.* pages 19, 29, 53) quelle devait être la politique nouvelle à substituer, entre les cabinets, à ces vieilles relations de haine, de jalousie et d'ambition étroites qui ont enfanté le système de l'*équilibre européen*. Nous avons dit que l'humanité tendait à l'*association universelle* où tous seront unis et classés pour le plus rapide développement de leurs facultés, et pour la plus complète satisfaction de leurs besoins dans l'ordre MORAL, *intellectuel* et *physique*, par le progrès toujours croissant de la MORALE, de la *science* et de l'*industrie;* et nous avons déterminé quels devaient être les premiers élémens de cette *association universelle.*

Il est aujourd'hui trois peuples, avons-nous dit, représentant plus spécialement chacun l'une des faces du développement de l'humanité, *morale*, *industrie*, *science*: ce sont les Français, les Anglais, les Allemands.

La France représente plus particulièrement les *sentimens* généreux, les *sympathies* sociales; elle est pleine de dispositions bienveillantes pour tous, elle est destinée à former le *lien* de *l'association*, elle est la personnification de l'*amour* entre les peuples, de la *morale* générale.

La France, par son caractère *liant*, *sympathique*, et par ses travaux également poussés dans la direction de la *science* et de l'*industrie*, est éminemment propre à rallier à elle l'*Angleterre* comme représentant avec une haute supériorité l'élément *industriel*, et l'Allemagne comme représentant spécialement l'élément *rationnel* ou *scientifique*.

La *sainte*-alliance de ces trois nations exercerait sur toute la terre une prééminence incontestable; elle travaillerait efficacement à l'éducation de tous les peuples, sous le rapport MORAL, *scientifique* et *industriel;* elle régénérerait graduellement le monde. La Russie serait en ses mains comme un puissant levier à l'aide duquel serait transportée en Asie la civilisation européenne, ainsi que les czars l'ont déjà instinctivement entrepris. C'est vers cette alliance que doit tendre toute l'activité des hommes dévoués au progrès de l'espèce humaine.

Cette idée neuve, base d'une politique toute féconde, sera bientôt appréciée en France par tous les hommes sympathiques, à idées larges et généreuses. Le gouvernement lui-même, chez lequel il y a, quoi qu'on en puisse dire, bien plutôt absence de lumières que mauvais vouloir, ne saurait tarder à l'adopter; car il doit être bien dégoûté des pitoyables expédiens auxquels chaque jour il se voit contraint de recourir, faute de savoir mieux faire.

La Grande-Bretagne, qui plus que toute autre nation a sympathisé avec la France de juillet, est en ce moment absorbée par les soins de sa réforme intérieure. L'aristocratie wigh, qui y domine aujourd'hui, ne paraît pas sentir encore tout ce qu'il y a de mesquin dans les rapports actuels des peuples, dans le système des rivalités nationales; tout ce qu'il y a de petit, de misérable dans le ténébreux régime de la diplomatie. Toutefois les Anglais sont un peuple éclairé; leur commerce immense a jeté un premier *lien* entre eux et les autres nations; et dès qu'ils se seront soustraits au joug de l'aristocratie féodale qui les exploite depuis si long-temps, il est impossible que la politique nouvelle, fondée sur la sympathie, et non plus sur la méfiance, sur l'avancement de tous, et non sur le bénéfice apparent de quelques-uns, ne soit point par eux embrassée avec transport.

SITUATION DE L'ALLEMAGNE. — UNITÉ GERMANIQUE.

Mais l'Allemagne, cette grande nation éminemment destinée à représenter l'élément *rationnel* ou *scientifique*, dont les égaremens mystiques et le philosophisme souvent vaporeux dénotent une haute aptitude *intellectuelle* à qui il ne manque qu'une direction; l'Allemagne est morcelée en 39 petites souverainetés; elle est dominée par l'influence funeste de la féodale Autriche et par les caprices de la

Russie, car celle-ci semble avoir oublié aujourd'hui les plans tracés par Pierre-le-Grand et Catherine.

Ces trente-neuf états ont actuellement une apparence de lien par la constitution de la confédération germanique; mais, à proprement parler, ce n'est qu'une convention militaire en cas d'agression d'une puissance extérieure et un réglement de police contre les idées anti-féodales. C'est un acte dont les principales dispositions consistent à régler le contingent en soldats que doit fournir chacun des confédérés, et à soumettre, en matière politique, tous les petits états à la surveillance inquisitoriale de l'Autriche. Du reste, malgré cette prétendue confédération, tous ces états sont en lutte continuelle en ce qui concerne leurs intérêts les plus précieux. La Bavière ferme ses portes aux produits industriels de Bade et du Wurtemberg ou leur refuse ses ressources agricoles en cas de disette. Le Hanovre repousse les produits des pays du Rhin, et la Prusse soutient en permanence une guerre industrielle contre la Saxe et la Bavière. Il n'y a pas de droit général de cité; on est Prussien, Saxon ou Bavarois, on n'est pas Allemand; pas d'unité de lois, pas de système commun de monnaies ou de mesures. Tout petit prince à ses douaniers, moins rigoureux toutefois, moins harpies, il faut le dire, que les douaniers de France et d'Angleterre. La navigation sur les grands fleuves qui traversent l'Allemagne est soumise à mille surveillances. L'unité allemande n'est qu'une fiction; elle ressemble à l'unité grecque avant Philippe et Alexandre. Actuellement l'unité est les vœux de tous les hommes éclairés, de tous les états de la confédération; jusqu'à ce qu'elle ait lieu, la puissance de l'Allemagne restera paralysée.

C'EST A LA PRUSSE A ÊTRE LE CENTRE DE L'UNITÉ GERMANIQUE.

Mais quel est le peuple à qui il sera donné d'opérer entre ces nombreuses nations cette fusion régénératrice? C'est un peuple éclairé contre lequel en France quelques esprits belliqueux nourrissent des préventions haineuses; un peuple avancé que depuis quelques années beaucoup d'Alleman ds justement irrités des tendances oppressives si imprudemment manifestées par son gouvernement, ont momentanément cessé d'apprécier à sa haute valeur : c'est la Prusse.

C'est elle qui depuis le grand Frédéric a si puissamment favorisé le développement de la civilisation, soit surtout par la protection qu'elle a accordée aux savans et aux philosophes, soit par le soin qu'elle a apporté au perfectionnement de l'industrie, soit par son opposition systématique à la politique autrichienne.

C'est elle dont la capitale, Berlin, est aujourd'hui le centre du mouvement *rationaliste, spiritualiste* de l'Allemagne.

RAPPORTS ANTÉRIEURS DE LA FRANCE ET DE LA PRUSSE.

L'importance de la Prusse est toute récente; elle n'a surgi qu'après la réforme, et depuis lors elle s'est rapidement agrandie. La plupart de ses acquisitions, elle les a dues à l'assistance de la France, qui travaillait sans relâche à affaiblir la maison d'Autriche, personnification de la féodalité et du retardement.

En 1648, lors du traité de Westphalie, conçu sous les auspices de la France, le margrave de Brandebourg, Frédéric Guillaume, fut affranchi de la suzeraineté de la Pologne, et obtint les évêches de Magdebourg, Halberstadt et Minden. En 1701 son fils fut reconnu en qualité de roi.

Ce fut par son alliance avec la France contre la maison d'Autriche qu'elle obtint en 1692 Clèves, la Marche de Brandebourg, Ravensberg, une partie des états de l'électeur Palatin, Juliers et Berg; possessions garanties par la France lors des traités d'Aix-la-Chapelle, d'Utrecht et de Radstadt en 1699, 1713 et 1714.

Ce fut encore par suite de son alliance avec la France que Frédéric-le-Grand parvint à s'assurer la conquête de la Silésie.

Il est vrai que dans la guerre de sept ans on vit la France essayer, par un funeste accord avec l'Autriche, de déprimer la monarchie prussienne; mais l'inutilité des efforts de ces deux grandes puissances contre la Prusse, si faible encore, attesta qu'il n'était au pouvoir de personne de clore les destinées du nouveau royaume; et, par la paix de Paris en 1764, la France garantit à la Prusse toutes ses acquisitions.

Après la mort du grand Frédéric la Prusse continua son opposition contre l'Autriche. Avide de se donner de l'importance, elle se laissa aller à attaquer seule la France en 1792; mais, éclairée par la défaite de Brunswick à Valmy, elle se hâta de suspendre les hostilités, et elle fut une des premières puissances qui se retirèrent de la coalition anti-française.

En 1806, trompée par des intrigues diplomatiques, elle se hasarda de nouveau à déclarer la guerre à la France. Cette imprudence lui coûta cher. En une enjambée Napoléon fut à Iéna; l'armée prussienne fut détruite, et la Prusse réduite à l'état de pays conquis.

Enfin Napoléon ayant accompli sa mission de promener par toute l'Europe et d'implanter partout les principes de la révolution française, régularisés par ses codes, se mit à peser d'un poids insupportable sur l'Europe entière. Il dut alors être renversé; et dans le grand drame où il succomba la Prusse a joué le rôle d'une puissance du premier ordre.

LA PRUSSE DEPUIS 1813.

Or que la Prusse voie comment elle s'y est prise pour gagner son siége dans le haut aréopage européen; comment elle est parvenue à grouper autour d'elle toute l'Allemagne, à exciter en sa faveur un enthousiasme qui depuis s'est bien refroidi; et que le passé lui serve d'enseignement pour l'avenir.

Elle n'appela pas l'Allemagne aux armes en se disant la subordonnée de l'Autriche et de la Russie; elle proclama *l'unité germanique*; elle fit retentir des paroles d'émancipation.

Elle organisa par toute l'Allemagne deux sociétés secrètes, le *Deutsche Bund* (association allemande) et le *Tugend-Bund* (association de la vertu), qui furent sous la direction de deux ministres prussiens, le baron de Stein et M. Hardenberg. Le but de ces sociétés était la délivrance de la Germanie et l'organisation de l'*unité allemande* sous l'influence de la Prusse.

Et d'abord ces deux sociétés se constituèrent militairement, en abolissant le privilége qui conférait à la noblesse tous les grades d'officiers; elles se mirent à répandre les lumières parmi les classes inférieures, et propagèrent avec ardeur l'idée de l'*unité allemande* par des écrits animés, tels que le *Discours de Ficht à la nation allemande* (1), *la*

(1) *Fichtes Reden an die Deusche nation.*

Nationalité allemande de Jahn (2), *la Cloche du temps de Ardnt* (3).

Enfin, le 18 janvier 1812, le général York, levant le masque, passa avec ses troupes du côté des Russes contre les Français; et le 3 février de la même année, le roi de Prusse, dans sa mémorable proclamation à ses milices, s'érigea formellement en champion de *l'unité allemande.*

Mais toutes ces promesses furent oubliées dès que Napoléon fut abattu. Les belles paroles adressées au *Tugend-Bund* et répandues par lui, les engagemens contractés par le baron de Stein, par les généraux prussiens et par le roi lui-même, furent méconnus; bientôt même le baron de Stein fut disgracié, Ardnt et Jahn éprouvèrent le même sort. Ce fut un crime que d'avoir été membre de la *Tugend-Bund;* la Prusse en un mot se traîna à la suite de la sainte-alliance, et le gouvernement prussien obéit fidèlement aux inspirations de Castlereagh, de Wellington et de Metternich. Le *Tugend-Bund* fut dissout, et il ne resta plus trace de l'*unité allemande* que dans l'association universitaire de la *Burschenschaft*, qui, bientôt disloquée elle-même, fit place, il y a sept ans, au *Jugend-Bund* (association de la jeunesse).

Avouons toutefois que nous avons peu de regrets que l'*unité allemande* n'ait pas été constituée en 1815, car alors elle n'aurait pu être établie qu'en haine de la France. Son organisation eût été profondément empreinte de ce sentiment d'hostilité; et, conçue dans cette vue éminemment rétrograde, elle eût porté en elle un germe de dissolution; elle eût inévitablement péri.

---

(1) *Jahns deutsches Volksthum.*

(2) *Ardnts Glocke der zeit.*

Mais aujourd'hui qu'est effacée l'antipathie contre la France, qui avait dû résulter de l'occupation napoléonienne, le temps est venu d'asseoir enfin cette *unité* glorieuse. Que la Prusse reprenne donc l'œuvre qu'elle a abandonnée depuis quinze ans.

DISPOSITIONS A L'ÉGARD DE LA PRUSSE. — POSITION DU CABINET PRUSSIEN.

Il faut le dire, il règne aujourd'hui en Allemagne de la méfiance contre la Prusse, et cette méfiance résulte de l'oblique conduite du gouvernement prussien, de son manque de foi en 1815. Les peuples du midi de l'Allemagne surtout, Bade, le Wurtemberg, la Bavière, et avec eux la Saxe, le Hanovre, regardent la Prusse du même œil que les Romains envisageaient la Grèce. Ils reconnaissent la supériorité intellectuelle, l'activité des Prussiens, mais ils sont peu disposés à se fier à eux, redoutant d'être encore une fois pris pour dupes.

Mais si la Prusse prononçait franchement le nom de l'*unité allemande*, si pour gage de sa sincérité le gouvernement prussien recherchait l'alliance des pays de liberté, de la France et de l'Angleterre, et qu'il accordât à ses peuples ces franchises constitutionnelles dont il est bon que l'Allemagne fasse transitoirement l'expérience; s'il se déclarait opposé aux priviléges féodaux, si lourds aux classes laborieuses dans toute la Germanie, et aux douanes vexatoires, il n'est pas douteux qu'il ne parvînt à détruire tous les soupçons conçus contre lui; et la Prusse verrait se grouper autour d'elle toute la population des états secondaires, la Bavière, la Saxe, le Wurtemberg, Bade, la Hesse et le Tyrol.

C'est précisément parce que nous voudrions que la Prusse comprît dans toute son étendue la haute mission qui lui est réservée à la tête de l'*unité germanique*, et dans la triple alliance aux soins de laquelle sera confiée l'éducation MORALE, *scientifique* et *industrielle* de l'humanité, que nous déplorons sincèrement la funeste direction qu'elle paraît donner à sa politique.

C'est l'alliance de la France qu'il lui faut : sans cette alliance et sans celle de l'Angleterre, avec qui la France lui servira de *lien*, elle descendrait infailliblement au rang de puissance subalterne : comment se peut-il donc qu'elle cherche à remuer les imaginations allemandes en les excitant à une croisade contre la France ?

Pendant que l'ambassadeur prussien proteste à Paris des sentimens pacifiques du cabinet de Berlin, pourquoi celui-ci lâche-t-il M. Ardnt, professeur à Bonn, l'un des chefs du *Tugend-Bund*, rentré en grâce depuis juillet? Pourquoi tenter de ressusciter ainsi une haine que quinze ans de paix avaient assoupie, que la révolution de juillet et les souvenirs de la gloire de Napoléon ont changée en admiration vive ? Que signifient ces prétentions ridicules à retrancher de l'unité française l'Alsace, Lille et Metz ? En persistant dans cette voie le gouvernement prussien se perdrait, et il compromettrait plus que sa propre existence; car tout retard apporté à la conclusion de la triple alliance entre la France, l'Angleterre et l'Allemagne confédérée autour de Berlin, serait un malheur pour l'humanité tout entière.

Nous reviendrons prochainement sur la brochure de M. Ardnt.

ROLE DE LA PRUSSE.

DEUXIÈME ARTICLE.

(EXTRAIT DU GLOBE DU 26 JUIN 1831.)

EXAMEN DE LA BROCHURE DE M. ARDNT.

Die frage uber die Niederlande und die Rheinlande (Question des Pays-Bas et des provinces Rhénanes), avec cette épigraphe :

Lieber den wolf der reisst
Als den fuchs der gleisst.
(Mieux vaut le loup qui déchire que
le renard qui dissimule.)

Dans notre premier article sur la Prusse, nous avons montré le beau rôle qui est réservé à cette puissance, rôle qu'aujourd'hui son gouvernement méconnaît aveuglément. Nous avons promis à nos lecteurs de les entretenir de la brochure commandée par le gouvernement prussien au professeur Ardnt (de Bonn). Nous allons tenir notre promesse.

M. ARDNT.

M. Ardnt est très-connu en Allemagne par le rôle énergique qu'il remplit lors de l'organisation de l'association secrète du *Tugend-Bund*, qui contribua puissamment à délivrer l'Allemagne de la pesante domination napoléonienne: il fit preuve alors de dévouement et de courage. Ce fut lui qui écrivit la brochure pour laquelle l'imprimeur Palm fut fusillé. Il conçut alors contre les Français une haine violente que presque tous les Allemands partagèrent momentanément, et dont ils sont bien revenus aujourd'hui. Malheureusement M. Ardnt n'a point fait un pas depuis vingt ans. Il est toujours dominé par un sentiment de nationalité haineuse. La France, à ses yeux, c'est toujours l'armée victorieuse à Iéna, enlevant la colonne de Rosbach, dépouillant Postdam de l'épée du grand Frédéric, occupant militairement toutes les forteresses prussiennes, frappant des contributions sur Berlin et réduisant Guillaume à l'état de monarque honoraire. En 1831, après les événemens de juillet, M. Ardnt déteste cordialement la France, dont le nom est devenu cependant si populaire en Allemagne, et surtout dans les provinces Rhénanes, au centre desquelles il habite aujourd'hui.

Au reste si M. Ardnt est arriéré, s'il a la vue bornée, s'il ne comprend pas que la politique de *rivalité* a fini son temps, que la seule politique qui ait de l'avenir est celle qui tend à abaisser les barrières qui séparent les nations; si le gouvernement prussien, qui le fait écrire, dénote par là son peu de lumières, il faut convenir que les autres gouvernemens de l'Europe ne sont pas beaucoup plus avancés. N'avons-nous pas vu, il y a quelques jours, le *Moniteur* (1) parler des peuples voisins tout comme l'on peut faire en Chine quand il s'agit des Tartares? Ne voit-on pas les diplomates, c'est-à-dire les fortes têtes des cabinets, pratiquer entre eux la ruse, le mensonge, la méfiance, la haine, avec une impudence de bon ton consacrée par l'usage dans le monde des cours? Les protestations d'amitié entre toutes les puissances sans exception ne sentent-elles pas la foi punique? Y eut-il jamais conférence d'ambassadeurs du Bas-Empire avec des envoyés bulgares, goths ou vandales, où il ait été ourdi plus d'intrigues que dans la conférence de Londres?

«Il y a seize ans, dit M. Ardnt, nous tenions le renard » dans le filet. Il y était enfermé de manière à ne pou» voir s'échapper; mais il se montra si doux, si gracieux, » que nous lui donnâmes la liberté. Il est donc sorti sans » grand dommage à sa fourrure : à présent le voilà de nou» veau en scène, mettant en œuvre toutes ses ruses pour » nous tromper encore une fois. C'est pour ce motif que » je crois nécessaire de montrer les dangers qui nous me» nacent. Aujourd'hui je ne parlerai pas d'autre chose, car » tout ce qui est Allemand ne doit plus avoir d'autre » pensée que de se dérober aux artifices de ces étrangers » trompeurs. »

C'est ainsi que M. Ardnt prélude en signalant la France à la haine et à la vengeance de l'Allemagne, comme si la France pouvait songer à réduire l'Allemagne à l'état de pays conquis, comme si elle ne sentait pas qu'elle doit

(1) Voir *le Moniteur* du 22 juin.

établir sa prééminence sur les autres peuples, non en la leur imposant par la force, mais bien en la leur faisant aimer, en les dégageant des entraves féodales qui les gênent, en leur enseignant le progrès et en les aidant à l'accomplir.

Après ce début, M. Ardnt discute deux questions principales, celle des limites de la France et celle de la supériorité de la nation française, et il donne à chacune une solution que son antipathie contre la France rend facile à prévoir.

LIMITES DE LA FRANCE. — THÉORIES DE DÉLIMITATION.

Il ne pardonne pas au congrès de Vienne d'avoir rompu les liens qui, avant la révolution, unissaient la Belgique à l'Allemagne; il ne conçoit pas qu'on ait laissé à la France Metz, Lille et l'Alsace, l'Alsace surtout. C'est le développement d'une théorie assez ancienne, exposée derechef, il y a six mois environ, dans la *Gazette d'État de Prusse*, et d'après laquelle les fleuves ne sauraient être des limites naturelles, les chaînes de montagnes seules pouvant constituer des séparations réelles. La conclusion qu'en tirent les hommes d'état de Berlin, c'est que la France ne devrait s'étendre que jusqu'aux Vosges, dont elle occuperait seulement le versant occidental. Ces profonds politiques ont oublié que de l'autre côté du Rhin, sur la rive droite, il existe une chaîne de montagnes parallèles et semblable aux Vosges, la *Forêt-Noire*. Si bien que, leur théorie en main, le gouvernement français serait aussi bien fondé à réclamer la partie droite de la vallée du Rhin, Rastadt, Carlsruhe, Fribourg, les vallées de la Kingiz, de l'Eltz, de la Treisam, et tout le versant occidental de la *Forêt-Noire*, que l'Allemagne pourrait l'être à revendiquer Strasbourg, Colmar, Mulhouse et le cours de l'Ill. D'un autre côté, nous ne savons pas comment, en vertu de cette théorie, on prétendrait séparer Metz et Lille de la France, ni quelle chaîne de montagnes si escarpées s'élève entre Condé et Mons, Lille et Tournay, la France et la Belgique, que l'on doive proclamer impossible l'association des deux peuples français et belge ?

M. Ardnt a amendé la théorie des diplomates prussiens sur la délimitation des États. Tous les pays où l'on parle la même langue devraient, suivant lui, être réunis sous une même loi. Il est certain, en effet, que l'identité de langue suppose une telle conformité de mœurs et d'habitudes, qu'elle pourrait très-bien servir de base à une circonscription des divers États de l'Europe de beaucoup supérieure à celle qui subsiste aujourd'hui. Mais nous ne pensons pas qu'à Lille et à Metz on parle allemand ; et du point de vue de M. Ardnt, la Belgique, qui parle français, serait française et non hollandaise ou prussienne. Bien plus, par tous pays, à Londres, à Pétersbourg, à Varsovie, à Berlin, la langue française est usitée, souvent même de préférence à toute autre, parmi les gens éclairés. M. Ardnt comprendra-t-il que la conséquence de sa théorie serait de reconnaître à la France une dictature non pas seulement européenne, mais universelle ; de faire de Munich, de Vienne, de Saint-Pétersbourg et de Berlin des chefs-lieux de préfecture, et de mettre un sous-préfet à Postdam, un juge de paix à Tzarko-Zélo ?

Notre théorie, à nous, sur les frontières, c'est qu'elles doivent disparaître, c'est que les fortifications qui les hérissent seront bientôt démolies, c'est que les douanes, plus difficiles à traverser au voyageur le plus pacifique que deux fleuves et deux chaînes de montagnes, sont proches d'être abolies, c'est qu'une grande *unité* européenne est proche de se constituer, qui fera l'éducation du reste du monde; et cette *unité*, nous l'avons souvent dit, elle s'opérera sous les auspices de trois grandes puissances, la France, l'Angleterre et la Prusse, considérée comme résumé de l'Allemagne, qui réprésentent chacune l'un des trois grands aspects de la civilisation, MORALE, *industrie*, *science*.

VÉRITABLES GRIEFS DE LA PRUSSE CONTRE LE CONGRÈS DE VIENNE.

Au reste, quoique nous trouvions véritablement absurde une combinaison qui tiendrait à séparer de la France Metz, Lille et l'Alsace, et à unir le Brabant à la Prusse, nous concevons que le gouvernement prussien, par l'organe de M. Ardnt, se plaigne du congrès de Vienne.

En Allemagne, la suprématie devrait appartenir à la Prusse. C'est elle qui y représente l'élément progressif: c'est elle qui, par son opposition constante contre la maison d'Autriche, s'était mise à la tête du mouvement antiféodal; car depuis trois cents ans surtout l'Autriche est en Europe le plus pur représentant de la féodalité; c'est la Prusse qui domine tout le mouvement scientifique de l'Allemagne; et cependant le congrès de Vienne a placé la confédération germanique sous l'autorité de la maison d'Autriche. Au lieu de constituer l'*unité allemande*, qui est dans les vœux les plus ardens des hommes éclairés, ou du moins de la préparer en groupant les petits états du nord autour de la Prusse, et ceux du sud autour de la Bavière, il a morcelé l'Allemagne en trente-neuf souverainetés. Que le cabinet de Berlin qui avait rêvé cette *unité* et qui espérait en être le lien, ait de l'humeur contre les diplomates de Vienne, c'est fort légitime; mais ce qui ne l'est pas, c'est de vouloir se venger de Metternich et de Castlereagh sur l'Alsace, Metz, Lille et la Belgique, pays qui tiennent beaucoup à ne pas être soumis au régime militaire qui pèse aujourd'hui sur les états prussiens.

SUPÉRIORITÉ DE LA FRANCE.

Voici ensuite en quels termes le gouvernement prussien, par l'organe de M. Ardnt, s'exprime sur la supériorité de la France :

« Vous vous nommez, dit l'auteur, le premier peuple » du monde; vous prétendez que votre capitale est le cen- » tre de la civilisation, le flambeau de l'Europe; dans votre » vanité, vous chantez chaque matin, ainsi que votre coq, » que tout ce qu'il y a en Europe de lumières, de liberté, » de justice, est votre ouvrage; que depuis quatre siècles » vous êtes les bienfaiteurs de l'Europe; vous le dites, et dans » votre orgueil vous le croyez; l'ignorance le répète chez » les autres peuples; mais cela n'est pas vrai. »

M. Ardnt s'évertue ensuite à démontrer que tout ce qu'il y a de bon en France se compose de larcins faits à l'Angleterre, et que tout ce qui vient de la France n'est que du clinquant sans valeur. Cependant l'éclat de la révolution de juillet est si pur, les classes inférieures se montrèrent alors si magnanimes, que M. Ardnt ne peut s'empêcher de s'incliner au nom des trois jours. Mais c'est pour lui un accident, une anomalie dont il ne tient pas compte. Tout ce qui s'est passé depuis juillet prouve, suivant lui, que la France est indigne de la liberté.

De telles accusations suffiraient et au-delà pour soulever d'indignation une ame libérale. Il est difficile en effet d'être plus injuste envers la France que ne l'est l'écrivain prussien. Pour nous, disciples de SAINT-SIMON, qui avons eu le bonheur d'être initiés à une doctrine supérieure du haut de laquelle nous dominons tous les systèmes qui divisent aujourd'hui la France et l'Europe, nous plaignons l'aveuglement de l'auteur, nous déplorons l'égarement du cabinet qui lui souffle ces discours irritans, et nous prouverons à la fois et la supériorité de la France que nous défendons ici, et la supériorité de nos doctrines, par le calme de notre réponse.

Nous avons reconnu dans plusieurs articles (1) la suprématie de l'Angleterre en fait d'*industrie,* celle de l'Allemagne en fait d'élaboration *scientifique ;* mais nous avons montré aussi que c'était la France qui présidait au mouvement général de la civilisation. C'est en France que les sentimens larges et généreux sont le plus développés; c'est elle qui sera le lien de l'*association universelle* vers laquelle marchent tous les peuples, car le Français est le peuple *aimant* et *liant* par excellence. C'est elle qui éprouve l'affection la plus vive pour les autres nations, et qui sait au plus haut degré se concilier la leur. C'est à la France que sont dus les faits de la plus haute MORALITÉ.

C'est la France dont la politique extérieure a été la plus loyale, la plus magnanime, la plus sympathique.

C'est la France qui, par Charlemagne, constitua-

---

(1) Voyez pag. 49 et 53.

l'Europe, y établit une première organisation de l'enseignement, un premier réglement de l'activité matérielle.

C'est elle qui, par le même Charlemagne, affermit la papauté et dressa le trône du haut duquel les pontifes exercèrent sur les princes et seigneurs féodaux une active surveillance, et protégèrent contre leur barbarie les classes pauvres et les femmes; les femmes qui, sans l'intervention du saint-siége, eussent alors été répudiées, enlevées; prises et reprises comme un butin, et réduites à l'état de domesticité où elles sont encore en Orient.

C'est la France qui, par les conquérans normands, importa l'ordre dans cette Angleterre dont M. Ardnt est l'admirateur si exclusif; c'est elle qui lui donna de l'unité, qui en fit *un* peuple.

Dans ces croisades qui furent si favorables à la civilisation, en ce sens qu'elles préparèrent la déchéance de la féodalité, qu'elles refoulèrent l'islamisme qui menaçait d'engloutir l'Occident, c'est la France qui a joué le rôle le plus important, le plus actif.

Antérieurement c'était elle qui, par Charles Martel, avait arrêté les Sarrasins et sauvé une première fois les nations occidentales.

C'est la France qui, par la politique qu'elle a presque constamment suivie sous François Ier, sous Henri IV, Louis XIII, Louis XIV et Louis XV, a abaissé la maison d'Autriche, personnification du retardement, et a suscité les électeurs puissans d'Allemagne et la maison de Brandebourg en particulier.

C'est elle qui a émancipé les *États-Unis* d'Amérique.

C'est elle qui, par ses philosophes et ses soldats, par Voltaire et par Bonaparte, a propagé sur toute sur la face du globe les principes de la révolution française, principes excellens pour la dissolution d'un ordre vieilli; de là les vœux de liberté qui agitent l'Allemagne, qui, en éclatant, ont produit l'explosion par laquelle l'Amérique du Sud tout entière s'est soustraite à l'exploitation dont elle était l'objet de la part de l'Europe.

Et si l'Allemagne a été plusieurs fois depuis quarante ans rudement secouée par les armées françaises, si Napoléon l'a quelquefois frappée d'un sceptre de fer, c'est que depuis la guerre de sept ans elle était en léthargie, et que, pour la réveiller, il ne fallait rien moins que la vivacité française et le bras vigoureux de Napoléon.

C'est la France qui depuis juillet a ravivé partout les sentimens d'émancipation et a excité les hommes courageux qui de l'autre côté de la Manche travaillent à déraciner une féodalité puissante. C'est elle qui, surprenant l'Europe assoupie, l'a fait dresser en sursaut pour qu'elle se tînt prête à de grands événemens.

Telle est cette France qu'injurie le gouvernement prussien par la bouche de M. Ardnt; et dans les événemens qui se préparent elle jouera le rôle le plus glorieux, quoique M. Ardnt la représente comme épuisée par la lutte des factions, quoique suivant lui ce soit une proie que vont mettre en lambeaux les républicains et les napoléonistes.

Car la France porte en son sein la doctrine nouvelle qui instituera entre les peuples de nouveaux rapports tout de bienveillance et d'association, en place des rapports de rivalité et de haine qui subsistent aujourd'hui entre les gouvernemens; qui changera de même graduellement et pacifiquement au sein de chaque nation les rapports entre les classes et les individus, entre les supérieurs et les inférieurs, de manière à améliorer de plus en plus la condition du plus grand nombre. C'est la France qui la première enseignera à tous l'ordre de l'avenir, d'après lequel la société ne sera plus qu'une association de travailleurs, tous répartis selon leur *capacité* dans les divers ordres de travaux, dont les efforts seront coordonnés et réglés pour l'amélioration la plus rapide de la classe la plus nombreuse, sous le triple rapport MORAL, *intellectuel* et *physique*, par le développe-de la MORALE, de la *science* et de l'*industrie*.

LA PRUSSE S'ÉGARE EN ATTAQUANT AINSI LA FRANCE.

Passe encore si c'était l'*Autriche*, l'Autriche revêche, la rétrograde Autriche qui s'attachât ainsi sur les pas de la France pour la harceler, la calomnier; mais c'est la Prusse, puissance éclairée, qui déserte ouvertement la cause de la civilisation pour devenir un instrument d'outrage entre les mains du conseil aulique; pour se faire le porte-voix du czar, qui, de désespoir de ne pouvoir suivre sa pente vers l'Orient, où il serait civilisateur, parce que l'égoïste diplomatie s'y oppose, s'est retourné avec fureur vers l'Occident, et menace le foyer d'où lui vient la lumière dont il a si grand besoin pour ses populations arriérées.

La Prusse est travaillée par le besoin de grandir, et elle s'imagine que son accroissement doit consister à joindre, par Aix-la-Chapelle, Liége, Bruxelles, Maëstrich, Charleroi, Mons et Lille, à ses provinces du Rhin; à s'avancer jusqu'à Metz par Sarrelouis, et à passer des Trois-Évêchés en Alsace : c'est une erreur grossière. La Prusse est assez allongée aujourd'hui, car elle traverse toute l'Allemagne; elle ne doit pas avoir la pensée de se charger, elle aussi, du fardeau d'un autre royaume lombardo-vénitien; son terrain est le sol germanique, c'est là qu'elle doit s'étendre dans l'intérêt de la civilisation.

C'est à la Prusse de constituer l'*unité germanique;* mais elle ne le pourra que lorsque, par une politique loyale toute d'émancipation et d'association, elle se sera fait absoudre de ses torts envers les autres peuples d'Allemagne; que lorsque tous les péchés qu'elle a commis depuis quinze ans seront effacés, et ils sont nombreux; car il y a péché de promesse d'institutions violée, péché de douanes établies, péché de persécution contre les opinions libérales, péché de complicité avec la commission inquisitoriale de Mayence. Elle ne le pourra qu'à la condition de trouver un allié puissant qui maîtrise l'Autriche, et qui, dans l'intérêt de la civilisation, fasse consentir celle-ci à descendre: or cet allié ce doit être la France; car, en décrétant la déchéance définitive de l'Autriche, la France ne fera que terminer l'œuvre qu'elle a commencée et poursuivie depuis trois cents ans par sa politique extérieure.

Et l'*Allemagne unitaire*, constituée autour de Berlin comme centre, n'aura une mission vraiment large que lorsqu'elle sera associée à la France et à l'Angleterre; car l'association de ces trois peuples peut seule offrir la réunion de toutes les ressources nécessaires au développement de toutes les facultés humaines, MORALES, *physiques* et *intellectuelles*, parce que ces trois peuples représentent spécialement, la France, la MORALE; l'Angleterre, l'*industrie;* l'Allemagne, la *science*.

Et cette triple association ne peut subsister que par la France, car c'est la France qui seule peut en être le *lien*, et par sa position géographique et par son génie particulier.

Le gouvernement prussien comprendra-t-il maintenant combien est peu honorable sa haine contre la France et ce qu'il a à gagner à exciter contre elle les populations germaniques?

L'ANGLETERRE.

(EXTRAIT DU GLOBE DU 22 JUIN 1831.)

POSITION INSULAIRE.

Nous avons posé les bases d'un nouveau système de relations entre les peuples de l'Europe, destiné à préparer l'association universelle. Nous avons établi que le moment était venu de nouer une étroite alliance entre les peuples qui sont chacun le représentant d'un des trois aspects du développement de l'humanité, MORALE, *industrie*, *science*, à savoir, la FRANCE, l'*Angleterre* et l'*Allemagne*.

Déjà l'un de nos prédicateurs avait tracé le rôle civilisateur de la FRANCE, raconté son passé et célébré son avenir. Il y a peu de jours nous avons montré les destinées de l'ALLEMAGNE, représentée par la Prusse, pays des *théories*, de l'*investigation scientifique*, du *spiritualisme* (1). Maintenant nous devons parler de l'ANGLETERRE, patrie de l'*industrie*, de la *richesse* et de la *pratique*, pivot du commerce du monde, à qui il sera particulièrement donné d'établir entre les peuples l'association industrielle, et de les initier aux jouissances de la MATIÈRE. Nous exposerons son état actuel, nous ferons voir et ses grandeurs et ses misères; nous dirons comment et pourquoi, entre les nations, elle a plus que toute autre besoin de la religion nouvelle, que par nous la France apporte au monde, et comment elle doit contribuer à l'établissement de cette religion.

Mais pour mieux faire comprendre l'état présent de l'Angleterre, nous nous occuperons d'abord de son passé; nous montrerons par quelles causes, pour accomplir sa mission, elle a pu mieux que tout autre peuple se soustraire à l'influence du *catholicisme*, qui flétrissait l'industrie comme une source de jouissances impures, et à l'influence de l'*aristocratie militaire*, qui dédaignait le travail pacifique comme le lot des castes inférieures, des vilains. Nous établirons comment sa position INSULAIRE, c'est-à-dire d'*isolement*, lui a facilité cette double émancipation.

LUTTE PRÉCOCE CONTRE LE CATHOLICISME.

Située au milieu des flots, à l'extrémité de l'Europe, séparée de Rome par tout un continent, ayant à peine gardé quelques traces de la civilisation latine, l'Angleterre

---

(1) Voyez p. 61.

manifesta de bonne heure son génie national en luttant contre l'autorité du chef spirituel, dont toute l'Europe s'empressait alors de reconnaître les lois. Ce fut pour triompher de sa résistance opiniâtre que les papes déchaînèrent successivement contre elle et les Danois qui leur payèrent l'offrande du denier de saint Pierre, et les aventuriers normands, qui leur promirent foi et hommage, et qui, à défaut de l'entier accomplissement de leur promesse, introduisirent du moins dans la terre conquise le droit et la juridiction ecclésiastiques, et enrichirent les prêtres italiens et français qui suivirent leurs pas, de la dépouille des vaincus.

« L'Angleterre, dit Hume, quoiqu'elle eût été convertie » autrefois par des missionnaires romains, et qu'elle eût » fait ensuite quelques actes de soumission envers la cour de » Rome, conservait toujours un haut degré d'indépendance » dans son administration ecclésiastique ; et, formant un » monde en elle-même, entièrement séparée du reste de » l'Europe, elle avait refusé tout accueil à ces prétentions » démesurées, qui servaient de fondement à la puissance » papale. Alexandre espéra donc que les barons normands, » s'ils réussissaient dans leur entreprise, pourraient in- » troduire en Angleterre des habitudes de condescendance » envers le saint-siége, et ramener les églises anglaises à un » état de conformité avec celles du continent. C'est pour- » quoi il se prononça immédiatement en faveur de Guillaume, » déclara Harold usurpateur et parjure, lança l'excommu- » nication contre lui et ses partisans, et pour encourager le » duc de Normandie dans son entreprise, lui envoya une » bannière consacrée, avec un anneau et un cheveu de » saint Pierre enchâssé dans une pierre précieuse. » La terreur inspirée par l'excommunication papale fut la cause de la prodigieuse facilité avec laquelle Guillaume exécuta sa conquête; et le clergé étranger, auquel il abandonna une grande part des richesses du pays, devint pour lui-même et pour ses successeurs un fidèle auxiliaire contre les révoltes des barons normands et du peuple saxon, ligués pour se défendre contre la rigueur de l'autorité royale.

Installée, sous les auspices de la conquête, au milieu de populations qui l'avaient long-temps repoussée, jamais l'église romaine ne put asseoir solidement son pouvoir en Angleterre. Le clergé, comme ordre distinct, n'obtint jamais de place au parlement. Sans cesse on voit celui-ci s'opposer aux tentatives d'agrandissement de la puissance ecclésiastique et particulièrement de la puissance papale. On le voit tantôt supplier le monarque de s'emparer des richesses du clergé pour les faire servir aux besoins de l'état, tantôt défendre au confesseur du roi l'accès du trône, excepté en quelques occasions solennelles. Dès la fin du quatorzième siècle, Wicleff attaque ouvertement l'église romaine, et sa tentative, qui précède de presque cent cinquante ans celle de Luther, demeure impunie, tant il trouve d'appui dans la nation tout entière! Enfin Henri VIII rompt violemment un lien que la violence seule avait établi, se sépare de Rome et partage entre ses favoris les richesses qu'il ravit à l'église.

DÉCLIN RAPIDE DE LA FÉODALITÉ.

Il est certain que la position géographique de l'Angleterre devait y amener une décadence de l'aristocratie militaire plus prompte que partout ailleurs; car, à part la circonstance d'une croisade religieuse comme celle qui mit l'Angleterre entre les mains de Guillaume, et qui ne pouvait pas se renouveler, le pays était suffisamment protégé par la mer contre les invasions qui menaçaient sans cesse les autres monarchies de l'Europe; les féodaux n'ayant pas à combattre pour l'indépendance de la patrie, durent posséder par cela même moins de considération et de puissance.

Mais, ainsi que Delolme l'a remarqué le premier dans son célèbre ouvrage sur la constitution anglaise, l'événement de la *conquête* qui établit la féodalité en Angleterre, où elle n'existait pas encore, fut précisément ce qui contribua à en rendre le déclin plus rapide.

Les meilleurs documens historiques établissent en effet qu'à l'arrivée des Normands l'état social de la Grande-Bretagne était encore fort en arrière du régime féodal. On ne trouvait point entre les propriétaires du sol cette puissante hiérarchie qui dans les états féodaux faisait de tout un seul corps sous l'autorité du roi. Entre eux subsistait encore en grande partie l'indépendance de la barbarie primitive empreinte dans les lois nationales. Ce fut Guillaume lui-même qui, après avoir envahi l'Angleterre et exproprié violemment la masse des anciens possesseurs, rattacha à son trône par l'hommage féodal ses compagnons d'armes, entre lesquels il partagea le territoire. Le *Doom-Book*, inventaire minutieux des fiefs distribués par lui, reste comme un monument authentique de cette spoliation prodigieuse et du système qui fut alors constitué.

Mais la *conquête* donna à Guillaume ce que ne possédait aucun souverain féodal, une armée permanente et un domaine bien supérieur à celui d'aucun de ses grands vassaux. Héritiers de sa puissance, ses successeurs parvinrent bien plus tôt que dans les monarchies continentales à subjuguer la noblesse : témoin l'institution de la *chambre étoi-*

lée, de la *haute cour ecclésiastique*, du *conseil privé*, de la *loi martiale;* témoin Henri VIII et Élisabeth.

D'un autre côté, la noblesse, pour résister à la royauté, fut obligée de bonne heure de rechercher l'alliance de la bourgeoisie et même du peuple. L'institution du parlement, la réunion pour ainsi dire permanente des deux chambres depuis la fin du treizième siècle, furent le résultat de ce besoin commun d'union et de défense entre la noblesse et la bourgeoisie. Dès le commencement du même siècle la grande Charte, en même temps qu'elle garantit les priviléges des bârons, sanctionna les libertés des bourgeois de Londres, et stipula (chose prodigieuse pour ce temps) que même un *vilain* ne pourrait être dépouillé, pour dettes, de ses instrumens d'agriculture. Toutes les concessions arrachées au souverain par les barons furent déclarées applicables aux simples vassaux à l'égard des barons eux-mêmes. Devenues chères à la nation vaincue, en haine de la loi de ses vainqueurs, les vieilles coutumes saxonnes, les lois de saint Édouard, servirent de ralliement à tous ceux que fatiguait le despotisme royal. On transforma leurs réglemens barbares en garanties de liberté, on en fit sortir le jugement par jury et le droit accordé aux *francs tenanciers* des comtés, d'envoyer des représentans au parlement; droit dont on ne retrouve l'équivalent dans aucune constitution féodale.

Ainsi se développèrent de bonne heure parmi le peuple des désirs d'affranchissement et d'indépendance. *Quand Adam bêchait, quand Ève filait, où donc était le gentilhomme?* Tel était le refrain que, dans leur marche sur Londres vers la fin du quatorzième siècle, répétaient les serfs révoltés conduits par John Bull et Watt Tyler; et l'aristocratie, menacée par eux, se crut un moment près de sa ruine. A partir du règne d'Élisabeth l'abolition de la servitude fut complète en Angleterre, et à la même époque nous voyons apparaître cette loi dont on fit depuis un funeste usage, mais dont l'intention primitive annonce envers les classes inférieures des dispositions d'une bienveillance surprenante pour cette époque ; nous voulons parler de la loi sur les pauvres, basée sur le principe que tout homme privé de moyens de subsistance doit recevoir sa subsistance de l'état.

DÉVELOPPEMENT DES INTÉRÊTS INDUSTRIELS.

Cette mer, chemin mouvant qui environnait l'Angleterre; qui unissait entre elles toutes les parties de ses longues côtes et la mettait en rapport avec les rivages florissans de la Flandre, de la Normandie et de la Guyenne, développa rapidement chez elle la navigation et le commerce. La *conquête* vint ajouter encore à ces avantages naturels en facilitant les communications intérieures ; car, soumettant tout le royaume à un régime, à une autorité uniforme, elle fit disparaître les anciennes séparations de provinces qui existaient autrefois en Angleterre aussi bien que dans toutes les monarchies européennes.

Ces causes réunies ne tardèrent pas à donner aux intérêts industriels une importance dont nous trouvons dans l'histoire les indices nombreux.

Ainsi nous voyons Londres, et ensuite les *cinq ports*, exercer de bonne heure une influence politique notable.

Ainsi à la fin du treizième siècle, sous Édouard Ier, les députés des *bourgs* sont régulièrement appelés, avec ceux de la noblesse, au vote des subsides et forment bientôt avec les *chevaliers* représentant des comtés la deuxième chambre du parlement.

Sous le même Édouard, une innovation capitale a lieu dans le régime de la propriété; car, en opposition à tous les principes féodaux, le terre peut dès lors être affectée au paiement des dettes commerciales.

Bientôt la bourgeoisie, fière de sa richesse, s'arroge l'usage des titres féodaux, au grand scandale de la vieille noblesse, qui gémit de l'insolence de ces *fariniers* et de ces *savonniers*, comme les appelle Froissard.

Henri VII et Henri VIII, par leurs lois modificatrices des substitutions, favorisent les habitudes prodigues de la noblesse, afin d'accélérer sa ruine.

Mais voici que les progrès de l'industrie et de la richesse, au seizième siècle, hâtent bien plus directement encore la décadence des féodaux, car la noblesse achève d'épuiser le patrimoine de ses ancêtres pour égaler la magnificence de ces parvenus bourgeois qu'elle envie en les méprisant. « Les progrès du luxe, dit Hume dans ses remarques sur le » règne d'Élisabeth, détruisirent les immenses fortunes des » anciens barons, et tandis que les nouveaux genres de » dépenses furent favorables aux artisans et aux marchands, » qui vivaient d'une manière indépendante par les produits » de leur travail, les nobles, au lieu de cet ascendant illi- » mité qu'ils exerçaient sur tous ceux qui vivaient à leur » table ou subsistaient de leurs bienfaits, ne conservèrent » que cette influence médiocre que le chaland exerce sur » le commerçant. D'ailleurs les propriétaires terriens ayant » plus besoin d'argent que d'hommes, changèrent leur mode » de culture dans le but d'accroître leur profit net. Ils le » firent par la clôture des *communaux*, par la conversion » des petites fermes en grandes; ils renvoyèrent les bras

» devenus inutiles qui autrefois étaient toujours à leur dis» position pour combattre le souverain ou un voisin redou» table. Par ce moyen les cités s'accrurent, les classes » moyennes devinrent riches et puissantes. »

Cette décadence de la noblesse plaça entre les mains d'Henri VIII et de sa fille le pouvoir le plus absolu. Mais à l'avénement des Stuarts un nouvel adversaire s'éleva contre la royauté et entraîna à sa suite la noblesse féodale, réduite désormais à un rôle subalterne : ce fut la bourgeoisie enrichie par l'énorme développement que l'industrie manufacturière et commerçante avait pris en Angleterre. Telle était la prépondérance acquise alors par cette classe, que, suivant la remarque d'un historien contemporain, dans les parlemens qui sous Jacques Ier et Charles Ier soutinrent contre la royauté une lutte si opiniâtre, la chambre des communes réunissait une masse de propriétés au moins triple de celle de la chambre des pairs. Ces superbes *commoners*, exécutant dès lors ce que leurs pareils du tiers-état de France renouvelèrent, en les dépassant, cent cinquante ans plus tard, appuyés sur la population de la capitale et des grandes villes commerçantes, anéantirent tout ce qui, dans l'état, pouvait faire obstacle à leur domination exclusive ; ils abolirent église, noblesse, royauté, et mirent le sceptre aux mains de l'un d'entre eux ; et puis, lorsqu'ils se virent eux-mêmes menacés par les masses populaires, par ces *niveleurs* qui tournaient contre eux les principes révolutionnaires, ils firent un pas rétrograde ; ils se réconcilièrent avec l'église, la noblesse et la royauté, en réglant, comme les plus forts, les conditions du pacte ; ils firent, en un mot, une RESTAURATION ; régime transitoire, union bâtarde du vieux système de gouvernement avec l'élément industriel, qui s'est continué avec quelques légères modifications, de 1660 jusqu'à nos jours; qui s'est depuis transplanté dans les divers états de l'Europe et de l'Amérique, et sous lequel l'Angleterre, acquérant un énorme développement manufacturier et commercial, a jeté partout les fondemens de l'association pacifique des travailleurs de tous les pays.

MISSION INDUSTRIELLE DE L'ANGLETERRE.

Une fois dégagée des liens les plus lourds du papisme et de la féodalité, l'Angleterre procéda avec une ardeur, une constance, une habileté admirables à la mission de perfectionnement industriel qui lui était dévolue. C'est d'abord à l'empire universel des mers qu'elle aspire : ce domaine conquis par la guerre doit devenir entre ses mains le théâtre d'une œuvre industrielle immense. Ainsi les conquêtes de Rome avaient été en Europe une préparation nécessaire à l'établissement de l'unité catholique; ainsi dans les temps modernes l'agrandissement militaire de la Prusse a préparé l'unité de l'Allemagne.

Dès le règne d'Élisabeth, la marine anglaise surgit redoutable, et c'est encore par ses victoires sur les plus ardens défenseurs du catholicisme, sur les Espagnols, qu'elle s'élève et s'illustre. Drake, faisant le tour entier du globe dans sa course de pirate, semble être l'éclaireur et l'avant-garde de ces flottes puissantes qui, dans le siècle suivant, doivent, sur mille points divers, à l'orient et à l'occident, d'un pôle à l'autre, installer la puissance anglaise.

Bientôt de nombreux essaims de sectaires aventuriers, fuyant la persécution, vont prendre possession de l'Amérique du Nord. Sous Cromwell, le fameux *Acte de navi-*

gation semble le manifeste qui annonce au monde les prétentions de l'Angleterre. L'Espagne, la Hollande, apprennent, par la perte de quelques-unes de leurs colonies, par la destruction de leurs flottes, que leur ancien ascendant maritime est passé en d'autres mains.

Mais c'est au dix-huitième et au commencement du dix-neuvième siècle, c'est au génie des Guillaume, des Newcastle, des Chatam et des Pitt, qu'est réservé l'accomplissement des grandes destinées de l'Angleterre : après cinq guerres qui occupent plus de la moitié de cent cinquante années, et dont le cercle embrasse toutes les régions du globe, la France, la Hollande, l'Espagne, le Portugal, sont successivement dépouillés de la presque totalité de leurs possessions. A l'occident un empire anglais se constitue dans l'Amérique du Nord, et devient bientôt assez puissant pour repousser la tutelle oppressive de la vieille métropole, et ne conserver avec elle que des relations de travail. L'exemple de l'Amérique du Nord entraîne l'Amérique du Sud, et là encore un monde nouveau s'ouvre au commerce de l'Angleterre et de l'Europe. A l'orient, l'Inde tout entière devient anglaise, reçoit de ses vainqueurs la civilisation européenne, et la réfléchit jusque sur les friches immenses de la Polynésie, jusque sur les côtes de l'Australasie et de Van-Diémen, changées en cultures fécondes par les bras de ceux-là même que la métropole flétrit et rejette de son sein. L'Afrique même reçoit sur ses côtes les germes qui la doivent un jour pénétrer, transformer tout entière, et d'intrépides voyageurs, missionnaires de science et d'industrie, sillonnent en tous sens ses régions inconnues jusqu'alors.

Cependant, sur la surface des mers une multitude de forteresses et de comptoirs, Héligoland, Guernesey, Gi braltar, Malte, les îles Ioniennes, la Sierra-Leone, Fernando-Po, Sainte-Hélène, le cap de Bonne-Espérance, l'île Maurice, Ceylan, la Polynésie, la factorerie de Canton, les îles Sandwich, les stations de l'Amérique du Sud, les Antilles, le Canada, forment comme les nœuds d'un immense réseau jeté sur le globe tout entier, pour en rattacher tous les points à ce marché central dont Londres et Liverpool sont aujourd'hui les deux entrées. Ainsi, tandis que dans le siècle dernier la France, par les écrits de ses philosophes et de ses littérateurs, répandait dans toutes les classes et chez tous le peuples l'enthousiasme de la liberté, les généreuses sympathies qui devaient amener le renversement d'une religion et d'une politique désormais odieuses à l'humanité, l'Angleterre, de son côté, renversait, sur toute la surface du globe, les obstacles qui s'opposaient à l'établissement d'une association matérielle entre les peuples. Et voici qu'elle-même, lasse du rôle de violence qu'elle a dû remplir pour atteindre ce but glorieux, proclamant, par ses économistes et ses hommes d'état, le principe de la liberté du commerce, est prête à déposer les priviléges de la conquête, et convie tous les peuples à prendre une libre part à ce concours d'efforts dont, pour le bien de tous, elle est appelée à garder la suprême direction.

Un si prodigieux développement de relations commerciales devrait nécessairement produire un perfectionnement simultané des moyens de fabrication ; mais assez d'écrivains ont pris soin de nous instruire des progrès opérés dans cette carrière depuis cent années par les Anglais ; qu'il nous suffise de les rappeler ici en quelques mots. Les procédés mécaniques, qui centuplent les résultats du travail de l'homme ; l'amélioration des procédés agricoles ; le perfectionnement de toutes les races d'animaux, l'introduction pour l'homme d'un régime hygiénique qui fortifie et embellit le corps; des habitudes d'ordre, de propreté, d'aisance; la multiplication et l'accélération de tous les moyens de transport; l'établissement d'institutions de crédit public et privé supérieures à tout ce qui avait été tenté auparavant; l'introduction de ces perfectionnemens divers chez les autres nations; tels sont les bienfaits dont l'humanité est redevable à l'Angleterre.

SYSTÈME SOCIAL EN ANGLETERRE DEPUIS LA RESTAURATION.

Cependant, tandis que cette nation étonnait le monde par l'accroissement de sa puissance commerciale et de sa richesse matérielle, elle offrait, dans son existence morale et politique, le spectacle du plus déplorable désordre: et nous savons qu'il en devait être ainsi; car, livrée tout entière à une activité que nulle doctrine religieuse n'avait encore réglée et sanctifiée, il fallait bien qu'elle fût dominée par cet égoïsme, ces passions avides et souvent même farouches, conséquence inévitable des habitudes mercantiles qui jusqu'ici ont été le partage de l'industrie. On connaît généralement les résultats de ces dispositions immorales dans la politique extérieure de l'Angleterre; assez de voix se sont élevées pour lui reprocher son manque de foi, son absence de générosité, son insensibilité poussée quelquefois jusqu'à une véritable barbarie; mais ce que l'on connaît moins ce sont les rapports qui existent chez elle entre les différentes classes de la société, rapports qui se résolvent en une rude exploitation des classes inférieures par les classes supérieures.

Cette exploitation a été, comme l'esclavage dans l'antiquité; comme la guerre, comme toutes les institutions qui nous paraissent aujourd'hui les plus oppressives, un fait momentanément utile, indispensable au progrès social, et par cette raison volontairement accepté. Elle a été consacrée, régularisée dans le système social fondé définitivement en 1689; et ce système, pendant cent années environ, a mérité l'amour et la vénération des Anglais, enivrés de la gloire et de la grandeur que leur patrie acquérait sous son influence. Mais du moment que l'Angleterre a eu rempli la mission de conquête qui lui avait été dévolue, le culte de *sa glorieuse constitution* est tombé; la domination oppressive de son aristocratie et le régime social qui la sanctionnait n'ont plus trouvé de soutien dans les sympathies des masses. Loin de là, un mécontentement profond se manifeste de toutes parts, mille tentatives révolutionnaires éclatent chaque jour et menacent le système existant d'une catastrophe prochaine. Nous ferons connaître ces tentatives.

G. D'EICHTHAL.

LA PAIX ET LA GUERRE.

(EXTRAIT DU GLOBE DU 29 JUIN 1831.)

La question de la paix et de la guerre, toujours palpitante, car les dispositions insurrectionnelles des peuples multiplient les chances d'une conflagration générale, est celle dont les esprits sont le plus préoccupés. Et en effet il est certain que l'instabilité des rapports extérieurs de la France réagit intensément sur son état intérieur. C'est seulement lorsque l'Europe sera pacifiée que la paix du dedans sera certaine. On sent généralement que la guerre ne pourrait être soutenue qu'à l'aide d'une vive excitation des sentimens populaires, d'une exaltation révolutionnaire; excitation et exaltation dont s'accommodent fort peu tous les hommes pacifiques, et qui sont incompatibles avec la prospérité industrielle. C'est là une des causes de la suspension des transactions commerciales, et par conséquent une des causes des souffrances et de l'extrême irritabilité des classes ouvrières.

Toutefois jusqu'à ce jour un grand nombre d'hommes

éclairés ont pu être sans opinion faite sur cette question. Il était difficile de se prononcer entre les partisans de la paix et ceux de la guerre, parce qu'il était difficile à tout homme à la fois ami de la paix et jaloux de la dignité de la France, de sympathiser complétement avec les uns ou avec les autres. Les partisans de la paix étaient disposés à l'acheter par des bassesses : ils vidaient humblement d'un trait toutes les coupes d'humiliation que M. de Metternich et l'empereur Nicolas leur emplissaient les unes après les autres; on éprouvait surtout de la répugnance à se livrer à eux, parce qu'ils étaïent sans sympathies pour le progrès des autres peuples. Les partisans de la guerre, hommes ardens, généreux au fond, se présentaient comme des hommes violens : ils rêvaient des conquêtes napoléoniennes; ils avaient trop l'air d'aimer la guerre de passion, de vouloir la faire pour la faire; ils méconnaissaient l'influence d'instabilité qu'elle devait exercer sur l'état intérieur de la France.

Pour nous, aujourd'hui nous le disons sans réserve, c'est la paix qu'il faut à l'Europe. Le devoir de tous les hommes avancés est de s'efforcer de la maintenir. L'Europe, en se livrant à la guerre, se condamnerait à de rudes commotions, à des désastres industriels, à un renouvellement des sentimens arriérés de haines nationales. Arrière donc la guerre! Mais il ne suffit pas de désirer la paix, il faut savoir comment l'obtenir.

Dans une série d'articles que nous continuerons (1), nous avons exposé que l'Europe renfermait aujourd'hui trois peuples très-avancés représentant chacun l'un des

(1) Voyez pages 19, 29, 35, 45, 53, 61, 71 et 85.

trois aspects de la civilisation, MORALE, *industrie*, *science*, correspondant aux trois facultés de l'homme, AMOUR, *force*, *intelligence*; ces trois peuples sont la France, l'Angleterre, et la Prusse considérée comme résumé de l'Allemagne.

L'Europe ne sera à un état normal que lorsque ces trois peuples se seront associés, et que leur triple alliance exercera sur le monde une pacifique prééminence. Sous leur patronage l'éducation MORALE, *industrielle* et *scientifique* des nations avancera d'ensemble avec rapidité. Alors la guerre sera définitivement abolie surtout en Europe, car il y aurait folie à vouloir lutter contre cette alliance, soit à cause de la supériorité de ses ressources, soit parce qu'elle exercera sur tous les peuples non une influence d'exploitation, mais une influence civilisatrice toute paternelle, pour leur propre perfectionnement.

Nous appelons de tous nos vœux cette alliance pacificatrice, qui est dans l'intérêt des parties contractantes et de l'humanité tout entière; et nous consacrons tous nos efforts à la réaliser. Si la Prusse n'est pas prête encore à comprendre le rôle brillant qu'elle doit y jouer, la paix peut être garantie par une alliance formée sans son concours, et qui ne peut manquer de le déterminer.

Parmi ces trois nations, qui par leur degré de civilisation méritent particulièrement le titre de *grandes puissances*, il en est deux, la France et l'Angleterre, qui l'emportent de beaucoup sur la troisième en influence politique. Cela tient en partie à ce que la Prusse n'a pas fini sa croissance; car elle ne la terminera que par l'excitation et la force que lui donneront les deux premières. C'est toujours l'une ou l'autre qu'on est habitué à voir primer en Europe. A elles deux elles possèdent un ascendant moral, une masse de ressources incomparablement au-dessus de tout ce qui existe partout ailleurs. Leur rivalité, qui a duré depuis la bataille d'Hastings jusqu'à celle de Waterloo, est à son terme; ce sont elles qui sentent le plus vivement le besoin de la paix; elles n'ont qu'à s'associer pour la maintenir.

Et elles réussiront dans leur dessein, si, secouant les formes timides et frauduleuses de la diplomatie, elles proclament hautement que tel est leur désir, leur volonté; si, prenant à la face du soleil une attitude calme et imposante, elles font savoir à tous que c'est assez de supplices et de désordres, de plaintes et de colère; qu'elles s'interposent entre les peuples, toujours prêts à se soulever, et les souverains, qui les obligent violemment à courber la tête; qu'elles s'instituent médiatrices; qu'elles veuillent couper court aux débats entre les intérêts du passé, représentés par les souverains, et ceux de l'avenir, personnifiés dans les peuples, en faisant consentir les premiers à une transaction provisoire figurée par des constitutions en harmonie avec les leurs propres, et en déterminant les seconds à s'y reposer un moment, si imparfaites qu'elles doivent être; de sorte qu'à la faveur de ce repos on puisse chercher et préparer en paix l'organisation définitive de l'Europe.

Et les rois consentiraient, et les peuples se calmeraient; et la sécurité serait rétablie.

C'est à la France, qui par sa dernière révolution a ébranlé toute l'Europe et a remis en évidence toute l'incertitude de la situation générale, c'est à elle de prendre l'initiative. En conséquence, voici, selon nous, la seule mesure qui serait efficace pour le maintien de la paix.

Le roi des Français ferait une démarche authentique près du roi d'Angleterre; il lui donnerait connaissance de la conviction où il est qu'il importe au repos du monde d'unir étroitement les deux peuples pour qu'ils interposent partout leur médiation; il s'adresserait à lui, non par des protocoles glissés dans l'ombre, mais par une lettre envoyée avec la publicité la plus éclatante.

Cette lettre serait ainsi conçue :

LOUIS-PHILIPPE, ROI DES FRANÇAIS,

A GUILLAUME, ROI D'ANGLETERRE.

« Mon frère,

» Le nom que je vous donne ici, et que nous donnons » l'un et l'autre à toutes les têtes couronnées de l'Europe, » est à lui seul une preuve des liens de parenté qui existent » entre tous les peuples, dont chacun des rois est la personnification. Il nous révèle tout ce qu'aurait d'odieux une » guerre européenne.

» L'Europe est travaillée d'un mal profond; les peuples » sont insurgés contre les souverains ou n'attendent que » l'occasion pour se soulever. L'esprit de mécontentement » a tout envahi. C'est un symptôme que de nouvelles relations doivent être établies entre les princes et les peuples, » car celles que l'on s'efforce de défendre, les peuples ne » les supportent plus.

» Toutefois si les anciennes relations ont dans les peuples » d'irréconciliables ennemis, elles ont parmi les cabinets » et les débris puissans encore de l'aristocratie des siècles » passés des soutiens ardens. L'Europe semble sur le point » de se partager en deux camps qui seraient occupés, l'un » par les défenseurs, l'autre par les antagonistes du vieil » ordre de choses.

» Une guerre européenne serait un affreux désastre, un

» fait immoral. Il y a partout en Europe une telle similitude de sentimens et de mœurs, de pensées et d'études, » d'habitudes et de travaux; une telle solidarité de lumières » et de richesses, qu'aux yeux de tout homme éclairé ce » ne sont point des nations juxtaposées, isolées les unes des » autres; c'est véritablement une seule nation, ayant sous » le nom d'états des provinces nombreuses et diverses. » Toute guerre européenne serait donc une guerre civile.

» Mon frère, il nous est facile d'écarter ce fléau. Vous et » moi nous avons été commis par la Providence au soin de » présider aux destinées des deux premiers peuples de la » terre; par notre double médiation nous pouvons, nous » devons épargner au monde les perturbations d'un vio- » lent orage.

» Jusqu'à ce jour, dans toutes les guerres, l'Angleterre » et la France ont figuré l'une en face de l'autre comme » principales parties belligérantes; entre ces deux puis- » sances si long-temps rivales, une alliance solennellement » jurée sera le symbole de la réconciliation, de la paix » universelle. Et déjà les haines nationales qui les divisaient » ont cessé : ce fut vous qui le premier rendîtes hommage » à la glorieuse révolution de juillet; ce fut vous qui le » premier tendîtes la main au roi que s'était alors donné la » France.

» Mon frère, mettons fin à la crise européenne, faisons » savoir à tous les rois de l'Europe que nous les convions » à la formation d'un congrès général où seront débattus » les griefs de leurs nations et les leurs propres, et qui ré- » glera, sous la direction de l'Angleterre et de la France, le » degré d'émancipation que réclame l'état de chaque peuple.

» Par là les populations, dégagées des plus lourds des » priviléges qui pèsent sur elles, dotées d'institutions dont

» l'observation loyale sera garantie par nous, respirant » plus à l'aise, prendront patience; la fermentation insurrec- » tionnelle s'apaisera; et, de concert avec les hommes éclairés » de tous les pays, nous pourrons procéder à loisir à l'exa- » men de cette grande question : *Quelle est l'organisation* » *dans laquelle il convient d'embrasser l'ensemble des popu-* » *lations européennes?*

» En appelant ainsi tous les rois à un congrès, j'éprouve » une vive répugnance à cause des réunions diplomatiques » auxquelles ce nom a été appliqué. L'assemblée qui s'ou- » vrirait sous nos auspices n'aurait rien de commun avec » ces conciliabules. L'allure cauteleuse de la diplomatie l'a » rendue odieuse à tous les peuples : ils pensent avec rai- » son que si elle est si soigneuse d'opérer sous terre, c'est » qu'elle ne saurait s'avouer au grand jour; et les congrès » multipliés qui ont eu lieu depuis quinze ans ne justifient » que trop cette opinion populaire, que *tout congrès est un* » *complot contre la liberté et les sympathies des nations.*

» La plus grande publicité devrait présider aux actes de » l'assemblée, qui se réunirait sous notre direction; par là » cette assemblée, repoussant toute parenté avec les con » grès précédens, se concilierait la confiance des peuples » et les disposerait à reconnaître ses actes.

» Et c'est pour faire pressentir ce caractère nouveau des » relations diplomatiques dans la circonstance actuelle, » qu'au lieu d'employer la voie ténébreuse des corres- » pondances de chancelleries, je m'adresse solennellement » à vous.

» Mon frère, je sais tout le prix que vous attachez à la » paix, et moi-même j'ai donné des preuves irrécusables de » sa haute valeur à mes yeux. Il serait possible que la me- » sure que je vous propose vous semblât devoir être en-

» visagée comme une déclaration de guerre par les souve-
» rains qui redoutent les idées d'affranchissement; de sorte
» qu'elle irait précisément contre le but que nous ambi-
» tionnons l'un et l'autre.

» A part toute vaine gloire nationale, il est incontestable
» que la France et l'Angleterre sont au premier rang parmi
» les puissances. Leur association offre tout réuni au plus
» haut degré : courage, activité, richesse. Cette associa-
» tion aurait d'ailleurs un immense appui dans les sympa-
» thies de tous les peuples; les souverains partisans du privi-
» lége ne se le dissimulent pas. Unis ensemble, nous verrons
» se rallier à nous une partie de l'Europe, peuples et rois.
» Les princes qui seraient tentés de repousser nos projets
» conciliateurs se trouveront dès lors pressés et par leurs
» peuples, qui répondront avec enthousiasme à notre voix,
» et par l'ascendant qu'exercera sur eux-mêmes notre puis-
» sante alliance.

» Notre caractère de souverains, et pour vous en particu-
» lier votre longue possession royale, écarteront de l'esprit
» des princes l'idée funeste d'un inutile emportement. Ce ne
» sera pas comme si la fougueuse propagande de la démocratie
» leur intimait fièrement ses ordres; ce seront des frères
» qui leur adresseront avec calme des représentations bien
» veillantes sur leurs véritables intérêts.

» L'Angleterre, beaucoup plus que la France, offre de
» vastes débris de l'aristocratie féodale que votre loyale
» politique s'applique à transformer graduellement, en les
» harmonisant avec les intérêts de l'avenir. N'y a-t-il pas
» là pour les rois et pour les privilégiés un témoignage
» éclatant que nous ne voulons pas les livrer comme une
» proie à la démagogie dévorante, et qu'il s'agit seulement
» de prudentes et pacifiques réformes?

» En France les idées aristocratiques n'ont pas de racines; » les sympathies pour tous les peuples y ont atteint un ad- » mirable développement. Sa participation sera une garan- » tie pour les masses, que la part sera faite large à leurs » intérêts.

» Mon frère, une tâche immense et glorieuse nous est » offerte, acceptons-la; montrons-nous dignes d'être les » chefs des deux premiers peuples de la terre.

» Remercions la Providence du rôle superbe qu'elle nous » a réservé. Il dépend de nous de devenir les pacificateurs » de l'Europe, et de nous assurer une gloire bien autrement » pure, bien autrement durable que celle de tous les con- » quérans.

» Que par nous donc la paix soit assurée; nous consa- » crerons ensuite tous nos efforts au développement des » intérêts auxquels la paix est profitable, et qui doivent à » jamais en garantir le maintien. »

Nous le répétons, il n'y a de chances de paix que dans une mesure semblable. Il est des esprits auxquels elle paraîtra étrange, qui se récrieront surtout parce qu'elle viole tous les usages diplomatiques; à ceux-là nous répondrons que nous faisons peu de cas de la diplomatie.

LA POLOGNE (1).

(EXTRAIT DU GLOBE DU 8 MARS 1831.)

Les dernières nouvelles de Varsovie réduisent à bien peu les espérances qu'on avait conçues sur le succès des armes polonaises. C'est en vain que pendant soixante-douze heures une horrible bataille a ensanglanté la rive droite de la Vistule; pendant soixante-douze heures les habitans de Varsovie ont entendu une effroyable canonnade; pendant soixante-douze heures ils ont été livrés à l'anxiété la plus poignante. La canonnade a cessé; mais l'anxiété est restée dans Varsovie plus morne et non moins cruelle : les Russes n'ont pas été vaincus; ils ont conservé leurs positions for-

(1) Cet article a été écrit à la suite de la bataille de Grochow. Le bruit courut alors à Paris que les Polonais avaient été vaincus; le ministre des affaires étrangères l'annonça même à la tribune.

midables; ils sont restés retranchés dans les bois, d'où, malgré des prodiges de valeur, on n'a pu les débusquer; le gros de leur armée les rejoint et les renforce. Nous frémissons d'y penser..... Depuis lors qu'ont pu devenir les Polonais?

Il est douloureux d'y songer; il est déchirant de le dire; au moment où nous écrivons, où sont ces hommes héroïques, que sont-ils devenus, eux qui ont eu aussi leurs trois jours? Qu'on les appelle par leur nom, et combien d'eux pourront répondre? combien en est-il qui n'aient pas roulé au fond de cette quatrième tombe de la Pologne?

Hélas! pendant que de misérables questions s'agitent sentencieusement à Paris, tandis que les Chambres gâtent ou arrangent de leurs amendemens diffus des lois stériles qu'on nous dit organiques et qui désorganisent tout; tandis que des députés verbeux s'amusent à détruire quelque petit article imaginé par la Chambre des pairs, pour le reproduire en d'autres termes; tandis que l'on occupe la France d'un procès où les prétendus républicains conspirateurs de décembre se trouvent être quelque curieux imbécile, ou quelque jeune homme évaporé, ou encore quelque passant arrêté sans propos, on meurt à Varsovie, on meurt avec enthousiasme, et c'est à cause de la France, c'est pour la France que l'on meurt!

Non, nous n'osons espérer le contraire. Aujourd'hui la lutte doit être terminée; la victime est immolée : les Polonais expirent!

Pauvre Pologne! ses enfans ne sont plus, eux qui s'étaient relevés si fiers lorsque la France leur eut fait un signe; eux qui, lorsque l'autocrate leur eut ordonné de se ruer sur nous, l'avaient toisé avec dédain et lui avaient dit qu'il pourrait bien les égorger et se promener en triomphateur, en maître courroucé, dans Varsovie en ruines; mais qu'il ne lui serait jamais donné de tourner leurs bras contre la France; car la France aussi était leur patrie, la France était leur seconde mère, et ils se glorifiaient d'être ses enfans chéris.

Ils sont morts, morts sans doute comme leurs pères qui défendirent Praga contre Souwarow; ils sont morts foulés aux pieds par de misérables cosaques, insultés par leurs sauvages ennemis : ils sont morts en regrettant l'Italie et l'Égypte, où ils trouvaient au moins un Français pour recueillir leur dernier soupir.

Où est-il donc cet aigle blanc de l'Hôtel-de-Ville de Varsovie, au bec duquel ils avaient remis l'étendart russe qu'ils avaient bravement enlevé à la baïonnette : il est roulé dans la boue et dans le sang; quelques barbares de la soldatesque de Diebitch, quand ils seront las de pillage (1) et de débauche, le ramasseront, et iront le vendre à quelque juif qui trafique des métaux; ou bien l'orgueilleux Zabalkanski l'a déjà envoyé vers Saint-Petersbourg, afin que le bronze dont il est coulé serve à quelque statue de Nicolas *vengeur*.

Ils sont morts les Polonais, morts écrasés par le nombre, percés de coups, ou jetés à travers les glaces que charrie la Vistule! A quoi leur a servi de répéter le chant de Dombrowski, d'avoir enfoncé des bataillons pendant trois jours, en disant en chœur : *Non, non, tu n'es pas sans défenseurs, ô Pologne chérie!*

(1) On se rappelle que le général Diebitch a promis à ses troupes le pillage de Varsovie pendant six jours.

Et ces malheureux lanciers qui traversaient Varsovie pour rejoindre le champ de bataille, et qui, aux acclamations de la multitude, s'écriaient avec transport : *Vivent les hommes de Kalisch!* répondaient, les larmes aux yeux : *Meurent les hommes de Kalisch, pourvu que la Pologne vive!* Où sont-ils? Hélas! eux aussi ils sont morts, ils sont tombés sans sauver la Pologne!

Tout cela n'est plus; tout cela est mort pour la France, pour la civilisation; et ces infortunés ont eux-mêmes, avant de mourir, noblement prononcé leur oraison funèbre.

« Que ceux qui sont plus forts que nous, disait, le 12 février, le ministre Malachowski dans la chambre des nonces, et auxquels nous avons voulu venir en aide, nous bercent encore pour l'avenir comme par le passé de la stérile expression de leur sympathie : nous périrons pour eux : une noble larme sera notre unique récompense, nous mourrons sans hésiter, et nous justifierons ainsi la noble inspiration de l'orateur français qui nous a devinés quand il a dit : « LES POLONAIS SONT ACCOUTUMÉS A MOURIR POUR LA FRANCE. »

Et qu'a-t-on fait pour cette noble victime? Qu'a dit, qu'a fait la France pour l'arracher à l'extermination? Le gouvernement français a dit qu'*ils étaient trop loin!* Il a fait de la petite diplomatie; il n'a même pas osé offrir une médiation embarrassée. Les ministres français, soit indifférence bourgeoise, soit terreur de la grande colère de Nicolas, soit bien plutôt crainte de toutes les exigences politiques que la guerre devait soulever, et de l'abîme d'anarchie auquel elle semblait devoir conduire, n'ont pas daigné adresser directement une parole à ces hommes généreux; et, comme l'a dit encore M. Malachowski avec cet accent qui serre le cœur, *le gouvernement polonais n'a rien reçu de celui de France, pas même un courrier !*

Et à défaut du gouvernement, sans doute un élan général s'est manifesté dans la nation ; sans doute une foule d'hommes ardens, partis de tous les coins de la France, sont allés dire à Varsovie la vive sympathie qu'ici on ressent pour la cause de la Pologne, pour son sublime dévouement; sans doute d'abondantes offrandes ont afflué dans les coffres du comité que préside l'illustre ami de Washington?

Hélas ! non; les feuilles allemandes nous apprennent que VINGT jeunes Français sont entrés à Varsovie. Les listes de souscription attendent le nom des souscripteurs; et il a fallu tout l'attrait d'un concert où devaient se faire entendre en public des voix harmonieuses que jusque là quelques privilégiés avaient pu seuls ouïr dans l'étroit espace d'un salon, pour décider les classes les plus riches à la plus modique des aumônes, en retour de laquelle elles ont encore exigé du plaisir. . . . .

. . . .

. . . .

. . . .

LA POLOGNE.

(EXTRAIT DU GLOBE DU 20 OCTOBRE 1831.)

La révolution de Pologne est étouffée; l'ordre règne à Varsovie. Le boulet mort qui vint frapper Paskéwitch à l'attaque du faubourg de Wola est l'emblème de l'insurrection polonaise : elle est tombée sans force au pied de Nicolas.

Aujourd'hui la Pologne est morte; ses enfans les plus chers sont frappés d'exil. On ne sait où Skrzynecki a cherché un refuge; la tête de Lelewel est mise à prix; Czartoryski a passé la Vistule seul dans la barque d'un pêcheur; il est allé une dernière fois tenter la fortune à Cracovie. Ramorino, qui avait été le digne représentant de la France dans cette lutte de géans, a brisé son épée en entrant avec ses frères adoptifs sur les domaines du conseil aulique. Les forteresses de Frédéric-Guillaume s'encombrent d'officiers polonais. La terre de Prusse et d'Autriche, dont les populations avaient admiré les fils de la Pologne, leur a été inhospitalière. On les a dépouillés de leurs armes, et on ne leur a pas permis de couper dans les forêts le bâton voyageur qui les reconduirait en France.

Pauvre Pologne ! elle a expiré, abandonnée par tous ceux qui lui témoignaient une amitié hypocrite ! Il était de bon ton dans les cours et dans les salons dorés de s'attendrir à l'idée de la Pologne. La Pologne ! on en parlait dans les élégans quadrilles; on s'entretenait de ses horribles douleurs au milieu des fêtes splendides et des joies officielles. On la laissait périr sans lui envoyer un courrier; mais les inventeurs de modes, dans leurs importantes méditations, et les ministres, dans leurs harangues solennelles, lui prodiguaient les marques d'intérêt. Praga, Ostrolenka, Iganie et la *nationalité polonaise*, occupaient une place brillante sur les cartons des marchands de nouveautés et dans les plus graves discours. Pendant ce temps l'armée polonaise s'exténuait contre la grande armée de Nicolas, semblable à ces corps légers qui vivement lancés contre une lourde masse rebondissent par le choc. Elle avait usé Diébitch, elle avait usé Constantin, mais elle s'était usée elle-même. Et quand elle a été épuisée du sang qu'elle avait perdu, les diplomates sont venus l'endormir de leurs trompeuses paroles; ils ont conduit les Russes autour d'elle pendant son sommeil. Pendant son sommeil aussi, à l'insu sans doute des diplomates, la trahison avait noué des trames horribles. Réveillée en sursaut, à peine a-t-elle eu le temps et la force d'échapper à une complète extermination.

La pauvre Pologne s'était dévouée comme une victime pour arrêter la Russie qui s'ébranlait contre la civilisation. Pour soutenir cette lutte inégale elle avait fait un appel à l'Europe occidentale : « Peuple indocile, avait-on dit tout bas dans les conseils des rois ! » et on avait crié : *C'est trop loin !* Que se mêlait-elle en effet de ce qui ne la regardait pas? Que lui importaient les projets de Nicolas contre la France? Sous l'influence d'un vif sentiment de catholicisme elle avait invoqué Marie, et les catholiques de France étaient restés muets dans leurs basiliques; ces hommes religieux avaient bien d'autres affaires! ils conspiraient contre le *Domine salvum fac regem.* D'une voix déchirante elle avait demandé de l'argent, elle n'avait pas trouvé de crédit; les capitalistes n'avaient d'entrailles que pour Metternich et Ferdinand VII. Et quand elle a été écrasée, à peine quelques voix se sont élevées pour honorer son martyre. Les cabinets européens n'ont pas voulu pour elle célébrer de funérailles. Ce cadavre déposait contre leur égoïsme, ils ont eu hâte de l'enfouir. Son convoi a été solitaire, silencieux et clandestin comme celui des criminels dont on va pendant la nuit jeter les membres palpitans dans la fosse commune, et sur lesquels on ne pose pas de pierre qui marque leur place et garde leur mémoire.

Des écrivains généreux ont déjà réclamé pour les débris de l'armée polonaise : ils se sont demandé si la diplomatie prétendait interdire à la France de tendre les bras à ces malheureux, si les souvenirs de Dombrowski et des lanciers polonais préoccupaient assez le czar et l'aristocratie allemande pour qu'ils signifiassent à un cabinet d'effrayés que toute manifestation éclatante de sympathie envers les vaincus de Paskéwitch, serait une cause de rupture? Serait-ce un crime au gouvernement français de poser un peu de charpie sur les plaies des blessés de Varsovie, et de leur glisser dans la main la modique aumône qui les mènerait à pied, par les longues routes d'Allemagne, sur le territoire français? Les écrivains qui ont ainsi parlé ont droit à la reconnaissance de tous les hommes à nobles sentimens? il est beau de vouloir ouvrir un refuge à ces proscrits. Mais la terre de Pologne et les infortunés qui la peuplent, il faut y songer aussi : que vont-ils devenir?

Sera-ce une province russe administrée militairement par un hetman de Cosaques, sous les ordres du grand-duc Michel? Les traités de Vienne, si opiniâtrément invoqués, vont-ils dormir pour elle? Tel est l'état d'abjection du parti populaire en Europe, telle est dans le Nord l'arrogance de l'aristocratie, que ces traités, mauvais chiffons il y a un an, sont devenus depuis lors la *grande charte* des peuples, le palladium de leur indépendance!

Non, l'affaire de Pologne n'est pas finie. La presse doit y veiller; il faut qu'elle ait toujours les yeux fixés sur cette nation malheureuse. Que sa vigilance empêche les agens du colérique Nicolas de planter des échafauds, ou de réaliser les rêves de déportation en masse conçus par leur maître dans ses accès de fureur, lorsqu'il apprenait qu'une poignée de héros balançait l'effort de ses gros bataillons et du vainqueur du Balkan. Les cabinets de France et d'Angleterre, assourdis par le tapage de la machine constitutionnelle qui joue toute détraquée à leurs oreilles, ont dans leur embarras oublié la Pologne : que la presse leur crie sans cesse aux oreilles ce nom si cher; qu'elle excite en eux une pudeur qui s'est émoussée. Provisoirement il est impossible d'obtenir rien de plus que la clémence du vainqueur et l'exécution des stipulations de Vienne ; eh bien ! que la presse fasse sur elle cet effort de réclamer la *clémence* de Nicolas et l'observation des *traités de Vienne.* Ce sera se faire une rude violence; mais telle est la situation du moment. Le temps presse; les populations désarmées des bords de la Vistule valent bien la peine, n'est-il pas vrai, que pour les sauver on prononce ces mots amers, *clémence de Nicolas, maintien des traités de Vienne?*

ALGER.

(EXTRAIT DU GLOBE DU 10 NOVEMBRE 1831.)

Il est beaucoup question d'Alger en ce moment. Parlons plus exactement, on en jase beaucoup; on met en circulation beaucoup de rumeurs sur l'avenir de cette conquête importante; mais, hormis des causeries et des cancans politiques, rien n'a encore été fait ni tenté pour en tirer parti.

Il a couru ces jours-ci des bruits qui n'ont peut-être aucun fondement, sur une combinaison nouvelle qui règlerait le sort de ce pays. Il s'agirait de laisser à l'Angleterre le soin de civiliser les côtes barbaresques en commençant par Alger. En revanche, la France s'arrondirait des provinces rhénanes. La Prusse renoncerait au grand duché du Bas-Rhin, qui n'est même pas en continuité de territoire avec elle, et qui ressemble, dans ses rapports avec Berlin, à un captif attaché à un poteau par une chaîne au pied; et elle s'incorporerait le grand-duché de Varsovie, de manière à perdre cette figure rétrécie et amaigrie d'une *paire de jarretières*, ainsi que Voltaire disait. La Russie regagnerait en Grèce le terrain qu'elle perdrait ainsi dans l'Allemagne septentrionale, et il est probable que quelque lieutenant de Nicolas réussirait mieux que l'infortuné Capo d'Istria à vaincre les résistances que l'aristocratie des chefs de Palicares oppose à l'introduction d'une administration à l'européenne. Ce plan se rattacherait, dit-on, à la formation d'un royaume nouveau, formé de la Hollande et du Hanovre qui serait définitivement séparé de l'Angleterre; ce qui permettrait de moins resserrer la Belgique du côté de la Meuse et du Luxembourg. Nous passons sur quelques arrangemens de détails qui auraient pour but d'indemniser, au moyen des provinces de Westphalie, de Minden et d'Arensberg, la Bavière et Hesse-Darmstadt, des territoires de la rive gauche du Rhin, de Worms, Spire et Landau, qui seraient rattachés à la France, et de jeter quelques lambeaux à la tête de la jalouse, de la rétrograde Autriche, comme on fait à un dogue hargneux dont on veut éviter les aboiemens.

Nous croyons peu à la réalité de cette combinaison. Nous la rapportons toutefois pour divers motifs, et d'abord parce que, prise en elle-même, elle est digne de fixer l'attention publique.

Sans doute il y a quelque chose de brutal, d'immoral dans ce morcellement de territoires qu'on découpe froidement pour en prendre chacun sa part; sans doute c'est une tyrannie sans nom que d'imposer à des peuples doux et laborieux un gouvernement qu'ils n'aiment pas, qu'ils ne connaissent pas; sans doute il est absurde que cette

Allemagne si unitaire par son langage, ses mœurs et ses habitudes, voie indéfiniment ajournée, par des influences féodales, la constitution de l'unité germanique, après laquelle elle soupire depuis vingt-cinq ans, et que son éparpillement en trente-neuf souverainetés sans lien réel soit consacré par de nouvelles combinaisons diplomatiques. Toutefois il y a dans ce projet des germes d'avenir qu'il est essentiel de signaler.

L'utilité de toute mesure qui rattacherait directement les provinces rhénanes à la France est universellement sentie par les hommes avancés. Il n'y a pas de raison pour fractionner la vallée du Rhin, jusqu'à l'entrée des Pays-Bas. De Huningue à Dusseldorf, c'est, dans l'acception la plus étroite du mot, une même *nation*, un même *pays*. Le centre sur lequel Landau, Mayence et Coblentz ont les yeux fixés, n'est ni Munich, ni la petite ville de Darmstadt, ni Berlin, c'est Paris.

L'association du grand-duché de Varsovie et de la Prusse constituerait la Prusse au premier rang des puissances allemandes, assurerait à Berlin, dans l'ordre politique, cette suprématie sur toute la Germanie, qu'il exerce déjà dans l'ordre intellectuel. Ce serait un grand pas vers la subalternisation complète de l'Autriche, qui est la personnification du retardement. Sans doute le gouvernement *actuel* de la Prusse s'est rendu coupable de bien des méfaits envers les idées progressives; sans doute ses rigueurs contre les écrivains libéraux ont été odieuses; sans doute la pensée qui le préoccupe d'organiser comme un camp des populations pacifiques est une pensée arriérée; sans doute il doit paraître absurde à tout voyageur qui parcourt, par exemple, la vallée du Rhin, si riche, si populeuse, si laborieuse, d'y trouver pour division administrative principale une division toute militaire; si bien que le premier objet qui frappe les regards, à l'entrée de ces villes et villages pressés les uns contre les autres, soit un écriteau portant l'indication du régiment et du bataillon de la landwehr dont ils font partie; sans doute l'infortunée Pologne a de terribles griefs à articuler contre les autorités prussiennes; toutefois il y aurait mauvaise foi à ne pas convenir que l'administration prussienne est un modèle à citer; que le gouvernement prussien, quoiqu'il semble au premier abord ne faire cas que du métier des armes, a plus fait pour la diffusion des lumières, le développement de l'industrie manufacturière et agricole, que tous les autres gouvernemens du continent. Dans nul pays les universités et le choix des professeurs ne sont l'objet d'une sollicitude plus active; dans nul pays le confectionnement et l'entretien des routes ne sont plus difficiles, et nul pays sur le continent n'a de plus belles chaussées. On devrait se demander encore si les successeurs du grand Frédéric, entourés de princes qui les détestaient comme des intrus, ayant d'ailleurs à garder un prodigieux développement de frontières, ont pu éviter de se considérer comme campés au milieu d'ennemis aux aguets, et de s'organiser militairement. Quel est d'ailleurs l'ami de la Pologne qui ne s'estimât plus rassuré s'il la voyait soustraite au régime de sévérité stupide conçu par Constantin, et perfectionné par Paskéwitch et sa créature de Witt, pour passer, au moins provisoirement, sous l'autorité d'un gouvernement actif et éclairé, quoi qu'on puisse dire, tel que celui de Berlin? De gré ou de force d'ailleurs, il faut que le gouvernement prussien renonce bientôt à sa politique féodale contre la presse au-dedans, contre la France au-dehors. Cette politique fait de la Prusse une méchante doublure de l'Autriche, tandis que sa mission a été toujours et est encore de renverser la maison de Habsbourg du trône de l'Allemagne, et de s'y asseoir à sa place. Son état présent est donc un état forcé, contre nature : on n'est pas long-temps l'allié des gens qu'on a mandat de détrôner. Les alliés naturels de la Prusse sont la France et l'Angleterre; car la FRANCE, l'*Angleterre* et la *Prusse* considérée comme résumé de l'Allemagne, sont les trois peuples les plus avancés, se complétant les uns les autres; ceux qui représentent les trois aspects de la vie individuelle et humanitaire : MORALE, *industrie, science.*

L'installation de la Russie en Grèce susciterait assurément des haines et causerait des déchiremens. Il y a en Morée et dans les îles une aristocratie qui se ploierait difficilement à la domination moscovite. Mais il est certain, d'autre part, que cette aristocratie de condottieri klephtes ou de Fanariostes est fort peu entendue en civilisation, et que ce n'est point à elle qu'il sera donné d'initier aux merveilles de l'industrie et de la science, au bien-être et à l'instruction, les classes pauvres au milieu desquelles elle vit. Ces patriarchies et ces oligarchies s'accommoderaient peu du *bon plaisir* d'un aide-de-camp de Nicolas. Mais la question est de savoir si l'élément le plus vital de la Grèce réside en elles ou dans les masses qu'elles exploitent, et si transitoirement, alors que nul gouvernement de l'Europe ne possède une autorité morale assez élevée pour ne plus avoir besoin des moyens violens du passé, le régime militaire n'est pas encore, comme dans les siècles anciens, un moyen d'éducation pour des populations très-arriérées.

Ce qui était une odieuse tyrannie envers la noblesse polonaise si éclairée, si hautement morale, peut vis-à-vis des chefs de Palicares devenir momentanément un frein nécessaire à leur turbulente ambition, aux sauvages écarts de leur indépendance. La Grèce livrée à elle-même se mutilera, se dévorera. Elle a besoin d'une intervention directe de l'Europe; la Russie peut, à la rigueur, remplir les fonctions d'un commissaire de police qui irait y imposer silence en attendant que la France et l'Angleterre y envoient de religieux initiateurs aux travaux pacifiques et féconds de l'industrie et de la science.

Le projet qui aurait pour but de soumettre à une même loi la Hollande et le bas Hanovre n'aurait non plus rien de déraisonnable. Les côtes de la mer du Nord, depuis Anvers jusqu'aux bouches de l'Elbe, ont une constitution géographique identique. C'est toujours un pays plat, sabloneux, à rivage dentelé, coupé par les embouchures de plusieurs fleuves, le Rhin, l'Ems, le Weser et l'Elbe. La destinée des diverses parties de ce pays a été, depuis plusieurs siècles, analogue. Ce sont tous lieux commerçans, qui ont trouvé dans leur puissance industrielle les moyens de se dérober au glaive de César. Ici les villes anséatiques, Brême et Hambourg; là Amsterdam, Rotterdam, Flessingue et La Brille. Plus tard, lorsque Napoléon eut absorbé la Hollande, il fallut que les côtes de la mer du Nord subissent la même destinée pour les mêmes motifs, et que les fleuves qui s'y épanchent donnassent, comme la Saône, le Rhône et la Loire, leurs noms à des départemens. Actuellement une délimitation absurde, qu'on dirait l'œuvre de quelque diplomate distrait qui se serait amusé à découper en figures bizarres la carte d'Europe, a haché ce littoral. Les potentats du congrès de Vienne ont fait du népotisme en grand. Chacun a voulu nantir ses parens nécessiteux; les oncles et les cousins ont obtenu tous quelques lieues carrées et quelques milliers de têtes de bétail humain. L'on a institué des villes *libres*, c'est-à-dire qui sont à la merci de toutes les polices de l'Europe. On a disjoint ce qui devrait être uni. L'accouplement du littoral de la mer du Nord avec la Hollande produirait un état des plus homogènes.

Mais le fait qui soulèverait le plus de répugnances dans la combinaison que nous examinons serait certainement la cession d'Alger à la Grande-Bretagne. Il y a encore en France un vieux levain de haine contre ce qu'on appelait, sous la république et l'empire, la *perfide Albion;* les antiques rivalités nationales sont profondément assoupies depuis juillet; mais à force de jeter les hauts cris il ne serait pas absolument impossible de les réveiller pour quelques instans. Le temps n'est plus où l'on pourrait répéter sérieusement ces phrases *patriotiques* des proclamations napoléoniennes : « Soldats ! les roches blanches de Douvre » se sont dit qu'elles se rougiraient de votre sang, » mais il y a tel moment où un peuple sentant sa dignité cruellement blessée devient inquiet, susceptible, irritable même, dès qu'il s'agit de ce qui peut ressembler à une concession de plus, à une soumission nouvelle; et c'est aujourd'hui le cas de la France.

Et cependant il faut reconnaître que chaque peuple a sa capacité propre, son individualité, son *nom*. Or le nom des Anglais est celui de *peuple colonisateur*. L'Angleterre possède aujourd'hui la plupart des colonies qu'ait conservées l'Europe. Elle a fait d'immenses empiétemens sur des civilisations arriérées. Elle a solidement planté sur les mers et sur tout le littoral des deux continens des jalons auxquels se nouera le réseau de l'association universelle. L'Angleterre, sans perdre de vue les intérêts présens, a beaucoup fait pour l'œuvre d'avenir. Par ses colonies florissantes par ses riches comptoirs, par l'influence de ses agens commerciaux, par ses ingénieurs, par ses chefs d'atelier, elle enlace tout le globe; son génie est d'être l'initiatrice *industrielle* et *administrative* des peuples. Or la colonisation est actuellement une œuvre spécialement administrative et industrielle. Un jour viendra sans doute où la colonisation, c'est-à-dire l'intervention de la civilisation chez des peuples barbares, sera un acte à la fois de MORALE, d'*industrie* et de *science;* où les colonisateurs apporteront à la fois, aux peuples arriérés, sentimens RELIGIEUX, c'est-à-dire d'ASSOCIATION, *lumières* et *aisance.* Alors les trois peuples dont la vie particulière est empreinte le plus profondément pour l'un de RELIGIOSITÉ, pour le second de puissance *scientifique*, pour le troisième d'activité *industrielle*, la FRANCE, l'*Allemagne* et l'*Angleterre*, concourront à toute colonisation. Ce sera sous les auspices de cette trinité sainte que les peuples graviteront vers leur destination, l'*association universelle*. Mais les élémens de cette trinité sont épars, aucun d'eux n'a encore conscience de son avenir personnel et collectif. L'œuvre de colonisation est donc temporairement étroite et incomplète; aussi, dans l'absence momentanée, en dehors de nous, fils de Saint-Simon, de toute loi morale, ne peut-elle provisoirement se résoudre qu'en actes *industriels*, c'est-à-dire dans lesquels l'aptitude et l'expérience sont du côté de l'Angleterre.

C'est par ce motif que l'arrangement que nous rapportons ici n'aurait, en ce qui concerne Alger, rien dont l'humanité eût à se désoler. À chacun selon sa capacité. Quand il s'agira de loyauté, de sympathies généreuses à témoigner hardiment, de gloire et d'hommages à recueillir, ce sera le rôle de la noble France; il s'agit maintenant de coloniser, c'est le tour de l'Angleterre. Les napoléoniens eux-mêmes ne seraient pas en droit de se plaindre, puisqu'on leur rendrait *leur* Rhin.

Et cette résolution serait favorable aux intérêts les plus étroits de la France; car ces intérêts exigent que la côte d'Afrique se recouvre de cités florissantes, que des populations industrieuses s'y implantent et y croissent, et c'est par l'Angleterre que ces choses seraient commencées à moins de frais. Un jour viendrait ensuite où la France, associée à l'Angleterre, activerait ce développement par des flots de vie et d'enthousiasme, et cueillerait les fruits semés par sa sœur sur le sol qu'elle-même aurait préparé de ses mains et arrosé de son sang. Or ce jour d'association est proche : nous dirons pourquoi il doit poindre bientôt.

ÉVERAT, Imprimeur, rue du Cadran, n° 16.

AUX

INDUSTRIELS.

LETTRES

SUR

LA LÉGISLATION

DANS SES RAPPORTS AVEC

L'INDUSTRIE ET LA PROPRIÉTÉ,

DANS LESQUELLES ON FAIT CONNAÎTRE

LES CAUSES DE LA CRISE ACTUELLE

ET LES MOYENS DE LA FAIRE CESSER.

PAR A. DECOURDEMANCHE, AVOCAT.

Égale protection à l'industrie et à la propriété.

(*EXTRAIT DU GLOBE.*)

PARIS,
AU BUREAU DU GLOBE,
RUE MONSIGNY, N° 6.

PUBLICATIONS

SUR LA

DOCTRINE SAINT-SIMONIENNE.

	Fr.	c.
Le Globe, journal quotidien de la Doctrine de Saint-Simon.		
L'Organisateur, gazette hebdomadaire des Saint-Simoniens.		
Exposition de la Doctrine de Saint-Simon ; 1re année, 1 vol. in-8°, 3e édition	4	»
Exposition de la Doctrine de Saint-Simon ; 2e année, 1 vol. in-8°, *sous presse.*		
Tableau synoptique de la Doctrine de Saint-Simon.	3	»
Appel aux Artistes ; broch. in-8°.	3	»
Lettres sur la Religion et la Politique ; in-8°. .	3	»
Cinq Discours de M. Transon aux Élèves de l'Ecole Polytechnique	2	»
Enseignement central; broch. in-8°	2	»
Extrait de la Revue Encyclopédique ; br. in-8°.	1	50
La Presse; articles extraits du Globe. . . .	»	»
Économie politique et Politique ; articles extraits du Globe.	2	»

LETTRES
SUR LA LÉGISLATION
DANS
SES RAPPORTS AVEC L'INDUSTRIE
ET LA PROPRIÉTÉ.

PUBLICATIONS

SUR LA

DOCTRINE SAINT-SIMONIENNE.

	Fr.	c.
Le Globe, journal quotidien de la Doctrine de Saint-Simon.		
L'Organisateur, gazette hebdomadaire des Saint-Simoniens.		
Exposition de la Doctrine de Saint-Simon; 1re année, 1 vol. in-8°, 3e édition	4	»
Exposition de la Doctrine de Saint-Simon; 2e année, 1 vol. in-8°, *sous presse*.		
Tableau synoptique de la Doctrine de Saint-Simon.	3	»
Appel aux Artistes; broch. in-8°.	3	»
Lettres sur la Religion et la Politique; in-8°. . .	3	»
Cinq Discours de M. Transon aux Élèves de l'Ecole Polytechnique	2	»
Enseignement central; broch. in-8°	2	»
Extrait de la Revue Encyclopédique; br. in-8°. .	1	50
La Presse; articles extraits du Globe.	»	»
Économie politique et Politique; articles extraits du Globe.	2	»

LETTRES
SUR LA LÉGISLATION
DANS
SES RAPPORTS AVEC L'INDUSTRIE
ET LA PROPRIÉTÉ.

IMPRIMERIE DE GUIRAUDET,
RUE SAINT-HONORÉ, N° 315.

AUX
INDUSTRIELS.

LETTRES
SUR
LA LÉGISLATION
DANS SES RAPPORTS AVEC
L'INDUSTRIE ET LA PROPRIÉTÉ,
DANS LESQUELLES ON FAIT CONNAÎTRE
LES CAUSES DE LA CRISE ACTUELLE
ET LES MOYENS DE LA FAIRE CESSER.

PAR A. DECOURDEMANCHE, AVOCAT.

Égale protection à l'industrie et à la propriété.

(*EXTRAIT DU GLOBE.*)

Première Partie.

PARIS,
AU BUREAU DU GLOBE,
RUE MONSIGNY, N° 6.

1831.

TABLE

DES MATIÈRES.

FIN DE LA TABLE DES MATIÈRES.

LETTRES

SUR

LA LÉGISLATION

DANS

SES RAPPORTS AVEC L'INDUSTRIE

ET LA PROPRIÉTÉ.

PREMIÈRE LETTRE *.

DE LA NÉCESSITÉ DE PRÉCISER LES GRIEFS ET LES VŒUX DU PAYS.

—

Depuis les glorieuses journées de juillet, on parle beaucoup des conséquences de notre révolution, et peu d'écrivains font connaître quelles doivent être ces conséquences.

Cependant il importe de les préciser, pour que, les griefs et les vœux du pays étant connus, le gouvernement sache enfin ce que l'on attend de lui.

Nous croyons devoir publier quelques réflexions sur cette importante matière.

* Extrait du *Globe* du 22 novembre 1830.

Si l'on observe attentivement l'ensemble de notre législation, c se convaincra facilement qu'elle a été faite dans le seul intérêt de propriété contre l'industrie ;

Que tout notre système financier est une spoliation continuelle d l'industrie au profit d'un petit nombre de privilégiés ;

Et que les lois constitutives du pouvoir législatif sont combinée de manière à ce que l'industrie n'obtienne que le plus tard possibl une protection égale à celle qui est accordée à la propriété.

CRITIQUE DES LOIS QUI RÉGISSENT LES RAPPOTS DES COMMERÇANTS ET DE NON COMMERÇANTS, DES TRAVAILLEURS ET DES CAPITALISTES.

La France est divisée en deux *castes* bien distinctes : les commerçants et les non commerçants, qui sont régis par des lois et par des tribunaux différents.

Si un citoyen non commerçant a une action à exercer contre un industriel, il obtient une justice prompte et économique ;

Au contraire, si c'est un industriel qui a une demande à former contre un non commerçant, il ne se fait rendre justice qu'après avoir subi les lenteurs des tribunaux civils, et fait des avances souvent supérieures à la somme qui lui est due.

Le non commerçant obtient l'exécution provisoire de son titre ; l'industriel n'a pas l'exécution provisoire.

L'industriel est toujours *condamné par corps*, et la *contrainte par corps n'a pas lieu* de droit contre l'homme du droit civil.

L'action de ce dernier contre l'industriel dure de cinq à trente ans ; et l'action de l'industriel contre le non commerçant est éteinte par des prescriptions de deux ans, de six mois, et souvent d'un temps plus court encore.

Les chefs-d'œuvre de l'industrie sont, en quelques jours, mis aux enchères sur la place publique et livrés au seul prix de leur matière première.

Au contraire le sol, qui est entre les mains du propriétaire non commerçant, ne peut lui être arraché qu'après une longue involution de procédures qu'une chicane habile peut même rendre interminables.

Si l'industriel tombe en faillite, il est tenu de rendre compte des capitaux qui lui ont été confiés, sinon il est condamné à des peines sévères comme banqueroutier simple ou frauduleux.

Et dans le cas de déconfiture d'un non commerçant, lors même qu'il serait démontré jusqu'à l'évidence et qu'il avouerait qu'il a dissimulé son actif sous des noms supposés, aucune peine ne peut lui être infligée.

Lorsqu'un industriel vient à faillir, et qu'il s'agit de distribuer le prix des objets qui garnissaient les lieux qu'il occupait, le propriétaire a le droit de se faire payer intégralement, dans sa seule qualité de propriétaire; et les industriels qui ont fourni les marchandises qui se trouvent dans les lieux doivent s'estimer heureux de se partager au marc le franc ce qui leur reste après ce prélèvement (1).

Nous attribuons en partie l'énorme accroissement des loyers à l'existence du privilége créé en faveur des propriétaires sur les objets qui garnissent les lieux loués.

Les industriels sans moralité, qui s'inquiètent fort peu du sort réservé à leurs créanciers, en cas de faillite, et qui n'ont pour but que d'exister pendant quelque temps aux dépens d'autrui, acceptent des lieux n'importe à quel prix; tandis que ceux qui auraient le désir de faire honneur à leurs engagements sont obligés de renoncer à former des établissements. Et, dans cette concurrence, l'homme immoral a l'avantage sur l'honnête commerçant. Le propriétaire voit tourner à son profit les spoliations consommées par son locataire; n'ayant d'autre soin à prendre pour s'assurer de cet injuste bénéfice que de faire vérifier si les lieux sont garnis d'objets suffisants, quelles que soient les circonstances par suite desquelles ils y ont été introduits.

Les citoyens peuvent aussi être divisés en travailleurs et capitalistes. Cette divison offre, d'une part, des hommes qui, ne possédant rien, ne vivent que du fruit de leur travail; et d'autre part des hommes qui, possédant des fonds de terre ou des capitaux mobiliers, spé-

(1) Quelquefois c'est un commerçant qui use du privilége accordé aux propriétaires; mais dans ce cas ce n'est pas comme commerçant qu'il agit, c'est comme homme du droit civil, jouissant des priviléges du droit civil.

culent avec ces valeurs sur le travail des autres et vivent du produ de cette spéculation.

Celui qui possède des capitaux peut ouvrir sa croisière contre le travailleurs sans courir presque aucune chance de perte.

En effet, lorsqu'un travailleur se met en rapport avec un capitalist pour réaliser quelque spéculation, le capitaliste ne prend souvent s capacité et sa moralité en aucune considération; et ne livre ses fond qu'autant qu'on lui remet un gage matériel.

Il y a même des capitalistes qui vont plus loin encore, et qui prévoyant le cas de faillite, se font en outre souscrire des titres pou plusieurs fois la somme remise, de manière à ce qu'en cas de faillite leur dividende approche le plus possible du paiement intégral de leur créance.

Il en est d'autres qui, en traitant avec des travailleurs, stipulent les garanties les plus étendues; et, outre l'intérêt de leurs fonds, prélèvent une commission sur les matières premières qu'ils se chargent d'acheter, et une commission sur les matières fabriquées, qu'ils se réservent le droit de vendre.

De telle sorte que, si l'entreprise réussit, tous les bénéfices sont pour le capitaliste, et celui qui les a produits a à peine de quoi suffire à son existence matérielle.

Si l'entreprise n'obtient pas de succès, les efforts et le temps du travailleur sont perdus. Le capitaliste retire ses capitaux intacts, et le travailleur demeure chargé des dettes de l'entreprise. C'est sur lui d'ailleurs que retombe la responsabilité tout entière du non-succès, quoique souvent la faute en soit uniquement à la cupidité du commanditaire.

Les établissements de banque ont été créés pour améliorer la position des travailleurs dans leurs rapports avec les capitalistes, et pour soustraire les premiers aux exactions usuraires des derniers. Mais ces établissements ne remplissent ce but que d'une manière très imparfaite. Le plus important de tous, la banque de France, semble agir bien souvent en contradiction avec son mandat; ses règlements mesquins n'ouvrent qu'à un petit nombre de privilégiés les sources du crédit dont elle a le monopole.

Le travailleur qui a besoin de capitaux ne les obtient, quelles que soient sa capacité et sa moralité, qu'en subissant la loi de deux capitalistes, intermédiaires nécessaires entre lui et la banque.

C'est l'histoire de l'avare qui dit n'avoir pas l'argent qu'on lui demande, et qui indique à l'emprunteur une personne qui en connaît une autre qui fera le prêt.

En vertu de son monopole, la banque attire à elle et à ses élus la majeure partie des profits de l'industrie, sous le nom d'escompte ou de commission.

Les différentes transactions qui ont lieu entre les capitalistes et les travailleurs sont donc tout en faveur des uns contre les autres.

Dans notre prochaine lettre nous établirons que, lorsque les travailleurs, malgré les dures conditions qui leur ont été imposées, sont parvenus à réaliser quelques bénéfices, le fisc a imaginé des combinaisons qui les en dépouillent tôt ou tard pour les répartir ensuite dans la classe privilégiée des propriétaires et des capitalistes.

—

DEUXIEME LETTRE *.

PARTIALITÉ DES LOIS FISCALES ENVERS L'INDUSTRIE.

Nous croyons avoir établi dans notre dernière lettre que, dans les transactions qui ont lieu entre les commerçants et les non commerçants, entre les travailleurs et les capitalistes, la loi donne aux derniers tous les moyens de s'assurer les chances de bénéfices, en laissant aux premiers presque toutes les chances de pertes.

Nous nous proposons de démontrer dans cette lettre que lorsque l'industrie a triomphé des conditions léonines qui lui ont été imposées, le fisc étend toujours ses mille bras pour reprendre le petit nombre de capitaux qui ont été conquis par le travail sur la famille des privilégiés.

Si un industriel éprouve quelque retard à remplir ses engagements, le fisc lui vend bien cher les délais qu'il lui accorde.

Quel que soit le montant de la somme due, les frais sont toujours les mêmes : de telle sorte que, plus l'actif de l'industriel est mince, plus tôt il est dévoré par le fisc et par les agents qui le secondent dans cette active spoliation.

A celui qui ne peut pas payer 200 francs, par exemple, l'exécution des formes judiciaires procure un délai de deux mois environ; mais, à l'expiration de ce terme, il paie 200 fr. et jusqu'à 600 fr. de frais au-delà du capital, selon le bon plaisir du créancier. Ces frais énormes se renouvellent pour chaque engagement que des circonstances imprévues ont forcé le débiteur de laisser en souffrance.

* Extrait du *Globe* du 29 novembre 1830.

Au lieu de ne faire qu'une poursuite commune pour arriver à la vente des meubles du débiteur ou à son incarcération, chaque créancier peut faire les mêmes frais pour arriver à ce but; et cette multiplication de frais n'a ordinairement lieu que contre l'honnête commerçant qui, mû par un sentiment d'honneur, ne se décide qu'à la dernière extrémité à se constituer en état de faillite.

Lorsque la faillite est déclarée, les mêmes frais ayant encore lieu quel que soit l'actif du failli, plus cet actif est modique, plus vite il est confisqué au profit du fisc et de ses agents, dont l'intervention ne se manifeste qu'au préjudice des créanciers et pour les dépouiller des derniers débris du naufrage de leur débiteur.

Voici un fait, qu'on semble ignorer en général, et qui est cependant bien digne de fixer l'attention des publicistes : au sein de la France, les enfants du pauvre n'héritent pas du chétif patrimoine que leur père a amassé par son seul travail; et l'on sait que le travailleur qui ne possède pas de capitaux ne peut réaliser que de faibles bénéfices.

En effet il y a des lois en France qui confisquent la succession du pauvre pour la répartir entre les privilégiés appelés au partage du budget :

Les mêmes frais doivent être faits pour la liquidation d'une mince succession et pour celle d'un riche héritage.

Lorsqu'une petite succession s'ouvre, il se présente une foule d'individus qui disent avoir reçu de la loi le mandat d'en conserver l'actif aux créanciers, aux mineurs, aux femmes et aux absents qui y ont des droits.

Mais leur intervention n'est qu'un prétexte pour s'introduire dans le domicile mortuaire : lorsqu'ils y sont, ils font vendre tout ce qui s'y trouve et s'en partagent le prix entre eux dans les différentes qualités sous lesquelles ils se sont présentés; et ceux dans l'intérêt desquels ils disent avoir agi sont même quelquefois obligés de leur payer, de leurs deniers, des salaires, des droits ou des impôts dont ils n'ont pu se remplir sur l'actif de la succession qu'ils ont trouvée *insuffisante*.

Tandis que l'on consomme ces odieuses iniquités, on proclame dans les lois, à la face des nations, que *les Français contribuent in-*

distinctement, dans la proportion de leur fortune, aux charges de l'éta

A Constantinople quelquefois le grand-seigneur s'empare arbitrairement d'une succession considérable; en France on trouve toujours le moyen d'absorber légalement l'actif de toutes les petites successions des travailleurs; comme s'il entrait dans le système politique de nos lois de faire en sorte qu'il n'y ait que les grandes fortunes qui puissent s'accroître, et que le pécule de l'industriel lui soit tôt ou tard enlevé.

La même partialité se rencontre dans une foule d'autres lois fiscales.

Les petits industriels paient presque autant pour exercer leur industrie que les grands capitalistes qui les exploitent.

Ainsi un petit banquier, qui traite directement avec les producteurs, et qui court seul toutes les chances de leur insolvabilité, paie à peu près la même patente qu'un grand banquier qui fait mouvoir ses capitaux d'un bout à l'autre de l'Europe.

Leurs taxes ne diffèrent qu'en raison de l'importance des lieux que chacun d'eux occupe, et non en raison de l'étendue de leurs relations respectives.

Outre l'impôt mobilier, les industriels paient une patente proportionnée à l'importance de leur loyer; et les vastes appartements des riches propriétaires ne sont la base d'aucun impôt correspondant à celui de la patente.

Si, parmi les industriels, quelques uns ne paient pas de patente, ce sont particulièrement ceux qui coopèrent aux spoliations du fisc, et ceux-là jouissent d'une espèce d'inviolabilité non imposable.

Le vin de Surenne paie aussi cher que celui des meilleurs crus de Bordeaux.

On impose les fiacres et les cabriolets numérotés qui sont destinés à rapprocher les distances qui séparent les travailleurs, et l'on ne fait peser aucun droit sur les brillants équipages qui font voler nos riches de plaisirs en plaisirs.

Les diligences sont imposées, et les chaises de poste ne le sont pas.

Il n'est pas jusqu'aux poids et mesures qui servent de contrôle aux transactions de l'industrie, que l'on ne trouve le moyen d'imposer; tandis que l'on est encore à trouver comment on pourrait atteindre les objets de luxe, tels que les chevaux, les chiens de chasse, les équipages et les domestiques.

Au moins si, après avoir frappé l'industrie de tant de coups, on la laissait librement opérer ses transactions! mais non, pour l'imposer on n'attend pas seulement qu'elle ait réalisé des bénéfices.

Lorsque l'on fait un acte où il est question de capitaux quelconques, le fisc, sous le nom d'enregistrement, fait payer le droit de parler de ces *capitaux dans cet acte*, sans s'inquiéter dans quel but il en est question, si celui qui contracte emprunte à gros intérêts, ou vend à perte pour parer à quelque désastre.

Le fisc s'interpose en aveugle dans toutes les transactions, quel qu'en soit le but, au mépris de la constitution qui lui dit de n'imposer les citoyens que dans la proportion de leur fortune.

Les actions des grandes entreprises financières sont également considérées comme matière non imposable.

Par suite de ces principes tirés de la raison d'état, les privilégiés qui possèdent 2 ou 300,000 fr. de rente en inscriptions, actions, traitements ou pensions, paient moins de contributions qu'un simple boutiquier.

Chaque année les représentants des capitalistes et des grands propriétaires se font rendre compte du *produit des impôts* qui pèsent sur les travailleurs. Le ministre des finances qui se trouve alors aux affaires serait tenu pour moins habile que son prédécesseur s'il ne prouvait par des chiffres authentiques que ces *impôts* ont été plus *productifs* sous son administration que sous la précédente; et tous jugent des progrès et de la prospérité de l'industrie par les *impôts* qu'elle leur a *produits;* à peu près comme les propriétaires qui jugent de la prospérité de leurs fermiers par les revenus qu'ils en reçoivent.

Ainsi, dans le dernier compte financier qui a précédé la crise que subit maintenant le commerce, on a proclamé du haut de la tribune nationale que l'industrie était arrivée en France au plus haut point de prospérité qu'elle eût jamais atteint; et maintenant il est démontré que, simple locataire de capitaux, elle ne vivait que sur un crédit qui a disparu le jour où la crainte des conséquences de la révolution de juillet a fait rentrer ces capitaux dans les mains de ceux à qui ils appartenaient.

En jugeant ainsi de la prospérité du commerce par les impôts qu'il produit, les représentants des propriétaires fonciers ont été conduits à faire ce raisonnement très simple :

« Puisque les impôts prélevés sur l'industrie tendent à combler le milliard sans lequel nous ne pouvons administrer la France, on peut sans inconvénient diminuer la contribution foncière à mesure que les impôts de l'industrie nous rapporteront davantage » ; et, de fait, appliquant ce principe, ils ont opéré des dégrèvements successifs sur l'impôt foncier.

Cet impôt, qui était de 240 millions en 1791, a été réduit à 154 millions, quoique depuis cette époque les propriétés soient presque doublées de valeur.

A des périodes plus ou moins éloignées le gouvernement exposait aux représentants de la propriété foncière que quelques départements du Midi étaient plus imposés que les autres, et l'on dégrevait les départements du Midi, pour rétablir l'égalité proportionnelle.

Plus tard le gouvernement exposait qu'il y avait des départements du Nord qui étaient trop imposés proportionnellement aux départements du Midi, et l'on dégrevait les départements du Nord, et ainsi de suite.

Pour peu que l'on continue à rétablir l'égalité de répartition par ce procédé, on pourra arriver à la suppression presque totale de la contribution foncière aux dépens de l'industrie.

Maintenant la propriété foncière y compris les droits de mutation ne paie que 300 millions ; les 700 millions formant le surplus du milliard sont payés par l'industrie au moyen des impôts personnels, mobiliers, des patentes, du timbre, de l'enregistrement des transactions sur meubles, des douanes, du sel, des boissons, du tabac, des poudres et des postes (1).

Voilà par quelle suite non interrompue d'injustices le fisc parvient à réaliser la recette de l'indispensable milliard.

(1) Il est vrai que ces impôts pèsent également sur les propriétaires fonciers, mais ce n'est que pour une très faible partie ; car, comme on le verra plus tard, sur 32 millions de Français, les deux tiers du sol sont possédés par 64,000 individus.

Au moins si ces injustices n'étaient commises que pour satisfaire à des dépenses d'une absolue nécessité ; mais il n'en est point ainsi.

Les dépenses de l'état ne sont le plus souvent que de fastueuses prodigalités.

L'impôt réalisé, pour la majeure partie, aux dépens de l'existence du pauvre n'est le plus souvent employé qu'à augmenter le bien-être du riche.

La complication des impôts qui grèvent l'industrie nécessite la création d'immenses régies financières. Les agents de ces régies ont des traitements et des pensions énormes, quelle que soit d'ailleurs leur fortune personnelle.

Dans toutes les branches de l'administration publique, les emplois sont un moyen plus *sûr* d'arriver à la fortune que l'exercice des professions industrielles. On peut en juger par l'énorme concurrence des solliciteurs lorsque des places viennent à vaquer.

Dans un bon système financier, les traitements et pensions ne devraient être qu'un moyen d'assurer une existence convenable aux citoyens sans fortune qui seraient appelés par leurs talents à remplir des fonctions publiques.

Tout notre système financier ayant pour résultat la destruction des petites fortunes et leur répartition entre les mains des propriétaires et des capitalistes (1), l'industrie se trouve réduite à louer tous les capitaux qu'elle emploie.

Pour un produit demandé il se présente mille producteurs prêts à le confectionner au rabais; et, dans cette concurrence, les industriels, pour prix de leurs travaux, reçoivent à peine ce qui est nécessaire à leur existence matérielle.

Ceux qui sont sans ouvrage sont réduits au dénûment le plus absolu. Ils sont libres, mais la misère les assiége; à la différence

(1) On a vu dans la dernière session que les députés ont partagé entre eux et les électeurs qui les avaient nommés toutes les fonctions lucratives de l'état.

Les députés et les électeurs offrent dans leur sein une immense majorité de propriétaires et de capitalistes qui font tourner ainsi à leur profit la majeure partie des dépenses du budget.

des anciens esclaves, qui étaient au moins assurés que leurs mai pourvoiraient aux frais de leur nourriture.

C'est en persévérant dans un tel système de finances qu'on a chez une nation voisine tous les capitaux s'agglomérer dans mains d'un petit nombre de privilégiés, et le peuple réduit à re voir, à titre d'aumône, une chétive existence de la main de ce qui l'avaient dépouillé de tout le fruit de ses travaux.

La révolution de 89 nous a prouvé que ces agglomérations de pitaux donnaient lieu à des catastrophes dans lesquelles les masse poussées au désespoir, commettaient des spoliations injustes q eussent été évitées si la législation, plus prévoyante, eût adopté i système de finances dans lequel, sans sacrifier la propriété à l'in dustrie, l'industrie et la propriété eussent au moins obtenu un égale protection.

Dans notre prochaine lettre nous établirons que les lois constitutive du pouvoir législatif sont combinées de manière à ce que l'industri n'obtienne que le plus tard possible les améliorations que récla me son état actuel.

—

TROISIÈME LETTRE *.

LA CONSTITUTION ACTUELLE DU POUVOIR LÉGISLATIF EST UN OBSTACLE AUX AMÉLIORATIONS QUI DOIVENT ÊTRE FAITES DANS L'INTÉRÊT DE L'INDUSTRIE.

Nous croyons avoir établi dans nos deux dernières lettres que les lois qui régissent les transactions qui ont lieu entre les commerçants et les non commerçants, entre les travailleurs et les capitalistes, ont été faites de manière à mettre les derniers entièrement à la discrétion des premiers;

Et que, lorsque les industriels, surmontant les entraves qui s'opposent à l'amélioration de leur sort, sont parvenus à se faire un pécule, le fisc a des moyens certains de les dépouiller tôt ou tard des fruits de leurs travaux, pour en répartir le produit entres les privilégiés appelés au partage du budget.

Dans cette lettre nous essaierons de faire connaître les circonstances qui s'opposent à ce qu'une égale protection soit accordée à la propriété et à l'industrie.

Si l'industrie gémit sous des lois injustes, c'est parceque ces lois lui ont toujours été imposées par les seuls représentants de la propriété, et qu'elle n'a jamais eu une part assez active dans le pouvoir législatif pour faire prévaloir ses intérêts.

Le célèbre Necker, écrivant sur la *législation* et le *commerce des grains*, considérait que le devoir d'un souverain était principale-

* Extrait du *Globe* du 13 décembre 1830.

ment de tenir en harmonie les deux classes qui divisent la soci (les *propriétaires* et les *industriels*), et de réprimer les prétenti exagérées des propriétaires, en écoutant les réclamations du pe lorsqu'il demande à vivre, et qu'il offre en échange son travail force. « En arrêtant sa pensée sur la société et sur ses rapports, »est frappé, dit-il, d'une idée générale qui mérite bien d'être appr »fondie, c'est que presque toutes les institutions civiles ont été fai »pour les propriétaires. On est effrayé en ouvrant le code des lois »n'y découvrir partout que le témoignage de cette vérité. On dir »qu'un petit nombre d'hommes, après s'être partagé la terre, o »fait des lois d'union et de garantie contre la multitude, comme »auraient mis des abris dans les bois pour se défendre des bêtes sau »vages. Cependant, on ose le dire, après avoir établi des lois »propriété, de justice, de liberté, on n'a presque rien fait encor »pour la classe la plus nombreuse des citoyens. Que nous importen »vos lois de propriété? pourraient-ils dire : nous ne possédons rien »vos lois de justice? nous n'avons rien à défendre; vos lois de liber »té? si nous ne travaillons pas, demain nous mourrons.

»Les propriétaires et la classe de la nation qui vit de son travai »sont des lions et des animaux sans défense qui vivent ensemble.

»On ne peut augmenter la part de ceux-ci qu'en trompant l »vigilance des autres, et ne leur laissant pas le temps de s'élan »cer. »

Lorsque les populations esclaves ont conquis leur liberté, elles on cru que tout était consommé dans leur intérêt, et qu'il leur suffisai d'être libres pour être heureuses.

Elles n'ont pas remarqué que leurs anciens maîtres restaient seul chargés de rédiger les lois qui détermineraient les circonstances pa suite desquelles les nouveaux affranchis pourraient arriver à la fortu ne, qui jusque alors avait été le partage exclusif des maîtres.

Et les maîtres ont écrit dans les lois qu'ils ont rendues : « Les es claves qui ont conquis la liberté travailleront péniblement; il ne leu restera du fruit de leurs travaux qu'un salaire à peine suffisant pou leur existence matérielle. Si quelques uns d'entre eux, s'imposant le plus dures privations, parviennent à amasser quelques biens, de combinaisons fiscales leur arracheront ces biens à eux ou à leurs enfants, et les répartiront entre les représentants de leurs anciens maîtres. »

Ces principes barbares ont été transmis de générations en générations et maintenus soigneusement dans les lois par ceux qui avaient intérêt à en conserver la tradition.

De nos jours, l'industrie, malgré ses progrès immenses, reçoit encore ses lois des représentants de la propriété foncière.

Sur 32 millions de Français, il n'y a que 93 mille individus qui jouissent du droit de cité, et parmi ces élus il en est bien peu qui puissent former une cote de 300 fr. avec le seul cens industriel; la presque totalité des cotes est formée par le cens foncier; de telle sorte que dans les colléges électoraux la seule propriété foncière est représentée.

Encore si les électeurs pouvaient choisir indistinctement les hommes qui doivent prendre part au pouvoir législatif!

Mais il n'en est point ainsi : ils sont libres de choisir qui ils veulent, pourvu qu'ils n'envoient à la chambre que des propriétaires fonciers, payant au moins 1,000 fr. d'impôt (1).

Le talent, la moralité et le patriotisme sont des titres vains pour briguer les suffrages : l'argent seul est digne de les fixer.

Pour justifier cet injuste privilége que la propriété s'attribue, on dit que les propriétaires sont les plus intéressés à la tranquillité publique et au maintien des institutions.

Cependant lorsque des catastrophes frappent le pays, ce sont les propriétaires qui en souffrent le moins : le sol leur reste immuable; il n'est point de fléau qui puisse le leur enlever.

L'industriel, au contraire, voit son crédit s'évanouir au moindre bruit capable d'exciter la défiance des capitalistes.

(1) Ces chiffres étaient vrais en 1830; la nouvelle loi électorale y a apporté quelques changements : au lieu de 93,000 électeurs il y en a peut-être 200,000 sur une population de 32 millions d'âmes. Le cens de l'électeur est réduit de 300 à 200 fr., celui de l'éligible de 1,000 à 500 fr.; mais ces modifications n'en laissent pas moins les propriétaires fonciers en possession du pouvoir législatif, le cens de 200 fr. a produit dans les colléges électoraux une majorité de propriétaires fonciers non commerçants.

Une fausse nouvelle est quelquefois la cause de leur ruine.

Leurs propriétés, toutes mobilières, sont exposées au pillage et l'incendie.

Ils sont donc bien plus intéressés que les propriétaires au maintien de la tranquillité publique.

S'ils eussent eu voix délibérative dans diverses circonstances où des conseillers perfides ont mis l'état en péril par des mesures téméraires, bien des malheurs eussent été évités.

En n'appelant que des propriétaires fonciers à concourir au pouvoir législatif, il en est résulté naturellement un ensemble de loi toutes en faveur de la propriété contre l'industrie.

Et cela est arrivé sans qu'il y ait eu concert entre les propriétaires pour obtenir ce résultat.

Lorsque des hommes représentent un intérêt, ils n'ont pas besoin de se concerter pour stipuler cet intérêt : à mesure que des questions sont soumises à leur examen, ils les décident naturellement contre l'intérêt qu'ils ne représentent pas, sans qu'il y ait intention de nuire de leur part.

Aussi nous trouvons tout naturel que les représentants de la propriété foncière soient entrés dans un système de finances qui ait eu pour eux ce résultat très positif de voir l'impôt foncier, qui était d 240 millions en 91, réduit successivement à 154 millions, tandi qu'il y a eu accroissement de recette dans les impôts qui pèsent sur l'industrie.

L'événement a bien justifié que les représentants de la propriét' foncière étaient incapables de rendre des lois favorables à l'immens population que représente l'industrie.

Depuis 1814 ils ont feint de représenter les intérêts populaire sans jamais rien faire pour ces intérêts.

Ainsi on les a vus depuis 1814 jusqu'à 1819 faire des lois qui tendaient à donner plus d'influence au pouvoir démocratique, de 181 à 1825 s'incliner vers le pouvoir monarchique, combattre ensuit ce pouvoir depuis 1825 jusqu'à 1830; et maintenant qu'ils l'on renversé pour lui en substituer un autre basé sur la souveraineté du peuple, ils semblent peu disposés à tirer les conséquences de ce nouvel état de choses.

Depuis 1814 jusqu'à ce jour nous n'avons eu que des lois de presse, d'élection et de finances, c'est-à-dire des lois constitutives du pouvoir.

Les chambres ont donc présenté l'aspect d'un gouvernement toujours occupé à se constituer sans jamais agir.

On voit encore aujourd'hui, dans notre pouvoir législatif, une machine à lois, à laquelle il manque toujours quelque rouage, et qui ne fonctionne jamais; car le pays attend autre chose que des lois de presse, d'élection et de finances.

Comment les représentants de la propriété foncière eussent-ils pu en rendre d'autres, puisqu'ils ont la pensée que les lois qu'on demande sont contraires aux intérêts qu'ils représentent.

A cet égard ils sont dans une grande erreur, car il ne peut être rien fait en faveur de l'industrie qui ne soit en même temps favorable à la propriété. C'est ce que nous aurons occasion de démontrer dans nos lettres subséquentes.

Mais il est d'autres circonstances qui font désespérer qu'on puisse jamais entrer sérieusement dans la voie des améliorations.

La faculté de cumuler le mandat du député avec des fonctions publiques actives est une des plus grandes causes du *statu quo* que nous déplorons.

Lorsque des capacités se révèlent dans les chambres, elles sont aussitôt confisquées au profit du gouvernement : alors tel député qui eût pu méditer sur les réformes que le pays attend avec tant d'impatience est obligé de consacrer tout son temps à des fonctions administratives.

S'il s'agit d'appeler l'attention d'un député fonctionnaire sur quelques parties de la législation, il ne peut rien entendre; il n'a pas un instant à lui, il ne peut pas même trouver le temps de décacheter les lettres qui lui sont adressées.

C'est un administrateur supérieur; mais pour lui toute spéculation, tout projet d'amélioration est une utopie.

D'un autre côté les députés fonctionnaires, ayant une grande part au milliard du budget, sont intéressés à perpétuer les abus que contient notre système de finances.

Il reste si peu de capacités parmi ceux qui n'ont point été promus à des fonctions publiques, que le pays est, pour ainsi dire, sans organe pour formuler ses griefs et ses vœux.

Dans les différentes administrations, on ne trouve que des hommes qui ont mission d'appliquer les lois constitutives, des abus que la critique a révélés; personne n'y est chargé de rechercher les moyens de mieux faire; les ministres n'ont le temps de méditer aucune amélioration.

Si quelque généreux citoyen trouve et propose un remède au malaise que subit le corps social, ses travaux sont regardés avec dédain, comme de vaines théories impossibles à réaliser, surtout lorsqu'elles ont pour objet l'amélioration du sort de la classe la plus nombreuse.

On en ajourne sans cesse l'examen.

Les défenseurs des intérêts populaires, ne pouvant se faire comprendre ni par les membres du gouvernement ni par les élus de la propriété foncière, devraient au moins pouvoir publier librement leurs pensées; mais tous les moyens de publicité leur sont interdits.

Ils ne peuvent même pas faire usage de la voie la plus simple que la nature ait donnée à l'homme pour communiquer avec ses semblables; l'action si puissante de la parole leur est interdite.

Depuis la découverte de l'imprimerie, on ne peut publier ses pensées que par le moyen d'une machine que l'on appelle presse, et que l'on ne peut faire mouvoir qu'après avoir prêté au gouvernement sous le titre de cautionnement une somme considérable, qu'on est presque toujours obligé d'emprunter soi-même.

Les capitalistes qui font ces sortes de prêts aux écrivains politiques leur permettent d'imprimer tout, excepté ce qui est contraire aux intérêts des capitalistes. La censure des ciseaux a été remplacée par celle des bailleurs de cautionnements.

Pourquoi donc a-t-on tant de peur que les publicistes communiquent avec le peuple?

On dit que c'est pour éviter la propagation des mauvaises doctrines.

Cependant nous ne croyons pas qu'un orateur serait bien venu à prêcher l'immoralité devant un public quelconque; si l'on devinait sa pensée à la première période, il lui serait bien difficile d'en commencer une seconde.

On a vu dans les journées de juillet que les orateurs du pillage eussent été bien mal accueillis par ce peuple que l'on juge si mal.

Il nous semble plutôt que, si les gouvernements ne veulent pas que l'on parle au peuple, c'est qu'il a été fait tant de choses contrairement à ses intérêts, qu'ils craignent qu'on ne lui ouvre les yeux; comme ces tuteurs qui évitent de laisser leur pupille, devenu majeur, communiquer avec les personnes qui pourraient l'éclairer sur leur gestion inhabile.

Si toute réclamation en faveur des classes nombreuses, qu'elle se produise par la presse ou par la parole, inquiète le pouvoir, au moins devrait-il entrer promptement dans la voie des réformes.

S'il rendait les lois que l'on attend, on n'examinerait pas comment il est constitué.

Les peuples n'examinent pas si le pouvoir qui leur fait du bien est absolu, constitutionnel ou républicain.

Mais, lorsqu'on ne fait rien pour adoucir leurs maux, ils en recherchent les causes, et ils ne tardent pas à reconnaître que c'est parceque ceux qui concourent à la confection des lois ne représentent qu'un intérêt pour qui tout est bien et qui ne demande aucun changement.

Qu'on se hâte donc d'agir!

Car depuis 1814 on n'a adopté aucune mesure qui se rattache à des intérêts positifs.

On est d'autant plus exigeant à l'égard du nouveau gouvernement, qu'il se présente comme ayant mission de faire droit aux griefs du pays.

Que les mandataires de la propriété agissent donc pour conjurer les orages que pourrait exciter un *statu quo* plus prolongé.

Ou, s'ils sentent qu'ils ne sont pas la représentation exacte des intérêts qui demandent de l'action, qu'ils se montrent assez généreux pour faire entrer à la chambre, par une loi d'élection, les représentants de ces intérêts nouveaux qui demandent qu'on s'occupe d'eux.

Dans les lettres qui vont suivre, nous essairons d'indiquer les réformes qui pourraient être apportées à notre législation pour qu'une égale protection soit accordée à l'industrie et à la propriété.

QUATRIÈME LETTRE (1).

—

INDICATION DES RÉFORMES QUI DOIVENT ÊTRE INTRODUITES DANS NOTRE LÉGISLATION.

Dans les précédentes lettres, nous croyons avoir établi que nos lois civiles et fiscales ont toutes été combinées dans l'intérêt de la propriété contre l'industrie, et que la constitution actuelle des pouvoirs législatifs est un obstacle à ce que cet état de choses puisse être promptement changé.

Nous avons maintenant à faire connaître quelles réformes nous paraissent devoir être introduites dans notre législation, pour concilier l'intérêt de l'industrie avec celui de la propriété.

Les meilleures réformes doivent s'opérer progressivement, et avec tout le respect qui est dû aux droits acquis.

Les novateurs de 1830 diffèrent des révolutionnaires de 93 en ce qu'ils entendent agir par la persuasion et non par la force; en ce qu'ils veulent des améliorations pour éviter des catastrophes, et non pas des catastrophes pour arriver à des améliorations.

Leurs intentions sont pures; puissent-elles être comprises par les partisans de la résistance!

On les repousse dédaigneusement en les qualifiant de faiseurs d'utopies, et l'on s'épargne ainsi la peine d'examiner ce qu'ils demandent.

Cependant les grandes réformes qui ont suivi la révolution de 89 étaient aussi des utopies avant qu'elles eussent été converties en lois.

Les utopies de 1830 deviendront des réalités lorsqu'elles auront

(1) Extrait du *Globe* du 22 décembre 1830.

été jugées sans passion et avec le désintéressement d'un véritable patriotisme.

Dans l'état actuel de préoccupation des esprits, des réformes trop radicales ne trouveraient que des adversaires invincibles : on ne peut raisonnablement proposer que des améliorations par voie d'analogie. Celles que nous allons indiquer sont de cette nature. Toutes les fois que nous remarquerons que des combinaisons simples auront été admises dans certains cas, nous demanderons que ces combinaisons soient étendues à d'autres cas analogues; on ne pourra ainsi nous opposer l'impossibilité de leur application. Nous indiquerons d'abord les améliorations qui nous paraissent susceptibles d'être introduites dans la législation, sans nous occuper de leurs conséquences financières; et nous ferons connaître ensuite les réformes qui devront être apportées à notre système de finances pour maintenir l'équilibre qui doit exister entre les recettes et les dépenses de l'état.

DE LA CRÉATION DE NOUVELLES BANQUES.

L'abolition du privilége de la banque de France nous paraît être la mesure la plus urgente que puisse prendre le gouvernement.

Le monopole du crédit avait été accordé à cet établissement pour le plus grand intérêt du commerce; c'est dans cet intérêt qu'on lui avait concédé le droit excusif d'émettre des billets au porteur : mais il est reconnu maintenant que, dans les temps de propérité, la banque ne s'associe aux travaux du commerce que pour prendre dans ses bénéfices, sous le nom d'intérêt, une part à l'abri de toute chance de pertes; et que, dans les temps de crise, elle laisse le commerce livré aux plus cruelles angoisses. La banque et ses élus retirent leurs capitaux de la circulation précisément lorsque ces capitaux pourraient rendre les plus grands services.

L'industrie est alors obligée de réaliser toutes les valeurs qu'elle possède, pour les convertir en numéraire, et l'actif qu'elle avait conquis par son travail est bientôt dévoré. Les individus qui consentent encore à traiter avec elle exigent d'elle des escomptes énormes. Elle se voit forcée de consentir des ventes au plus vil prix ; le moindre retard dans ses paiements est puni par des frais judiciaires qui augmentent chaque jour en proportion de sa gêne.

Lorsque la banque fait quelques escomptes, ils ne profitent qu'aux élus qu'elle admet à la participation des avantages de son monopole.

Voici comment les choses se passent :

Le travailleur ne trouve à emprunter sur sa seule signature qu'à 12 ou 15 fr. p. 100, quelquefois à 30 et 40 p. 100.

Les capitalistes qui font ces sortes de prêts escomptent les billets qu'ils se font souscrire, à 6 p. 100, auprès des banquiers qui ont du crédit à la banque.

Ces banquiers escomptent leur papier à 4 p. 100.

Il en réusulte que si un travailleur a une industrie qui lui rapporte 17 p. 100 du capital qu'il emploie, il est obligé d'en abandonner 15 p. 100 à celui qui lui prête ce capital, et il ne lui reste que 2 p. 100 pour lui ; il ne lui reste rien lorsqu'il ne réalise pas dans son commerce les bénéfices sur lesquels il avait compté.

Dans cette position la chose la plus certaine pour lui est la faillite.

Comme il est dans la destinée des monopoles d'être d'abord favorables à ceux qui les exploitent et ensuite funestes à tous, les faillites causent maintenant la ruine des travailleurs et des capitalistes; bientôt elles attenteront à l'existence même de la banque.

Ce n'est donc pas sans raison que les peuples, dans les temps de souffrances, s'attachent à demander plus particulièrement l'abolition des monopoles.

Celui dont jouit aujourd'hui la banque de France est en grande partie la cause des maux qu'endure maintenant le commerce.

Si d'autres banques existaient, les billets au porteur, qu'elles émettraient en concurrence avec la banque de France, produiraient un abaissement dans le taux de l'intérêt de l'argent ; ces billets suppléeraient à l'absence du numéraire ; et le commerce, soutenu par le crédit que ces banques lui accorderaient, pourrait peut-être encore se soustraire aux nouveaux malheurs qui le menacent.

Nous pensons que, si une loi rendait à tous les citoyens le droit de fonder librement des banques pouvant émettre des billets au porteur, *en concurrence avec les banques actuelles, dont nous ne deman-*

dons pas la destruction, il en résulterait des avantages immenses pour les classes industrielles.

Les notabilités financières formeraient des banques générales destinées à créditer des banques spéciales qui se ramifieraient sur toute la surface de la France, et créditeraient à leur tour les différentes espèces d'industries.

Ces banques seraient libres de se constituer d'après telles règles qu'il leur plairait. Un commissaire du gouvernement serait seulement placé près de chacune d'elles pour s'assurer que l'émission de leurs billets au porteur serait toujours restreinte dans des limites prescrites.

Les banques *spéciales*, n'opérant qu'avec certains industriels, seraient parfaitement à même d'apprécier leur capacité et leur solvabilité. Elles escompteraient leur papier, et leur remettraient en échange ou des espèces ou des billets au porteur, à vue ou à échéance.

Elles étendraient le crédit qu'elles accorderaient proportionnellement à celui qu'elles auraient elles-mêmes auprès des banques générales et des capitalistes.

Les banques générales s'appliqueraient à observer le mouvement de la production et de la consommation, et ne créditeraient les banques spéciales qu'eu égard à l'opportunité de telles ou telles productions.

Ainsi lorsqu'un industriel aurait besoin de réaliser son papier, il s'adresserait à la banque spéciale créée pour son genre d'industrie. La banque, appréciant sa capacité, sa moralité et la convenance de son entreprise, escompterait son papier avec plus ou moins de facilité, selon le degré de confiance qu'il inspirerait.

Si le crédit de la banque était bien établi, l'industriel accepterait les billets de cette banque en échange des effets par lui offerts à l'escompte; sinon il exigerait du numéraire, jusqu'à ce que les billets de la banque spéciale fussent acceptés comme monnaie dans la circulation; ce qui arriverait lorsque les billets de celle-ci seraient eux-mêmes reçus par les banques générales.

Lorsqu'une banque *générale* jugerait que l'industrie créditée par telle ou telle banque *spéciale* aurait trop produit, elle réduirait le crédit qu'elle accordait à cette banque, et celle-ci serait ainsi forcée d'accorder elle-même moins de crédit à ses producteurs.

Elle ne stimulerait leur industrie que dans une proportion utile.

Et désormais les industriels ne seraient plus exposés à produire trop sur un point et trop peu sur un autre.

Au moyen des conditions plus favorables qui leur seraient faites par les banques, ils auraient, dans le produit de leurs travaux, une plus grande part que par le passé.

Alors toute l'industrie se trouverait protégée par un vaste système financier, système dont on trouve déjà le germe dans les nombreux établissements de banque des États-Unis, de l'Angleterre, et surtout de l'Écosse.

Tel industriel ne peut maintenant escompter son papier qu'à un taux fort élevé, parcequ'il est obligé de s'adresser à un capitaliste qui, ne pouvant apprécier sa capacité, lui prend, sous le nom de commission et d'intérêt, une prime d'assurance proportionnée aux chances que lui présente une capacité qu'il ne connaît pas. Cette prime est encore augmentée en raison de ce que le capitaliste est seul exposé à cette chance.

Au contraire les banques spéciales, ayant tous les moyens de connaître la capacité de chaque industriel qui leur demandera du crédit, pourront lui faire des conditions beaucoup plus douces. Si un industriel vient à manquer, la perte qu'il fera subir ne sera pas supportée *par une seule personne*, mais *répartie entre tous les actionnaires de la banque qui l'aura crédité.*

Cette combinaison constituera, pour ainsi dire, une assurance mutuelle contre l'insolvabilité des travailleurs.

Ce genre d'opérations a déjà des précédents. Il y a à Paris des banquiers qui n'escomptent que le papier des marchands de bois, d'autres qui ne traitent qu'avec des épiciers; et dans ces derniers temps on a vu se former une banque spéciale pour les constructeurs de bâtiments. Ces banques subissent moins de pertes que celles qui escomptent indistinctement le papier de tout le commerce de la place.

La matière à escompter étant toujours bien connue, il est évident que les banques spéciales et les banques générales opéreront avec toute la sécurité désirable. Les industriels conservant une plus grande part dans les produits de leurs travaux, il y aura moins de faillites que par le passé, et par conséquent moins de chances de perte pour les prêteurs.

On peut objecter, contre la multiplication des banques, que différentes banques ont été autorisées dans les provinces, et qu'elles ont eu peu de succès.

Ces banques, qui étaient des monopoles concédés pour tel ou tel département, ont été obligées de procéder d'après des règles qui leur ont été imposées par le gouvernement. D'ailleurs ces banques de département présentaient, comme la banque de France, l'inconvénient de faire à la fois fonction de banques générales et de banques spéciales, lorsque, par leur nature, elles auraient dû être plutôt spéciales que générales.

Ainsi nous concevons que, dans ce système, une banque spéciale établie à Bordeaux aurait dû avoir particulièrement pour objet de créditer *la production* et *le commerce des vins*, tandis que d'autres banques spéciales établies à Lyon, St-Etienne, Elbeuf, etc., auraient dû créditer spécialement la *production* et *le commerce des soiries, du fer, des draps*, etc.

De tous les vices de l'institution actuelle des banques, on ne peut rien conclure contre l'institution des banques libres, générales et spéciales, que nous proposons.

Mais comment abolir un privilége qui, par une loi, a été concédé à la banque de France pour un temps déterminé ?

Si l'on admet que le crédit soit une chose utile à tout un pays, une loi ne peut définitivement concéder le monopole du crédit pour un temps quelconque, limité ou illimité, à un petit nombre d'individus.

Les monopoles ne sont d'abord créés que dans un but d'utilité publique ; lorsque l'on s'aperçoit qu'ils ne remplissent pas le but que l'on s'était proposé, rien ne peut s'opposer à leur abolition.

Une nation ne peut valablement s'interdire pendant un temps donné le droit d'améliorer son sort.

Elle ne peut valablement s'engager à souffrir dans son sein, pendant un certain temps, un monopole qui porte atteinte à son existence en altérant la prospérité de son commerce.

Du moment où il est démontré qu'un monopole qui avait été cédé gratuitement dans la vue de l'intérêt du pays n'est plus avantage que pour le petit nombre d'individus qui l'exploitent, peut se demander si ces individus peuvent raisonnablement être : torisés à continuer de s'enrichir dans l'avenir comme ils l'ont par le passé, au préjudice de tous.

Nous sommes loin de professer des principes réactionnaire: paix au passé, mais justice pour l'avenir! que ceux qui se sont e richis au détriment de l'industrie jouissent de ce qu'ils ont acqu sous la protection de la loi, mais que désormais la puissance c crédit rentre dans le domaine public, profite à tous, et cess d'être exploitée exclusivement par un petit nombre de privilé giés.

Au lieu de donner sans discernement des millions au commerce le gouvernement eût mieux fait de doter le pays du droit de fonde librement des banques.

Le commerce eût été intéressé à favoriser les nouveaux établissements qui se seraient formés, et ces établissements eussent ramené la confiance.

Il est encore temps de prendre cette mesure; que les représentants des propriétaires et des capitalistes accordent donc à l'industrie ce qu'elle a droit d'*exiger* aujourd'hui; et ils pourront dire ave vérité qu'ils ont concouru à sauver le pays.

Dans notre prochaine lettre nous essaierons d'indiquer comment le crédit pourrait recevoir une nouvelle extension par la simplification des formes judiciaires.

—

CINQUIÈME LETTRE *.

DE LA SIMPLIFICATION DES FORMES JUDICIAIRES.

Nous croyons avoir démontré, dans notre dernière lettre, la nécessité d'abolir le privilége de la banque de France, et de laisser les citoyens libres de fonder des banques sous telles conditions qu'ils jugeraient convenable, en concurrence avec les banques actuellement existantes, sauf au gouvernement à employer les moyens que nous avons indiqués pour faire obstacle à des émissions frauduleuses de billets au porteur.

Nous essaierons dans cette lettre de faire connaître comment le crédit pourra recevoir une nouvelle extension par la simplification des formes judiciaires.

Plus le commerce a de facilité à réaliser les valeurs qu'il possède, plus sa prospérité augmente. Dans l'état actuel de notre législation, des formes judiciaires promptes et peu coûteuses forcent l'industriel à satisfaire à ses engagements.

L'industriel, au contraire, ne peut contraindre un non-commerçant à se libérer envers lui qu'en traversant les formes lentes et dispendieuses des tribunaux civils.

Il en résulte que l'industriel peut être très facilement forcé à réaliser ce qu'il doit, tandis qu'il ne peut obtenir qu'avec la plus grande peine le prix des productions qu'il a livrées aux consommateurs non commerçants.

Il doit être bien difficile à un industriel, en subissant de telles

(1) Extrait du *Globe* du 2 janvier 1831.

combinaisons, d'utiliser ses recettes pour effectuer ses paieme
Car comment faire coïncider des recettes entravées avec des pa
ments qui doivent être réalisés à présentation.

En méditant sur cet état de choses on a peine à concevoir la ré larité que les industriels ont apportée, pendant long-temps, à l'e cution de leurs engagements ; on est surpris que les faillites soient pas encore plus fréquentes qu'elles ne le sont maintenant.

Ce sera donc seconder singulièrement la prospérité du commerc que de lui donner, pour réaliser ses recettes, des formes judiciair aussi promptes et aussi économiques que celles qui sont maintena employées contre lui pour le contraindre à effectuer ses paiement.

En effet quelle raison de continuer de diviser la société en deu *castes* régies par des formes judiciaires et par des tribunaux différents

Pourquoi y aurait-il en France des individus qui seraient tenu de payer de suite ce qu'ils doivent, et d'autres auxquels il serait ac cordé toute sorte de moyens de retarder leur libération ?

Pour faire cesser cet état de choses, il nous semble que l'on n doit point hésiter à soumettre tous les citoyens aux mêmes tribu naux et aux mêmes formes judiciaires.

Il y a, dans l'organisation actuelle des tribunaux de commerce, dans celle des justices de paix, et dans les formes suivies en matiè de police correctionnelle, de quoi fonder une institution judiciair unique, plus satisfaisante que chacune de celles qui se partagen maintenant la juridiction de la France, soit en raison de la qualit' des justiciables, soit en raison du territoire qu'ils habitent.

Voici les dispositions que nous croyons qu'il serait utile d'adopter.

Il n'y aurait qu'une seule espèce de tribunaux de première instan ce, qui connaîtraient de toutes les matières contentieuses, à quelqu somme qu'elles pussent monter.

Ces tribunaux seraient composés de juges élus d'après le mode adopté pour les tribunaux de commerce.

Ces juges ne seraient pas seulement choisis parmi les notables commerçants, mais parmi tous les habitants notables exerçant une profession quelconque dans le ressort de chaque tribunal.

La procédure qui serait suivie devant ces tribunaux serait la même que celle adoptée en matière de police correctionnelle.

L'appel serait porté aux cours royales, dans la forme des appels de police correctionnelle.

Les juges de paix connaîtraient de toutes les juridictions volontaires et spécialement des condamnations sollicitées en vertu de titres non contestés.

En matière contentieuse, la partie qui serait jugée n'avoir contesté que pour obtenir des délais, et non pour la solution d'un point douteux, serait condamnée à une amende au profit de l'état, et à des dommages intérêts envers son adversaire.

Quelques réflexions justifieront ces propositions.

En ne créant qu'une seule espèce de tribunaux pour toute espèce de contestations, on fera obstacle aux exceptions de compétence qui maintenant paralysent la marche de la justice.

Les tribunaux de commerce connaissent maintenant de toutes les difficultés qui sont portées devant eux, n'importe à quelles sommes elles soient relatives.

En matière commerciale, une contestation où il s'agit d'un intérêt de 10 fr. est jugée par les mêmes juges qui connaissent d'affaires où s'agitent les intérêts les plus importants.

En matière civile au contraire, si le litige ne porte que sur une valeur de 100 fr., il est soumis à un seul juge révocable à la volonté du gouvernement (un juge de paix) ; s'il s'agit de plus de 100 fr., ce sont plusieurs juges inamovibles qui prononcent.

Nous pensons qu'on ne doit pas hésiter à donner la même garantie d'une bonne justice aux contestations qui intéressent les pauvres qu'à celles qui s'agitent entre des riches.

C'est pourquoi nous demandons que les mêmes juges connaissent de toute espèce de contestations, n'importe à quelle somme elles puissent monter.

Le nombre des tribunaux de première instance serait alors augmenté proportionnellement aux besoins du service et à l'étendue du territoire, comme cela se pratique maintenant pour les tribunaux de commerce, dont la résidence n'est point circonscrite aux seuls chefs-lieux d'arrondissement.

La composition actuelle des tribunaux de commerce offre de grandes garanties pour les justiciables.

Les juges consulaires sont choisis chaque année parmi les plus notables commerçants du lieu où siége chaque tribunal.

Ces magistrats sont tout à la fois juges et jurés ; et comme ils ont tous été dans le mouvement des affaires, ils sont à même d'apprécier les faits plus justement que les juges actuels des tribunaux civils.

Ces derniers menant une vie retirée, étrangère à toutes spéculations d'intérêt, ne reconnaissent pour vrai, dans les transactions des citoyens, que ce que la loi leur dit de tenir pour vrai.

Les juges des tribunaux de commerce, au contraire, apprécient les faits et circonstances, et puisent la vérité partout où ils la trouvent, sans s'astreindre à aucune règle préexistante ; ils prononcent, en un mot, en véritables jurés sur les contestations qui leur sont soumises.

Pourquoi, en effet, continuerait-on de maintenir deux espèces de juridictions, l'une civile et l'autre commerciale ? Est-ce que toutes les contestations civiles ne se résolvent pas en des questions de propriété, soit qu'il s'agisse de déterminer l'état d'un enfant, de statuer sur un partage de succession, ou de prononcer sur une liquidation entre associés.

Dans toutes les contestations il y a toujours lieu de statuer sur des faits relatifs à des intérêts analogues.

Les faits seront toujours mieux appréciés par des juges-jurés que par de simples juges civils.

Lorsqu'il y aura erreur dans l'application du droit, elle pourra être rectifiée par la voie de l'appel ; le premier degré de juridiction aura toujours eu ce résultat très important de fixer le fait d'une manière plus certaine que ne le font maintenant les juges civils.

Car il est à remarquer que, sur les appels des jugements des tribunaux de commerce, les cours royales tiennent presque toujours pour constants les faits admis par les premiers juges, et ne redressent le plus souvent que des erreurs de droit.

Nous pensons donc qu'il y aurait lieu de composer les tribunaux de première instance de juges électifs, choisis d'après le mode adopté pour les tribunaux de commerce, non seulement parmi les notables commerçants, mais encore parmi tous les citoyens exerçant une profession quelconque dans le ressort de chaque tribunal.

En constituant les tribunaux de première instance à peu près com-e le sont maintenant les tribunaux de commerce, ce serait sans oute une grande amélioration.

Cependant elle serait peu importante si l'on n'adoptait pas en ême temps des formes de procédure plus simples que celles que on suit devant les tribunaux civils.

On pourrait adopter pour tous les tribunaux de première instan-e les formes suivies maintenant devant les tribunaux de commerce.

Mais il nous semble que l'on peut mieux faire encore.

Les formes judiciaires tracées par la loi en matière de police cor-ctionnelle nous paraissent plus simples, plus promptes et plus onomiques que celles adoptées même en matière commerciale.

Nous ne voyons pas de raison pour que ces formes ne soient pas tendues à toutes les juridictions.

Pourquoi en effet y aurait-il des tribunaux où l'on ne procéderait n'avec des formes compliquées, lentes et dispendieuses, et d'au-es tribunaux où tout serait simple, rapide et économique.

En matière de police correctionnelle, le demandeur a maintenant choix ou de forcer son adversaire à se présenter dans un délai de ois jours à la face du juge et d'y obtenir jugement séance tenante, u bien, si l'affaire est compliquée, de faire précéder le jugement une instruction dans laquelle un juge est spécialement chargé de hercher la vérité par tous les moyens qu'il croit utiles à sa mani-station.

Ce juge interroge le défendeur, entend les témoins, ordonne des pertises, se fait représenter les pièces et registres qui peuvent je-r de la lumière sur l'objet en litige. En un mot il a à sa disposition n pouvoir discrétionnaire auquel tout est permis dans l'intérêt de a découverte de la vérité.

Lorsque l'instruction est terminée, les parties sont renvoyées à audience, où le procès est vidé dans un délai de trois jours.

S'il y a appel, il est jugé avec la plus grande rapidité et sans qu'il ait lieu à aucune signification de pièces, pas même du jugement ont est appel.

Quelle différence lorsque l'on compare ces formes à celles qui nt maintenant suivies en matière civile.

Dans les affaires les plus simples, on ne peut arriver devant le juge qu'après avoir essayé devant un juge de paix une conciliation qui n'a jamais lieu, et qu'après avoir échangé avec son adversaire une foule de significations qui n'ont jamais pour le plaideur d'autres résultats que de lui faire subir de mortelles lenteurs, et d'augmenter les frais qu'il aura à payer s'il succombe.

S'il y a lieu à établir des faits par témoins ou à faire interroger le défendeur, on est obligé de plaider sur les questions qui seront adressées aux témoins ou au défendeur; et, dans tous les cas, on est tenu de leur faire connaître à l'avance les points sur lesquels il a été jugé qu'ils seraient interrogés, à peu près comme si le législateur se fût proposé de donner aux témoins et au défendeur tous les moyens de s'entendre ensemble pour cacher la vérité.

Il est défendu aux juges qui sont chargés de ces sortes d'instruction de s'écarter du cercle qui leur a été tracé par le jugement qui a autorisé l'instruction.

L'unité étant rompue entre l'instruction et le jugement, l'on peu même interjeter appel des jugements qui ordonnent des preuve testimoniales, des expertises, ou des interrogatoires, ou tout autr mode d'instruction; il en résulte une involution de procédure inextricable.

C'est surtout en matière de séparation de corps que les inconvénients de cette multiplication de formes se font sentir.

Les femmes qui ont été dans le cas de demander justice des sévices de leurs maris savent à combien de tribulations et de lenteu la loi livre impitoyablement leur faiblesse.

Si les formes de la procédure suivie en matière de police correctionnelle étaient admises en toutes matières, tout ce dédale de chicane disparaîtrait.

Les affaires qui ne demanderaient pas d'instruction seraient portées à l'audience et jugées dans le délai de trois jours.

Dans les affaires compliquées on procéderait comme il suit:

Dans une séparation de corps, par exemple, la femme déposerait entre les mains du procureur du roi une requête expositive de ses griefs, en indiquant les témoins dont elle invoquerait le témoignage.

Un juge d'instruction interrogerait de suite le mari et les témoins indiqués; après l'instruction, l'affaire serait immédiatement renvoyée devant le tribunal, qui statuerait dans les trois jours.

Comme il y aurait très peu de délai entre la plainte de la femme et le jugement, la femme qui se serait plainte injustement serait très peu de temps hors du domicile conjugal, et cesserait d'être exposée à tous les dangers qui sont la conséquence de cette position, pendant le temps que durent maintenant ces sortes d'instances (1).

Si l'instruction détruisait les plaintes de la femme, l'affaire ne serait pas portée à l'audience. Et, comme il en serait de même dans toutes les affaires où des faits plus ou moins récriminatoires seraient allégués par les parties, on étoufferait ainsi le germe de bien des haines dans les familles et entre les citoyens.

Dans un pareil système, les procès les plus compliqués pourraient être portés en première instance et en appel pour 50 ou 60 francs de frais.

Tandis que, maintenant, on voit des condamnations de dépens qui s'élèvent à plusieurs mille francs.

A l'égard des dépens, nous devons faire une observation importante.

Dans l'état actuel de l'administration de la justice, en France, celui qui succombe est toujours condamné à des dépens plus ou moins considérables, dont la majeure partie tourne au profit du trésor, le surplus étant consacré aux officiers ministériels, à titre d'émoluments.

Il nous semble qu'il y a une distinction à faire entre le plaideur qui soutient de bonne foi un point douteux, et celui qui résiste à une demande qu'il sait être juste, qu'il ne conteste que par mauvaise foi ou pour obtenir des délais, et fatiguer son adversaire.

Le premier ne doit être condamné qu'aux moindres frais possible, car pour lui la justice ne peut être une matière imposable; le second, au contraire, doit réparer deux torts : celui qu'il fait à

(1) Ces instances durent quelquefois deux ou trois ans.

la société, en occupant la justice d'un litige qui ne devrait point exister; et le tort qu'il cause à son adversaire en lui faisant perdre u temps précieux et en le constituant dans des dépenses que lui sei nécessite.

Il nous semble que lorsqu'une partie aura été convaincue d'avoi allégué des faits faux ou d'avoir soulevé des points de droit dans l seul but de paralyser une juste demande, elle devra être condamnée à des dommages-intérêts, et à une amende dont nous indiquerons la quotité lorsque nous examinerons les moyens de constituc les recettes et les dépenses de l'état.

C'est ainsi que l'on parviendra à fonder une justice simple prompte et économique, dont la possibilité ne peut être révoqué en doute; car les améliorations que nous proposons ne sont pas d pures innovations, elles ont des précédents dans la législation actuelle.

Ce qui est exécutable pour une matière peut également l'être pou d'autres matières.

Il y a eu diverses circonstances dans lesquelles le gouvernemen n'a pas été embarrassé pour introduire des formes simples, applicables à certains cas particuliers.

Ainsi, dans les contestations qui s'élèvent sur les questions d'enregistrement, l'on procède sans autre forme que celle de l'assignatio directe devant le tribunal qui doit en connaître, et qui juge sur simples mémoires, et sans frais.

L'on a vu que, dans l'intérêt des émigrés, toutes les contestation relatives aux indemnités qui leur ont été accordées ont pu être jugées sommairement, quoique, dans ces contestations, les plus grave questions du droit civil aient été agitées.

Une célèbre affaire (1), où il s'agissait de sommes considérables de faits extrêmement compliqués, a reçu un jugement où la vérit a été manifestée aux yeux de tous, à l'aide des seules formes suivi en matière de police correctionnelle.

On ne voit point pourquoi la même simplicité de formes ne sera point adoptée pour toutes les contestations, quel que soit leur obje

(1) L'affaire Roumage et Banès.

Si des formes simples doivent être suivies en matière contentieuse, à plus forte raison lorsqu'il ne s'agit que de donner exécution à des titres non contestés.

On ne conçoit pas pourquoi, lorsqu'un billet non contesté n'est pas payé, la législation suppose un procès entre le créancier et le débiteur, procès qui doit toujours se terminer par un ou deux jugements, en faisant précéder et suivre ce jugement de procédures plus ou moins dispendieuses, pour arriver à la vente des meubles du débiteur, ou à son incarcération s'il est commerçant.

Il nous semble que, puisqu'il doit y avoir un intervalle entre l'échéance d'un billet et l'exécution du débiteur, il convient bien mieux de lui accorder de suite ce délai, sans le démoraliser par une foule de tracasseries plus ou moins coûteuses, pendant le temps du sursis que la loi lui accorde.

Nous concevons qu'à défaut de paiement d'un billet non contesté, le débiteur pourrait être assigné devant le juge de paix de son domicile, qui lui accorderait un délai qui ne pourrait jamais dépasser un terme fixé par la loi.

Ce magistrat mettrait au bas du titre : *Bon à exécuter tel jour*. Et en vertu de cette seule autorisation, sans qu'il soit nécessaire d'obtenir de jugement, l'exécution pourrait avoir lieu au jour indiqué, à la charge seulement par le débiteur de payer les frais d'assignation, et non pas des frais énormes comme ceux qu'il paie maintenant, qui doublent et triplent même quelquefois le principal de la somme due.

Il est évident que les commerçants ne demanderaient à jouir de ce délai qu'à la dernière extrémité ; car le crédit de ceux qui en feraient usage serait vivement ébranlé ; la crainte de perdre son crédit est un stimulant suffisant pour un commerçant ; il est inutile d'y ajouter des frais qui, sans l'exciter à payer, ne font que rendre sa libération plus difficile.

En Angleterre, il y a des exemples de ce mode de procéder.

Lorsque l'administration de l'enregistrement et des domaines a des droits à recouvrer contre un citoyen, si ces droits ne sont point contestés, elle n'est point mise dans la nécessité de recourir à un jugement ; elle obtient d'un juge de paix, sans même appeler le débiteur, le droit de le faire saisir immédiatemen

On voit que le fisc est ingénieux à trouver dans son intérêt de formes simples, promptes et économiques, pour parvenir au recouvrement des sommes qui lui sont dues, tandis que les citoyens n'ont dans leurs rapports entre eux que des moyens lents, compliqués et dispendieux pour arriver au même résultat.

Puisque les améliorations que nous sollicitons ont des analogie aussi frappantes dans la législation actuelle, on ne conçoit pas comment le gouvernement pourrait se refuser à les adopter; il est facile de comprendre quel développement immense elles donneraient au crédit des industriels et même à celui des non-commerçants.

Chaque citoyen ayant des moyens faciles de réaliser les sommes qui lui seraient dues, et de faire résoudre les difficultés qui s'opposeraient à ses recouvrements, il règnerait une plus grande confiance dans les transactions, et les diverses obligations qu'elles contiendraient seraient exécutées avec plus de régularité; toutes circonstances essentiellement constitutives de la puissance du crédit.

En adoptant les réformes que nous indiquons, on trouverait ains le moyen de satisfaire à un besoin du pays, au sujet de l'organisatio actuelle de la magistrature.

Nous ne pensons pas qu'il existe aucun motif constitutionnel qu puisse faire obstacle à l'adoption des améliorations que nous indiquons, car nous ne croyons pas que la nation ait pu valablemen s'interdire d'avoir une justice simple, prompte et économique, l jour où il serait démontré qu'une pareille justice peut exister e France.

Dans une prochaine lettre, nous essaierons d'indiquer commen le crédit pourra encore recevoir une nouvelle extension, par l'application de quelques principes nouveaux sur l'exécution des titre authentiques, sur la contrainte par corps et les faillites.

—

SIXIÈME LETTRE *.

EXÉCUTION DES TITRES AUTHENTIQUES. — CONTRAINTE PAR CORPS. — FAILLITES.

Dans nos deux précédentes lettres, nous avons commencé à faire connaître les améliorations qui nous paraissent devoir être introduites dans notre législation, pour que l'industrie et la propriété jouissent à l'avenir d'une égale protection.

On a pu voir qu'il ne s'agit pas de porter atteinte à des droits acquis, mais simplement de faire obstacle à ce que la classe la plus nombreuse de la société continue d'être exploitée par une minorité privilégiée.

Comme il a été démontré que les commerçants sont tenus de remplir leurs engagements par des voies extrêmement rigoureuses, tandis que les non-commerçants peuvent se soustraire à ceux qu'ils ont contractés, il est évident que la classe des commerçants doit finir par être dépouillée de toutes ses richesses par les non-commerçants.

Car sur deux personnes, dont l'une est tenue de remplir ses engagements, et dont l'autre peut s'y soustraire, il est clair qu'après quelques relations d'intérêts, la première doit en définitive être victime de la seconde.

Dans le commerce de la vie, les chances de perte doivent être aussi égales que possible pour tous les citoyens, quelle que soit leur position sociale; mais si des lois sont faites en faveur d'un petit nombre d'individus, les autres doivent nécessairement souffrir de cette préférence.

Toutes choses égales, les hommes, qui n'ont que leur travail pour

* Extrait du *Globe* du 5 mars 1831.

arriver aux richesses rencontrent assez de résistances pour sortir la situation où le hasard de la naissance les a placés ; il n'est pas nécessaire d'ajouter à ces résistances une législation qui donne à quelques uns les moyens de ne pas payer aux autres le fruit de leurs travaux.

Les lois étant toutes faites en faveur des propriétaires et des capitalistes contre les industriels, il doit arriver un temps où les premiers se trouveront en possession de toutes les propriétés.

Pour opérer un changement radical dans un pareil état de choses nous avons, dans notre dernière lettre, exprimé le vœu qu'une demande formée en justice par un commerçant contre un non-commerçant fût jugée dans des formes aussi simples, aussi promptes et aussi économiques que l'est maintenant une demande introduite par un non-commerçant contre un commerçant.

Dans cette lettre, nous essaierons de démontrer par quels moyens tous les citoyens, sans distinction, devront être contraints à l'exécution de leurs obligations.

Les améliorations que nous proposons pour arriver à ce but ont cet avantage, qu'elles ne sont que l'extension d'un cas à un autre d'une législation déjà existante.

En procédant ainsi, nous ne craignons pas que l'on taxe nos réformes du grand nom d'*utopie*, puisque nous ne voulons réaliser que des principes qui sont déjà en vigueur, et sous lesquels vivent un grand nombre de citoyens.

Car il y a en France presque autant d'individus soumis au droit commercial qu'il y en a qui jouissent des priviléges du droit civil.

Il est facile de faire désirer l'application du droit commercial à tous les cas, en rappelant les injustices qui résultent de la différence du droit civil avec le droit commercial, précisément en ce qui concerne le mode d'exécution des engagements souscrits par les citoyens soumis à ces deux espèces de droits.

Si un commerçant vient à cesser ses paiements,

Il est aussitôt constitué en état de faillite, détenu dans une maison d'arrêt, et privé de ses droits politiques.

Par le dépôt de son bilan, il rend compte des capitaux qui lui ont été confiés.

S'il y a des présomptions de sa bonne foi, il est mis en liberté; sinon il est poursuivi comme banqueroutier simple ou frauduleux, et condamné à des peines correctionnelles ou criminelles.

Jamais son actif ne devient la proie du créancier le plus rigoureux et le plus actif.

Du moment où il y a faillite, c'est dans l'intérêt de tous ses créanciers que son actif est réalisé.

Si, au contraire, un non-commerçant vient à cesser ses paiements,

Il conserve sa liberté, il n'est pas privé de ses droits politiques, il n'est pas tenu de rendre compte des capitaux qui lui ont été confiés: il peut avouer qu'il a dissimulé tout son actif sous des noms supposés; aucune peine ne peut lui être infligée.

Il a dissipé toutes les productions que les industriels lui ont livrées de confiance; et ceux-ci n'ont aucun moyen de le contraindre à représenter un actif qui est le plus souvent le résultat du fruit de leurs travaux.

S'il possède encore quelques propriétés mobilières ou immobilières, ces propriétés sont vendues judiciairement, à la requête d'un créancier qui peut s'en attribuer seul tout le produit, sans appeler les autres créanciers qui ignorent cette circonstance.

Car, en cas de cessation de paiements, le non-commerçant n'étant pas tenu de faire connaître la liste de ses créanciers; son actif apparent est toujours partagé entre ses créanciers les plus rigoureux, en l'absence des créanciers les plus confiants, qui ignorent presque toujours les poursuites dirigées contre leur débiteur; et ces créanciers confiants sont souvent des commerçants, auxquels il est dû le prix de diverses productions de leur industrie.

Il nous semble qu'il y a un moyen bien simple de faire cesser tant d'injustices : c'est de déclarer les règles du droit commercial sur l'exécution des titres communes aux commerçants et aux non-commerçants.

Et en cela nous ne craignons pas de nous exposer à soulever les antipathies des hommes du droit civil.

Car la contrainte par corps qui pèse sur les commerçants n'est pour ainsi dire qu'une menace qui ne se réalise que très rareme contre eux.

Elle n'est destinée à frapper sévèrement que ceux qui ne peuve pas justifier de l'emploi des capitaux qui leur ont été confiés, e sous ce rapport, elle est juste; elle n'est qu'un mandat d'amen contre le débiteur, pour le forcer à rendre compte des valeurs q lui ont été confiées.

Du moment où il a rendu ce compte, en déposant son bilan, est libre, s'il est présumé de bonne foi; si au contraire des présomp tions de fraude planent sur lui, il est retenu comme sous la préven tion d'un délit ou d'un crime, et il n'est privé définitivement d sa liberté que lorsque sa culpabilité a été reconnue.

Sous ce point de vue la contrainte par corps n'est point une torture.

En rendant les principes que nous venons d'indiquer communs à tous les citoyens, les hommes du droit civil cesseront eux-mêmes de subir une grande injustice.

Jusqu'ici on a vu que les non-commerçants qui avaient souscrit des lettres de change étaient placés dans cette alternative, ou de faire une cession de biens, que l'opinion publique flétrit, ou de demeurer en prison pendant cinq ans, et quelquefois pendant toute leur vie.

Quelle que soit la bonne foi d'un débiteur non-commerçant qui s'est soumis à la contrainte par corps, ses créanciers sont en droit de lui faire subir cette longue torture, pour éprouver si la privation de sa liberté ne le déterminera pas à découvrir des trésors qu'ils supposent que ce malheureux tient cachés; comme si la liberté n'était pas préférable à toutes les richesses!

Ou bien ces créanciers espèrent que les amis ou les parents de leur débiteur, touchés de son malheur, s'imposeront des sacrifices pour venir à son secours.

Dans un pays civilisé, les élans généreux de l'amitié ne doivent point être ainsi mis à contribution par la cupidité ou la vengeance d'un créancier.

Si un débiteur est de bonne foi, ce n'est point aux dépens de la générosité d'un ami qu'il doit conquérir sa liberté, mais au nom de la justice.

S'il est coupable, ce n'est point à prix d'argent qu'il doit se soustraire à la vindicte de la loi; les efforts de ses amis doivent être vains pour empêcher que justice soit faite contre lui.

En conférant ainsi aux non-commerçants le droit de participer aux moyens de se soustraire à la contrainte par corps, lorsqu'ils sont de bonne foi, nous faisons assez connaître que c'est sincèrement que nous désirons une égalité de protection pour les commerçants et les non-commerçants.

Car si, d'un côté, nous appelons la sévérité de la juridiction commerciale pour l'exécution des obligations ordinaires contractées par des hommes du droit civil, d'un autre côté nous exprimons le désir que ces derniers ne soient pas traités plus rigoureusement que des commerçants, lorsqu'ils se sont soumis volontairement à la contrainte par corps.

En y réfléchissant attentivement, les hommes du droit civil ne tarderont pas à reconnaître que ce que nous proposons est autant dans leur intérêt que dans celui de la classe des industriels.

Ce serait sans doute beaucoup que d'obtenir que la législation actuelle sur l'exécution des obligations des commerçants fût applicable aux non-commerçants.

Mais il nous semble que l'on pourrait, tout en adoptant ce principe, améliorer sur quelques points cette partie de la législation commerciale.

Voici les dispositions que nous croyons devoir être adoptées :

En cas d'inexécution d'une obligation quelconque, après les délais de faveur dont nous avons parlé dans notre dernière lettre (1), tout créancier aurait le droit de faire déclarer son débiteur en faillite.

Le débiteur failli serait immédiatement déposé dans une maison d'arrêt, et tenu de dresser son bilan, dans lequel il rendrait compte des capitaux qui lui auraient été confiés.

Faute par lui de rendre ce compte, il serait détenu pendant un temps déterminé.

(1) Voyez pag. 35.

Dans tous les cas, il serait procédé à une instruction, pour constater les motifs de sa cessation de paiement.

Si la bonne foi du débiteur était établie, il serait à l'instant mis en liberté, à moins qu'il n'eût refusé de fournir son bilan.

Si au contraire l'instruction démontrait que le débiteur a agi frauduleusement, il serait traduit devant les tribunaux comme banqueroutier simple ou frauduleux.

Outre le cas de banqueroute frauduleuse, prévu par le code, on considérerait comme tel l'emploi fait, par le débiteur, de capitaux à une destination autre que celle pour laquelle ils lui auraient été confiés.

Le débiteur reconnu excusable ne perdrait aucun de ses droits civils et politiques; il serait complètement libéré de toutes ses obligations, en faisant l'abandon de son actif à ses créanciers.

Du jour de la déclaration de faillite, les créanciers pourraient disposer de l'actif du failli, comme ils le jugeraient convenable, sans le concours de ce dernier, à moins que son actif ne fût supérieur à son passif.

Le juge de paix du canton du domicile du failli présiderait toutes les assemblées des créanciers, il assurerait l'exécution de toutes les conventions qui pourraient intervenir entre les créanciers, à la majorité des voix, ou entre les créanciers et le failli.

Il recevrait les enchères des ventes de biens immeubles que les créanciers jugeraient convenable de vendre par cette voie.

On ne s'adresserait aux tribunaux qu'en cas de contestation entre les ayant-droit.

Le juge de paix procèderait à toutes répartitions de deniers entre les créanciers reconnus par l'assemblée des créanciers ou par justice.

Au moyen de ces dispositions, les créanciers d'un débiteur, non déclaré en état de faillite, ne pourraient jamais provoquer aucune vente forcée de ses biens meubles et immeubles, ils ne pourraient former aucune opposition entre les mains d'aucun de ses débiteurs.

Aucun créancier ne pourrait s'attribuer tout ou partie de l'actif du débiteur, sans le concours de tous les autres créanciers.

Pour faire obstacle à des suppositions de dettes passives et à des détournements de valeurs actives, toute personne apposant sa signature sur des effets à ordre serait tenue, sous peine d'amende, de dresser chaque année l'inventaire prescrit par l'art. 9 du Code du commerce et d'en déposer un double au tribunal du lieu de son domicile.

L'inventaire déposé au greffe serait communiqué à tout requérant.

En cas de faillite, si les inventaires annuels étaient reconnus frauduleux, le failli serait considéré comme banqueroutier frauduleux et puni comme tel.

Quelques explications suffisent pour motiver ces dispositions.

Dans le cas d'inexécution d'une obligation, il ne peut être admis qu'un créancier puisse, par des poursuites plus ou moins actives, s'attribuer tout ou partie de l'actif du débiteur, au préjudice des autres créanciers.

S'il y a non-paiement, c'est qu'il y a déficit, ou au moins encombrement; dans cette position, un créancier ne peut justement s'attribuer ce que le débiteur possède de plus réalisable, en l'absence des autres créanciers.

Le créancier non payé conservant plus d'espoir d'être payé intégralement en accordant des facilités à son débiteur qu'en le faisant déclarer en faillite, il est évident qu'il n'usera de ce droit qu'à la dernière extrémité, et lorsqu'il n'aura plus d'autre moyen d'obtenir son paiement.

Il est inutile de donner à un créancier le droit de procéder à la vente forcée des biens du débiteur, car cette vente serait à elle seule une démonstration de l'état de faillite; et dans cet état, il ne doit être fait aucune disposition des biens du débiteur, sans le consentement de la majorité des créanciers, auxquels il peut convenir de conserver ces biens pour les exploiter dans l'intérêt de tous.

Par exemple, si un failli possède un établissement industriel où se trouvent des métiers et des machines d'un grand prix, un seul créancier ne peut être libre de faire vendre ces objets aux enchères, au prix de leur matière première.

Le refus de rendre compte des capitaux qui lui ont été confié, constitue, de la part du débiteur, une faute qui motive suffisamment sa détention pendant un temps plus ou moins long.

Alors, ce n'est plus pour le forcer à représenter des capitaux qu'il n'a pas, qu'on le prive de sa liberté, c'est parcequ'il ne remplit pas une obligation qu'il est absolument libre d'accomplir.

Pour que toutes les faillites ne soient pas un déshonneur, il faut que toutes les faillites soient l'objet d'une instruction sévère.

Ce n'est que parceque la justice ne prend pas le soin de distinguer les faillites des banqueroutes, que l'opinion publique confond la faillite et la banqueroute dans la même réprobation.

Mais le jour où la bonne foi aura des moyens de se faire reconnaître, le débiteur malheureux sera plaint et non pas méprisé.

Autant la justice doit se montrer bienveillante pour ce dernier, autant elle doit être sévère à l'égard d'un débiteur qui aura abusé de la confiance qui lui aura été accordée. C'est le seul moyen de rétablir la confiance dans les transactions entre tous les citoyens.

Le débiteur malheureux n'ayant commis aucune faute, il est souverainement injuste de le priver de ses droits civils ou politiques.

Du moment où sa bonne foi est démontrée, on ne peut lui infliger aucune peine.

C'est avec douleur qu'on a vu, dans la session de 1830, d'honorables députés obligés d'abandonner le mandat qui leur avait été confié par leurs concitoyens, parceque des malheurs inattendus les avaient frappés.

Des malheurs réels ne font pas qu'un homme capable de rendre des services à son pays soit réputé non capable après ces malheurs.

Le débiteur qui a employé les capitaux qui lui ont été confiés à la destination qu'il avait désignée à ses créanciers ne peut être considéré que comme le gérant d'une société en commandite qui n'a pas réussi.

En rendant un compte fidèle des capitaux dont il a eu la gestion, le gérant doit être déchargé de toute action pour l'avenir.

En agissant autrement, on fait qu'un homme voit tout son avenir paralysé par une première entreprise malheureuse.

Du moment où l'on considère l'actif d'une faillite comme le capital d'une société dont les créanciers sont les commanditaires, on arrive à une solution extrêmement facile de toutes les difficultés qui entravent maintenant la liquidation des faillites.

Les créanciers étant considérés comme propriétaires de l'actif du failli, on peut sans inconvénient leur en laisser la libre disposition.

La réalisation et la répartition de l'actif peut alors s'opérer avec la plus grande rapidité, tandis que maintenant des formes longues et compliquées s'opposent à ce résultat.

En partant de ces principes, on conçoit facilement qu'on ne peut maintenir la défense qui est faite par notre code de commerce, aux créanciers et au failli, de conclure aucune espèce de transaction entre eux, avant l'accomplissement de certaines formalités, et sans l'intervention de la justice.

La justice ne doit intervenir que lorsqu'il y a des contestations entre les créanciers et le failli; car, entre les créanciers reconnus, les résolutions étant prises à la majorité des voix, tout doit se terminer à l'amiable.

Il est bien facile de comprendre combien la matière serait alors simplifiée.

Plus de saisies de meubles, plus d'expropriations immobilières, plus de contributions ni d'ordres, plus de saisies-arrêts, plus de ces innombrables procédures, qui sont la conséquence de ces divers modes d'exécution du débiteur.

Le défaut d'exécution d'une obligation se résout, contre tout citoyen, quelle que soit sa position sociale, par une déclaration de faillite, dont l'effet est de mettre tous ses biens à la disposition de ses créanciers, qui se les partagent librement entre eux, sans formes judiciaires, sans lenteurs, sans frais.

Alors les commerçants, ayant des moyens prompts et efficaces de se faire payer du prix de leurs produits livrés aux consommateurs, ne seront plus exposés, comme maintenant, à voir les hommes du droit civil s'approprier impunément les fruits de leurs travaux. Ils pourront se faire payer aussi promptement qu'on les fait maintenant payer eux-mêmes.

Etant exposés à moins de chances de perte, ils subiront moins souvent les désastres des faillites. Les capitalistes auront dès lors plus de confiance en eux.

De leur côté, les non-commerçants jouiront d'un plus grand crédit que par le passé, précisément à raison des moyens que l'on aura d'obtenir justice de l'abus qu'ils pourront faire de ce crédit.

L'industrie prospérant, les capitalistes y trouveront également leur avantage, en ce qu'ils pourront faire valoir leurs capitaux avec plus de sécurité.

Il régnera une grande confiance dans les transactions, par suite de l'obligation qui sera imposée à toutes les personnes qui apposeront leur signature sur des effets à ordre de déposer chaque année leur inventaire au greffe du tribunal.

Ces inventaires seront presque toujours sincères; car ceux qui les dresseront seront placés dans cette alternative : d'une part ils désireront présenter des inventaires favorables à leur gestion, pour avoir le plus grand crédit possible auprès des banques et des capitalistes, auxquels ils feront connaître leur position; et d'autre part, ils craindront d'avancer des faits mensongers pour ne pas s'exposer à être constitués en banqueroute, dans le cas où ils éprouveraient des malheurs.

Les banquiers et les capitalistes pourront donc apprécier assez justement la situation des personnes auxquelles ils accorderont du crédit.

Enfin, ces inventaires faciliteront singulièrement l'instruction des faillites.

On nous a assuré que M. Laffitte avait plusieurs fois exprimé l'opinion que le dépôt des inventaires annuels des commerçants dans un lieu public serait une mesure très favorable aux transactions industrielles.

L'on voit que ces réformes, loin de tendre à dépouiller ceux qui possèdent, ont plutôt pour objet d'améliorer le sort de tous, en rétablissant la confiance, et, par suite, en secondant la prospérité de l'industrie.

Nous croyons ces réformes plus urgentes que de simples concessions de droits politiques.

Elles sont urgentes, parcequ'elles ont précisément pour objet de calmer les maux de la classe des citoyens qui, depuis la révolution de juillet, ont le plus souffert de l'incertitude de la marche du gouvernement.

C'est là le positif dont le pays a besoin. Si l'on ne satisfait pas à ce positif, nous prévoyons que la crise ira toujours en augmentant d'intensité; et que les populations, réduites au désespoir, préféreront une conflagration générale à un ordre dans lequel le travail, exposé à toutes les chances de perte, ne profite qu'à ceux qui ne font rien.

Nous n'avons pas parlé, dans le cours de cette lettre, de la loi sur *la contrainte par corps* qui a été présentée par le gouvernement à la chambre des pairs, parceque cette loi est basée, comme toutes celles qui l'ont précédée, sur ce principe que l'homme qui ne paie pas doit être torturé par la privation de sa liberté pendant un temps plus ou moins long, quelle que soit sa bonne foi; principe souverainement injuste, et qui ne peut souffrir la discussion en présence de cet autre principe, par nous proclamé, que la contrainte par corps ne doit être qu'un mandat d'amener, pour forcer le débiteur à rendre compte des capitaux qui lui ont été confiés.

Seulement, nous ferons remarquer que cette loi, qui doit abréger le temps de la torture des débiteurs actuellement détenus, n'a excité aucune sympathie dans la chambre à laquelle elle a été présentée, quoiqu'elle ait pour objet de rendre la liberté à un grand nombre d'individus auxquels elle serait applicable si elle était promulguée.

Dans nos prochaines lettres nous essaierons de démontrer qu'après avoir établi des moyens répressifs de l'abus du crédit, il est inutile de conserver l'usage des moyens préventifs adoptés par la législation actuelle; et que par suite il y a lieu d'abolir tous les privilèges constitués au profit de divers créanciers sur les biens des débiteurs, et même d'abolir le système des prêts sur hypothèque, pour donner les moyens de mobiliser toutes les propriétés, et de porter la puissance du crédit au plus haut point de développement.

AUX INDUSTRIELS.

LETTRES
SUR
LA LÉGISLATION
DANS
SES RAPPORTS AVEC L'INDUSTRIE
ET LA PROPRIÉTÉ;

PAR M. DECOURDEMANCHE,
AVOCAT.

(*EXTRAIT DU GLOBE.*)

Deuxième Partie.

PARIS,
AU BUREAU DU GLOBE,
RUE MONSIGNY, N° 6.

1831.

LETTRES

SUR

LA LÉGISLATION

DANS

SES RAPPORTS AVEC L'INDUSTRIE

ET LA PROPRIÉTÉ.

SEPTIÈME LETTRE *.

ABOLITION DE TOUS LES PRIVILÉGES ÉTABLIS AU PROFIT DE DIVERS CRÉANCIERS SUR LES MEUBLES DU DÉBITEUR.

Toutes les fois que l'on propose d'abolir des priviléges, on s'expose à soulever bien des antipathies.

C'est aborder un point bien délicat que de parler de l'abolition du *privilége du propriétaire* sur les meubles qui garnissent la maison ou la ferme, et de tous les priviléges établis en faveur des marchands qui ont pourvu à la subsistance du débiteur et de sa famille, des gens qui l'ont servi, et du médecin qui l'a soigné dans sa dernière maladie.

Cependant, s'il est démontré que ces priviléges sont contraires aux principes de justice qui doivent régler les rapports des hommes

* *Extrait du* Globe *du* 16 *avril* 1831.

On s'abonne au Globe, rue Monsigny, n° 6. — Prix de l'abonnement : pour un an, 80 fr. ; six mois, 40 fr. ; trois mois, 20 fr.

entre eux, il faudra bien se résigner à les voir disparaître de notre législation.

Ces priviléges ont pour but de soustraire les créanciers qui en jouissent aux chances de pertes que subissent les autres créanciers d'un même débiteur.

Lorsqu'un débiteur tombe en faillite, son actif se compose presque toujours de divers produits qui lui ont été livrés de confiance par des industriels auxquels ils sont encore dus. Il serait juste que le prix de ces objets fût réparti également entre le propriétaire et les industriels ; il n'en est point ainsi : le propriétaire doit être payé de tout ce qui lui est dû en sa qualité de propriétaire, quand même il ne resterait rien pour les industriels qui ont produit les objets vendus.

Dans la faillite d'un manufacturier qui avait souscrit un bail de dix-huit ans à son propriétaire, nous avons vu des machines qui avaient coûté des sommes énormes vendues sur la place publique pour le prix de leur matière première, et leur prix remis intégralement au propriétaire à compte sur dix-huit ans de loyers échus ou à échoir ; car il y a une loi qui dit que le propriétaire a privilége sur les meubles qui garnissent sa maison, pour les loyers échus et pour tous les loyers à échoir, lorsqu'il y a un bail ayant date certaine. Dans cette faillite, ceux qui avaient fourni leur travail et leur argent pour produire les machines mises en vente ont été ruinés, et celui qui n'avait fait que promettre la jouissance d'une maison a été payé d'avance.

On a vu, dans ce cas, des produits industriels que des barbares eussent respectés, détruits et réduits à nulle valeur pour satisfaire l'intérêt égoïste d'un propriétaire.

Si ce propriétaire n'eût pas eu de privilége, il eût été, comme les autres créanciers, intéressé à conserver et à utiliser un établissement qu'il a eu intérêt de détruire pour obtenir immédiatement son paiement. Dans la faillite que nous donnons pour exemple, les créanciers avaient le droit de jouir des lieux payés d'avance, mais à la charge d'acquitter de suite les loyers à échoir non payés par le produit de la vente.

Les créanciers n'usent jamais de ce droit, parcequ'ils ont la plus grande répugnance à faire des avances dont ils ne peuvent suivre l'emploi, et qui sont toujours dévorées par les frais judiciaires. Ils préfèrent tout perdre.

Les propriétaires profitent de cette répugnance, et jouissent ainsi de lieux dont les loyers leur ont été payés aux dépens des créanciers du failli.

Les désastres deviennent ainsi des causes d'enrichissement pour les propriétaires, et des causes de ruine pour les industriels.

LORSQUE LA FAILLITE EXERCE SES RAVAGES SUR LA SOCIÉTÉ, LE PRIX DES LOYERS AUGMENTE TOUJOURS.

Des malheureux qui ne savent que faire pour s'arracher à la misère louent à tous prix les lieux où ils se proposent d'exercer leur industrie.

Par l'effet de la concurrence qui règne entre eux, ils sont placés dans cette alternative, ou de ne rien faire, ou de travailler dans des lieux loués à un prix excessif, à un prix tel, qu'ils savent même d'avance qu'il leur sera impossible de faire honneur à leurs engagements.

Cependant ils garnissent les lieux de marchandises qui leur sont livrées à crédit; tous leurs bénéfices sont employés à payer leur propriétaire, et le déficit de chaque année amène bientôt la faillite.

Cependant ils ont vécu pendant le temps où ils jouissaient du crédit que leur donnait leur établissement. Quelques années après ils font une nouvelle tentative qui n'a pas plus de succès.

ET DE CATASTROPHES EN CATASTROPHES, TOUTES LES VALEURS ACTIVES DE L'INDUSTRIE PASSENT, SOUS LE TITRE DE LOYERS, ENTRE LES MAINS DES PROPRIÉTAIRES FONCIERS.

Il en résulte une effrayante agglomération de richesses entre leurs mains.

Cette agglomération est telle aujourd'hui que, comme nous l'avons dit dans notre dernière lettre, les deux tiers du sol sont maintenant possédés par 64,316 individus.

Cette agglomération, en se concentrant, tend à diminuer le nombre des consommateurs et, par suite, à augmenter le nombre des producteurs; et plus les producteurs qui ne consomment pas sont nombreux, plus ils sont dévorés par la concurrence.

Nos nouvelles lois sur les successions ont été impuissantes pour rompre l'agglomération des richesses entre les mains des proprié res fonciers.

La division du sol n'est qu'apparente : au lieu de posséder grande étendue de terrain, les grands propriétaires fonciers possèd une multitude de parcelles (1).

Nous avons observé ce fait, lorsque nous avons eu occasion d'e miner la question de la conservation des plans du cadastre.

Les cotes des grands propriétaires fonciers se composent tout des revenus d'une multitude de parcelles.

La cause de cet état de choses est bien facile à expliquer.

Lorsqu'un père de famille laisse un champ d'une certaine étendu ses enfants le partagent entre eux.

Les frais du partage les ont déjà grevés d'une dette.

Comme chacun est obligé d'avoir le même nombre de bâtiment et d'instruments aratoires que le père avait pour l'exploitation di champ tout entier, ils sont induits dans des dépenses qui amènen leur ruine, et ils sont obligés de vendre. La part de chacun d'eux de vient la propriété de quelque riche propriétaire du lieu.

Les grands propriétaires, soumettant toutes les parcelles qu'ils possèdent dans les diverses parties de la commune à une même exploitation, luttent avec avantage contre les petits propriétaires, et trouvent dans les partages de successions des occasions d'augmenter leurs domaines.

Le principe sur l'égalité des partages qui, sous certains rapports a produit de bons effets, a donc été impuissant pour rompre l'agglomération des richesses entre les mains des grands propriétaires fonciers.

Nous considérons le privilége accordé au propriétaire foncier pour le garantir de toute perte de loyers ou fermages comme étant l'une des principales causes de cette agglomération.

CE N'EST DONC PAS SANS RAISON QUE DANS LES TEMPS DE RÉVOLUTION LES PEUPLES RÉCLAMENT SANS CESSE L'ABOLITION DE TOUS LES PRIVILÉGES COMME UN REMÈDE A LEURS MAUX.

Mais comme les classes qui souffrent n'ont jamais été représen-

(1) *Parcelle* est le nom que les agents du cadastre donnent à une étendue de terrain enclavée dans des propriétés voisines appartenant à d'autres propriétaires.

tées que par des propriétaires fonciers, on ne leur a jamais fait que des concessions insignifiantes qui n'ont eu aucune influence sur l'amélioration positive de leur sort.

Ainsi, lors de la révolution de 89, on avait cru que tous les priviléges seraient abolis; mais l'on n'a aboli, à peu de chose près, que des priviléges honorifiques. Les légistes ont démontré que les *priviléges* dont nous demandons aujourd'hui l'abolition n'étaient point des *priviléges*, quoiqu'ils en portassent le nom; et cependant il eût été bien facile d'établir qu'un droit qui a le *nom* de privilége est en même temps la *chose*.

Les propriétaires fonciers, voyant qu'il fallait absolument faire des concessions à ce qu'ils appelaient le mouvement révolutionnaire du siècle, se sont décidés à renoncer au privilége de faire battre leur marre par les vilains, de se faire tenir l'étrier en montant à cheval, de se faire rendre foi et hommage; ils ont renoncé à tous les *priviléges dits féodaux*, mais ils ont conservé le privilége très positif d'être payés de leurs loyers et fermages, avant tous créanciers, sur les biens de leurs locataires ou fermiers.

Ce privilége ne saurait survivre à la révolution de 1830, en présence de ce principe de toute justice, que l'industrie et la propriété ont droit à une égale protection.

La propriété doit être respectée, mais elle ne peut continuer d'être, comme par le passé, un moyen de spoliation de toutes les richesses de l'industrie.

Dans le naufrage du débiteur, tous ses créanciers, sans distinction, doivent être admis au partage de son actif.

Les chances de perte cessant de rester exclusivement à la charge des industriels, ils auront moins de causes de ruine, et par suite plus de moyens d'améliorer leur sort.

Si ce but est conforme aux principes de la plus rigoureuse justice, rien ne peut s'opposer à ce qu'il soit atteint.

Vainement dira-t-on que c'est une voie nouvelle, que l'on ignore où elle conduira la société : la société ne peut périr en rendant justice à qui elle est due.

Quand une mesure est juste, elle doit être adoptée, quelles qu'en puissent être les conséquences; et l'histoire démontre que les conséquences des principes justes ont toujours tourné au profit de l'humanité.

Les partisans du *statu quo* ne peuvent justifier leur inaction sur ce seul motif, qu'après une première concession, ils ne savent pas quelle autre concession leur sera demandée.

Quand nos pères ont demandé l'abolition de la féodalité, ils ne savaient pas ce qu'ils demanderaient ensuite.

En ne faisant que des concessions conformes à la raison, on ne court aucun risque de s'égarer; ce n'est qu'en opposant une résistance aveugle à un mouvement légitime, qu'on s'expose à mettre de nouveau l'état social en péril.

IL EST FACILE DE DÉMONTRER QU'EN PROPOSANT L'ABOLITION DE TOUS LES PRIVILÉGES, NOUS NE FAISONS QUE NOUS CONFORMER A LA TENDANCE DES DIFFÉRENTES LÉGISLATIONS QUI SE SONT SUCCÉDÉ SUR CETTE MATIÈRE.

Les priviléges sur les meubles n'ont pas toujours été déterminés comme ils le sont aujourd'hui.

Avant le code civil,

Il n'y avait pas de priviléges pour la subsistance du débiteur;

Il y avait des priviléges qui n'existent plus maintenant, par exemple le privilége de la femme pour le paiement de sa dot, le privilége du mineur pour sûreté de ce qui lui était dû par son tuteur.

Le privilége des propriétaires sur les meubles du fermier ou locataire est le seul qui n'ait pas subi de modification.

Nous croyons qu'il n'a ainsi traversé les temps que parceque les lois ont toujours été faites par les propriétaires fonciers, et dans l'intérêt des propriétaires fonciers.

Depuis la révolution de 1789, tous les priviléges ayant été vivement attaqués, on a maintenu le privilége des propriétaires comme étant favorable au débiteur; et, pour être conséquent avec ce principe philanthropique, on a introduit dans la législation le privilége des fournitures faites au débiteur pour *sa subsistance*; mais ce qui prouve que ce nouveau privilége n'a été qu'un passeport du privilége du propriétaire, et qu'aucune idée vraiment philanthropique n'a guidé les législateurs d'alors, c'est que le code se tait sur le point important de savoir si la subsistance sera payée avant ou après le loyer; la jurisprudence est même encore incertaine à cet égard.

Nous pensons, nous, que LES PRIVILÉGES NE SONT FAVORABLES QU'AUX CRÉANCIERS QUI EN JOUISSENT, ET QU'ILS SONT PLUS CONTRAIRES QUE FAVORABLES AUX DÉBITEURS.

Si c'eût été vraiment dans l'intérêt des débiteurs que des priviléges eussent été créés, on eût dû faire un état des choses le plus nécessaires à la vie, et établir des priviléges dans l'ordre d'utilité de ces choses.

Ainsi, par exemple, il y aurait des priviléges pour la subsistance du débiteur, pour le prix des divers objets d'une nécessité absolue, tels que le coucher, le bois, la lumière, les vêtements, le linge, le blanchissage ; pour le loyer, etc.

Dans ce système, celui qui aurait prêté au débiteur une somme d'argent pour le mettre à même de satisfaire à ces besoins devrait être aussi favorisé que ceux qui y auraient pourvu par des fournitures en nature. Mais pour que la cause d'une créance de cette espèce fût bien démontrée, il eût fallu astreindre un ami qui eût prêté à son ami de quoi dîner, à faire, comme le prescrit l'article 1250 du code civil, un acte d'emprunt et une quittance notariés, pour constater l'origine et l'emploi des deniers prêtés.

Le principe des priviléges entre créanciers, poussé dans ses dernières conséquences, eût donc conduit à des résultats absurdes ou injustes.

Si les priviléges eussent été créés dans l'intérêt du débiteur, la loi les eût présentés dans un ordre plus rationnel qu'elle ne l'a fait pour ceux ci-après :

Le loyer,

Les frais de distribution du prix des meubles vendus,

Les frais de la dernière maladie,

Le salaire des gens de service,

Les fournitures de subsistance.

Cet ordre se présente en sens inverse de toute raison.

On a besoin de dîner, plutôt que de se faire servir par des domestiques ; on a besoin de dîner, avant de penser à se loger.

Si les priviléges eussent été créés dans l'intérêt des débiteurs, le privilége du propriétaire foncier ne jouirait pas d'une faveur toute spéciale :

Le propriétaire à qui il est dû des loyers a le droit, aux termes d l'art. 661 du code de procédure, de se faire payer, sans formes sans délai, sur le produit de la vente des meubles du locataire, tandi que les autres créanciers privilégiés, le médecin, le boulanger, etc. sont tenus d'attendre quelquefois pendant un an ou deux la réparti tion judiciaire qui se fait du surplus du produit de cette vente.

Cette partialité de la loi démontre jusqu'à l'évidence que les privi léges non favorisés par l'article précité ne figurent dans notre législa tion que pour servir de passeport au privilége du propriétaire foncier.

C'est pourquoi nous nous sommes particulièrement attaché à c dernier, bien persuadé que, lorsque nous aurons obtenu son aboli-tion, les représentants de la propriété foncière tiendront fort peu aux principes philanthropiques qu'ils considèrent comme la base des autres priviléges.

Les priviléges sont essentiellement contraires à l'intérêt des débiteurs, et par suite à l'intérêt des créanciers non privilégiés.

Un créancier privilégié, ayant droit d'être payé avant les autres, s'inquiète fort peu du prix que produira la vente des biens qui dé-pendent de l'actif du failli; il n'est point intéressé à ce que cet acti soit administré en bon père de famille; pourvu qu'il en retire seu-lement de quoi se payer, peu lui importe quel sera le sort des autres créanciers.

La présence d'un seul créancier privilégié met les créanciers non privilégiés dans la nécessité ou de le payer, ou d'entrer dans les for-malités dispendieuses d'une faillite; de provoquer des ventes judi-ciaires, de procéder à des répartitions de deniers en présence du juge.

Tandis que, si tous les créanciers d'un débiteur avaient le même intérêt, la loi pourrait les laisser libres de disposer de son actif com-me ils le jugeraient convenable, sans les astreindre à aucunes formes et à aucuns frais.

Ainsi, outre l'inconvénient de voir les trois quarts de l'actif d'un débiteur enlevés par un créancier privilégié, les créanciers ordinaires doivent se résigner à voir le dernier quart de cet actif dévoré par des frais qui ne sont nécessités que par la circonstance qu'il se trouve parmi eux un créancier privilégié.

En examinant en détail les divers priviléges dont nous demandons l'abolition, on se convaincra que cette mesure ne peut offrir que des avantages.

DU PRIVILÉGE DU PROPRIÉTAIRE.

Comme il a été démontré que ce privilége était une des principales causes de l'accroissement excessif du prix des loyers, l'abolition de ce privilége doit amener nécessairement un effet contraire. Sous ce rapport, la suppression de ce privilége sera favorable à la classe la plus nombreuse et la plus pauvre.

Ce que les propriétaires perdront sur leurs loyers, ils le gagneront sur leur capital, le sol devant acquérir une plus grande valeur lorsqu'il aura été mobilisé.

Le fermier ou le locataire jouira d'un plus grand crédit que par le passé, précisément parceque les personnes qui lui confieront des capitaux seront certaines de ne pas voir tout son actif dévoré par le privilége du propriétaire.

Il est bien juste que ceux qui prêtent au locataire de quoi faire son commerce, et au fermier de quoi cultiver sa ferme, soient l'objet de la même protection que celui qui a prêté la jouissance d'une boutique ou d'une pièce de terre.

Les cultivateurs, ayant un plus grand crédit, pourront se livrer à de grandes entreprises agricoles, où ils mettront en pratique les procédés économiques indiqués par les sciences et les arts pour la culture en grand.

On ne manquera pas de nous objecter que, *si les propriétaires n'ont plus de privilége, ils feront payer leurs loyers d'avance.*

Sans doute ils emploieront d'abord ce moyen, comme ils l'emploient déjà maintenant.

Mais tous les locataires ne pouvant pas payer d'avance, il en résultera une première baisse des loyers au profit de ceux qui pourront se conformer à cette exigence. Bientôt les propriétaires céderont à la tentation de louer plus cher à ceux qui ne pourront pas payer d'avance, et insensiblement ils s'habitueront à subir pour leurs loyers et fermages les chances de perte auxquelles tous les citoyens doivent être exposés dans les rapports sociaux. Lorsqu'il n'y avait pas de privilége pour les fournitures de subsistance, les débiteurs tro vaient bien le moyen de vivre?

Si cette objection avait quelque valeur, toute transaction devr cesser entre un locataire et tout le commerce, précisément parc que le commerce sait maintenant à l'avance que le propriétaire un privilége sur les meubles du locataire; mais heureusement qu toutes les transactions ne sont pas basées sur le contrat de gage sans quoi il s'en ferait bien peu.

Un propriétaire ne sera donc jamais sûr de toucher ses loyers ou fer mages? Il sera toujours en transe.

Nous sommes moins touché des inquiétudes qui troubleront l sommeil d'un propriétaire *oisif* que de celles qu'éprouve maintenant un industriel qui se voit sans cesse à la veille de perdre tout le fruit de ses travaux.

Mais tous les propriétaires ne sont pas OISIFS.

Il est vrai qu'il y a quelques industriels qui sont en même temps propriétaires, mais c'est le plus petit nombre.

Les travaux de statistique qui ont été publiés récemment sur le résultat des listes électorales font connaître que, sur 1,000 propriétaires fonciers, il n'y a que 191 industriels.

Les industriels qui sont en même temps propriétaires ne réclameront certainement pas contre la mesure proposée, lorsqu'ils comprendront que cette mesure aura pour objet de faire entrer les propriétaires *oisifs* dans les chances de pertes que présentent les faillites.

Ces chances de perte se réduiront pour ainsi dire à zéro le jour où elles seront partagées par tout le monde.

Car les chances de pertes, réparties sur tous les citoyens indistinctement, doivent être un moyen d'enrichissement de tous.

Chacun, étant moins exposé à perdre le fruit de ses travaux, aura plus de chances d'arriver aux richesses que dans un ordre de choses où les désastres des faillites ne pèsent que sur ceux qui travaillent.

Peut-être dira-t-on encore : *Toute émulation s'éteindra si, après avoir travaillé, on reste sans cesse exposé à des chances de pertes pour ce qu'on aura gagné.*

D'abord les chances de pertes dont il s'agit ne s'appliqueront qu'au revenu, et seulement dans le cas de faillite des locataires; et nous rappelons ici que les dispositions législatives que nous avons proposées dans notre sixième lettre auront pour objet de diminuer le nombre des faillites.

Maintenant la faillite exerce tant de ravages dans l'industrie, qu'il n'est pas rare de voir des commerçants gagner et perdre plusieurs fois dans le cours de leur carrière le capital qui leur eût été nécessaire pour se retirer.

Les chances de perte étant moins grandes dans l'avenir, les industriels pourront se créer plus facilement une fortune qui leur permette de jouir plus tôt du fruit de leurs travaux.

Et certes cet avantage est bien grand en présence du faible inconvénient que pourrait leur présenter la perte de quelques loyers à des époques plus ou moins éloignées.

Maintenant même les propriétaires sont rarement obligés d'avoir recours à leur privilége pour obtenir leur paiement.

Mais, dira-t-on enfin, *si le propriétaire n'a plus de privilége il expulsera impitoyablement tout locataire qui ne paiera pas exactement.*

Cette expulsion sera à elle seule une démonstration de l'état de faillite du débiteur.

Car nous pensons que dans un ordre de choses où toutes les valeurs seront facilement réalisables, et où les travailleurs capables obtiendront facilement du crédit, celui qui ne pourra plus payer son propriétaire sera dès lors dans un état de discrédit qui rendra sa liquidation nécessaire.

Maintenant les propriétaires laissent accumuler leurs loyers précisément à cause de leur privilége, et lorsque la faillite se déclare tout l'actif est envahi par ce privilége.

L'expulsion du locataire sera pour les créanciers un signal de son état de déconfiture : elle les avertira que l'entreprise du locataire ne réussit pas, qu'il y a lieu de la liquider pour éviter leur ruine commune, et pour mettre le débiteur à même de se livrer à d'autres travaux.

Et d'ailleurs tous les créanciers qui ont des moyens rigoureux pour se faire payer n'en usent pas toujours aussitôt qu'ils en auraient le droit, n'y eût-il de loyers arriérés que ceux qui sont garantis par des meubles suffisants.

DU PRIVILÉGE DE DIVERS MARCHANDS POUR FOURNITURES DE SUBSISTANCE

Ce privilége n'existait pas avant le code civil.

Ce privilége ne procure pas de moyens d'existence aux ouvriei qui ne possèdent pas de meubles. Il n'a d'effet qu'à l'égard des pe sonnes établies; mais ces personnes sont déjà dans une position qı les met à l'abri du besoin.

Si un simple ouvrier, qui n'a point de domicile, trouve bien l moyen de pourvoir à son existence et à celle de sa famille lorsqu'i est sans argent, un homme établi aura bien assez de crédit pou pouvoir se procurer sa subsistance, sans qu'il soit nécessaire de don ner un privilége au boulanger qui lui vendra du pain à crédit.

Maintenant il se procure bien du bois, de la lumière, du linge des vêtements, sans que ces fournitures soient l'objet d'un privi lége.

DU PRIVILÉGE DES GENS DE SERVICE.

Il n'est pas d'une nécessité absolue que l'on soit servi par des do mestiques.

Les domestiques d'un débiteur sont certainement moins favora bles que des ouvriers attachés à une manufacture, qui n'ont main tenant aucun privilége pour leurs salaires.

Il est probable que le privilége des gens de service a été établi pa les propriétaires fonciers, pour qu'ils fussent plus assurés de pouvoi se faire servir.

Ils ont sans doute considéré comme une grande calamité la né cessité où ils pourraient être de se servir eux-mêmes.

DES FRAIS DE DERNIÈRES MALADIES.

Si ce privilége n'existait pas, nous ne pensons pas que les méde cins et les pharmaciens seraient moins empressés à prodiguer leurs soins aux malades lorsqu'ils en seraient requis.

La concurrence qui existe dans ces professions ne permet pas de supposer que les malades manqueraient de soins si ce privilége était aboli.

Accorder un privilége pour les frais de la *dernière maladie*, n'est-ce pas faire désirer que la maladie qui est l'objet de ces frais soit la *dernière ?*

DES CONTRIBUTIONS ET DES FRAIS FUNÉRAIRES.

La masse des créanciers d'un débiteur failli ou décédé étant, suivant nous, la continuation de sa personne à l'égard des biens, nous considérons les créanciers comme tenus d'acquitter la contribution due par le débiteur, et les frais funéraires, à moins qu'ils ne préfèrent faire abandon de l'actif à l'état, qui, dans ce cas, en disposera à son gré pour se remplir des contributions dues, à la charge par lui de payer les frais funéraires.

En cas de refus de la part de l'état, l'actif serait abandonné au créancier des frais funéraires.

On voit que dans aucun de ces cas il n'y a nécessité de procéder à une vente forcée de cet actif dans un temps inopportun.

Lorsque nous avons traité *des faillites*, nous avons établi que la législation devait être combinée de manière à ce que jamais la vente des biens du débiteur ne pût être forcée, s'il était de l'intérêt de la majorité des créanciers que cette vente eût lieu dans un temps plutôt que dans un autre.

RÉSUMÉ.

Les priviléges établis en faveur de divers créanciers ont pour effet de les mettre à l'abri des chances de pertes, en laissant ces chances peser sur les autres créanciers.

Spécialement le privilége des propriétaires est une cause de l'élévation du prix des loyers, et par suite une cause de ruine de l'industrie.

La législation tend à l'abolition successive des priviléges.

Il y avait dans l'ancien droit des priviléges de créances qui n'existent plus.

L'abolition de tous les priviléges de créances donne le moyen de

supprimer les formes, les frais et les délais qu'ils nécessitent lo
qu'il s'agit de la liquidation des faillites.

Aucun des priviléges existants n'est favorable aux débiteurs;
ne profitent qu'aux créanciers qui en jouissent.

La suppression de tous les priviléges sera favorable à l'agricultu
et au commerce, en leur ouvrant de nouvelles sources de crédit.

Il reste donc démontré qu'il y a lieu d'abolir, dans le plus br
délai, tous les priviléges de créances.

Dans notre prochaine lettre, nous examinerons la question de l
mobilisation des propriétés foncières.

HUITIÈME LETTRE*.

DE LA MOBILISATION DES PROPRIÉTÉS FONCIÈRES.

Lorsque les valeurs qui composent l'actif d'un état sont susceptibles d'être facilement échangées, les transactions se multiplient, et les richesses communes peuvent recevoir un très grand développement.

Dans l'état actuel de notre législation le sol, qui présente une valeur immense, est comme enlacé dans mille liens qui s'opposent à ce qu'il puisse facilement changer de mains.

Comme chaque immeuble sert de gage à une multitude d'engagements pris par ceux qui l'ont possédé dans des temps plus ou moins éloignés, le propriétaire actuel ne peut en disposer qu'avec le concours tacite ou formel des tiers qui ont des droits sur cet immeuble. Par respect pour l'intérêt de ces tiers, on a créé une infinité de formes, qui sont autant d'entraves apportées à la libre circulation et à la prompte réalisation de cette espèce de propriété.

Le sol ne peut être mobilisé qu'en cessant de faire la base de divers droits réels ou hypothécaires, qui tous constituent des contrats analogues au contrat de gage.

Mais abolir le contrat de gage n'est-ce pas porter atteinte à la liberté des transactions? C'est ce que nous allons examiner.

CRITIQUE DU CONTRAT DE GAGE.

Le prêt sur gages est flétri par l'opinion publique : le code pénal

* Extrait du GLOBE du 24 avril 1831.

punit ceux qui sont dans l'habitude de prêter sur des gages mobilie

Pourquoi cela ?

C'est que le prêteur sur gages est un homme immoral, qui su pose que tous ceux à qui il prête ses capitaux sont aussi des hommes immoraux, et qui ne prise chacun que pour la valeur du ga qu'il lui offre en garantie.

Pour nous servir de l'expression d'un écrivain populaire, le pr teur sur gages est un *lâche* qui veut gagner sans courir la chance perdre.

Si l'on n'eût pas puni l'habitude des prêts sur gages, il eût pu ar river que toutes les richesses mobilières constituées en gage fusse enlevés à la circulation.

On conçoit facilement quel serait le sort d'un pays dont tout l'ac tif mobilier serait déposé dans de vastes monts-de-piété : ce pay éprouverait le malaise d'un corps humain dont la moitié du sang ces serait de circuler.

Comment se fait-il que l'on ait pensé à mettre un frein à l'abus des prêts sur gages mobiliers, et que l'on ait laissé une latitude indéfinie pour prêter sur des gages immobiliers?

Est-ce que le sol n'est pas la valeur active la plus importante d'un pays ?

Est-ce que la société n'est pas intéressée à ce que les immeubles soient l'objet de transactions aussi multipliées que possible ?

N'était-il pas important d'empêcher qu'il pût arriver un temps où tous les immeubles donnés en gage ne pussent changer de mains qu'avec la plus grande difficulté.

C'est cependant notre position actuelle : presque tous les biens immeubles sont grevés d'hypothèques ou de charges réelles qui en entravent la libre disposition dans les mains de ceux qui les possèdent.

Lorsqu'un immeuble est grevé, le propriétaire ne le vend volontairement que lorsqu'il trouve un prix tel qu'il puisse lui rester quelque chose après le paiement des créanciers ayant droit sur cet immeuble, et souvent il attend long-temps ce prix sans l'obtenir.

Les créanciers sont alors obligés de procéder à une vente forcée qui comporte des délais indéfinis.

Les immeubles pouvant être grevés de charges connues et inconnues des tiers, les acquéreurs ne traitent jamais avec une entière confiance : ils ont toujours des inquiétudes. Il en résulte que tous les immeubles sont entravés dans leurs mutations, comme s'ils étaient tous engagés dans les liens du contrat de gage.

Les propriétés mobilières sont donc les seules qui circulent avec liberté ; aussi lorsque les capitaux se retirent dans les temps de crise, toutes les transactions se trouvent arrêtées.

Si les propriétés foncières étaient aussi facilement réalisables que les rentes sur l'état, le crédit ne serait pas dans la position alarmante où il se trouve maintenant.

L'immense valeur du sol jetée dans la circulation imprimerait aux affaires un mouvement extraordinaire.

Le contrat de gage sur immeubles est donc aussi attentatoire au crédit, et aussi anti-productif que le contrat de gage sur meubles.

Il nous sera facile de démontrer que ce contrat est en outre contraire aux principes de justice qui doivent régler les rapports des hommes entre eux.

Celui qui possède des immeubles non grevés d'hypothèques et qui jouit d'un crédit quelconque, ne commence pas par emprunter sur hypothèque ; il use d'abord de son crédit, en empruntant sur sa simple signature ; ensuite il emprunte par hypothèque, mais seulement lorsqu'il ne peut plus faire autrement. C'est ce que font surtout les commerçants.

Quelle est la véritable nature d'un pareil contrat? C'est un contrat onéreux pour le débiteur et pour ceux de ses créanciers qui n'ont pas demandé d'hypothèque.

Un propriétaire ne contracte d'emprunt, par hypothèque, que parceque la complication de notre système hypothécaire est un obstacle à ce que ses immeubles puissent être vendus de suite à leur juste prix ; si les immeubles étaient facilement réalisables, il se ferait fort peu d'emprunts par hypothèques.

Supposons par exemple un immeuble valant 20,000 fr., sur lequel on a consenti plusieurs hypothèques s'élevant à 16,000 fr.

Lorsque cet immeuble est vendu judiciairement, les frais de vente et d'ordre ne s'élèvent pas à moins de 4,000 fr. Le débiteur et ses créanciers ne retirent donc que 16,000 fr. d'une valeur 20,000 fr.

Si on eût pu vendre cet immeuble de suite, à son juste prix, eût réalisé 20,000 fr., et les créanciers n'eussent souffert aucu perte.

Si l'immeuble n'eût été grevé que de 8,000 fr. d'hypothèque on eût également fait pour 4,000 fr. de frais d'expropriation et d'o dre, et il serait revenu 8,000 fr. aux créanciers chirographaires; ma pour partager cette somme entre eux, il leur eût fallu dépens 2,000 fr. de frais de contribution, et attendre plusieurs années le dividende.

Ajoutons que, dans les ventes forcées, les immeubles sont rare ment vendus à leur véritable valeur.

Le créancier poursuivant, n'ayant en vue que son paiement, s'in quiète fort peu que l'immeuble soit mis en vente dans un temps inop portun, et qu'il soit livré à moitié de sa valeur.

Les emprunts hypothécaires sont donc injustes à l'égard de créanciers ordinaires, en ce qu'ils sont la cause d'un déficit qui tô ou tard retombe sur eux.

Dans l'exemple que nous venons de citer, si tous les créanciers eussent été égaux en droits, ils eussent vendu l'immeuble 20,000 fr., et peut-être plus, et se seraient partagé cette somme sans frais et sans délai : car les frais, les formes et les délais ne subsistent dans la législation acuelle que comme un moyen de protéger les droits des créanciers privilégiés ou hypothécaires.

Le principal inconvénient des emprunts hypothécaires est donc de donner lieu à des frais, à des formalités et à des délais qui, en définitive, ne portent préjudice qu'à des créanciers qui, le plus souvent, avaient contracté avec le débiteur avant les créanciers hypothécaires, et qui n'ont point été appelés lors de ces emprunts.

Sous un autre point de vue, l'hypothèque est un privilége accordé à un créancier d'être payé avant tout autre, quels que soient les frais qu'il faudra faire pour lui procurer son paiement, et nous avons vu que ces frais étaient toujours considérables.

Certes, c'est là un bien grand privilége!

D'après les principes généraux du droit, il ne peut être établi de privilége sur les biens du débiteur qu'en vertu de la loi, et non en vertu d'une convention. Comment le législateur a-t-il pu admettre une exception aussi grave que le droit de conférer une hypothèque; exception qui, à l'égard des immeubles, réduit à néant le principe général.

Comment peut-il être admis comme juste que celui qui a des créanciers chirographaires puisse, en l'absence de ces créanciers, donner à l'un d'eux le droit d'être payé intégralement sur un immeuble désigné, tandis que les autres ne seront payés qu'au marc le franc?

N'est-il pas souverainement injuste qu'il soit libre au débiteur de stipuler valablement que tel créancier sera payé et que tel autre ne le sera point?

Aussi il arrive que dans toutes les faillites les créanciers qui ont agi de confiance avec le débiteur voient tout son actif passer à des créanciers privilégiés ou hypothécaires.

Mais, dira-t-on, pourquoi avez-vous confié des valeurs sans demander d'hypothèques?

S'il était possible de supposer des relations commerciales, toutes basées sur des hypothèques, l'objection aurait quelque consistance; on aurait à s'imputer d'avoir fourni des valeurs sans demander d'hypothèques.

Mais c'est tout le contraire. Les commerçants sont dans la nécessité absolue de se confier réciproquement des valeurs considérables sans se demander de garanties.

Et lorsqu'il s'agit de prononcer entre ceux qui ont traité avec le débiteur lorsqu'il jouissait du crédit le plus étendu, et ceux qui ont traité avec lui lorsque ce crédit était tellement compromis qu'il ne trouvait à emprunter que sur hypothèque, c'est à ces derniers que le débiteur aura pu valablement abandonner tout son actif! Et les frais énormes qu'il faudra faire pour leur procurer leur paiement resteront en définitive à la charge des premiers!

Les créanciers hypothécaires auront le droit de faire vendre l'immeuble qui leur aura été donné en garantie, lorsqu'il leur plaira, même au plus vil prix, quand même il serait de l'intérêt de tous de conserver et d'exploiter cet immeuble, et d'attendre un temps plus favorable pour le vendre!

Non, un pareil état de choses n'est point conforme à la justic

Dans un large système de crédit, tel que celui dont nous es rons que la France jouira un jour, l'homme à qui on ne voud confier de valeurs que sur des garanties hypothécaires serait cela seul reconnu en état de déficit;

Il devrait alors s'empresser de se liquider, et il serait absolum inutile, pour retarder sa chute certaine, de lui accorder la faci d'hypothéquer son bien pour faire des emprunts : cette facu n'aurait d'autre effet que d'augmenter son déficit, et de créer des e traves à la prompte liquidation de son actif lorsque la faillite vie drait à se déclarer.

Il serait bien plus conforme à ses intérêts qu'il procédât de sui à sa liquidation, pour se livrer ensuite à d'autres travaux.

Dans une pareille position, un débiteur ayant la facilité de réal ser immédiatement ses immeubles à leur juste valeur, ne poura penser à les hypothéquer au lieu de les vendre.

Car nous partons de cette supposition, que le jour où les immeu bles ne pourront plus être grevés d'hypothèques, ils pourront êtr vendus aussi facilement que se vendent maintenant les rentes su l'état.

Les législateurs anciens et modernes qui ont essayé de maintenii le système des hypothèques sont passés d'un extrême à l'autre.

Sous l'ancien droit, tous les créanciers porteurs de titres authenti ques étaient, par cela seul, créanciers hypothécaires sur tous les immeubles du débiteur, et ils étaient payés dans l'ordre de la date de leurs titres.

On a bientôt reconnu que les créanciers qui se mettaient les derniers en rapport avec le débiteur se trouvaient ainsi sacrifiés aux premiers créanciers, dont ils ignoraient l'existence.

On eût concilié ces divers intérêts en ordonnant que tous les créanciers fussent indistinctement payés au marc le franc.

Les auteurs du code civil n'ont point admis ce principe; ils ont suivi une route tout opposée à celle tracée par leurs devanciers; ils ont posé en principe que les anciens créanciers non porteurs de titres conférant spécialement hypothèque sur un bien désigné ne seraient payés qu'après les créanciers, même les plus récents, qui se seraient fait consentir une hypothèque; et que ces derniers seraient payés dans l'ordre de l'inscription de leurs titres.

Mais comme les rédacteurs du code civil ont laissé subsister une foule de droits réels, non soumis à l'inscription, et cependant préférables aux créanciers hypothécaires, il en est résulté un désordre encore plus grand que sous l'ancien droit.

L'ancien droit ne garantissait à aucun créancier qu'il serait payé, et il l'était quelquefois avant tous, lorsqu'il se trouvait le premier en date.

Le nouveau droit promet aux créanciers hypothécaires qu'ils seront payés dans l'ordre de leur inscription, et très souvent il arrive qu'ils ne reçoivent rien.

C'est ce que nous croyons avoir établi dans un ouvrage ayant pour titre : *du Danger de prêter sur hypothèque et d'acquérir des immeubles* (1).

Le système hypothécaire actuel n'offre donc pas plus d'avantages que le système ancien, et, comme l'ancien système, il est un obstacle à la facile réalisation des immeubles ; car à chaque vente il faut remonter à l'origine des propriétés, et prendre mille précautions pour se garantir des troubles que l'on a à redouter de la part des anciens propriétaires ou de leurs créanciers.

Le système des hypothèques est imomral, en ce qu'il a pour effet de mettre en suspicion de mauvaise foi tous ceux qui n'ont pas à offrir un immeuble en garantie de leurs promesses.

Les hommes, voyant que la moralité et la bonne foi ne sont prises en aucune considération, et que l'on n'a de confiance qu'en ceux qui possèdent, emploient tous les moyens, quels qu'ils soient, pour arriver à la fortune.

Lorsque l'on réprimera sévèrement l'abus du crédit, par les moyens que nous avons indiqués dans notre sixième lettre, il sera inutile de conserver le moyen préventif du contrat de gage.

Et quand même la raison ne déterminerait pas à renoncer au système des hypothèques, on y serait forcé par la nécessité.

(1) Un volume in-8°. A Paris, chez Madame veuve Béchet, quai des Grands-Augustins, n° 57 bis.

Car maintenant même les hypothèques que l'on stipule n'ont une certaine valeur qu'autant que l'emprunteur est de bonne foi : lorsqu'il a de mauvaises intentions, il peut d'avance prendre des mesures pour rendre de nul effet l'hypothèque ou la vente qui paraîtra la plus solide au notaire le plus expérimenté.

Et si cela est, comme nous l'avons démontré dans l'ouvrage précité, que signifie un système hypothécaire dans lequel les contrats de prêt et de vente ne sont valables qu'autant que le veulent bien les propriétaires des biens qui sont l'objet de ces contrats ?

Nous le demandons : pour obtenir un résultat aussi éphémère, ne vaut-il pas mieux renoncer à une législation dont le seul effet positif est d'entraver la disposition des biens immeubles.

Tous les travaux qui ont été publiés sur le système des hypothèques n'ont eu pour résultat que de démontrer 1° que le système hypothécaire actuel ne présentait pas une véritable sécurité aux prêteurs et aux acquéreurs ; 2° que, pour qu'il pût leur présenter une sécurité complète, il faudrait adopter des dispositions législatives tellement compliquées qu'elles seraient presque impraticables.

Nous croyons que ce n'est pas sans raison qu'il n'a pas été donné à l'homme de résoudre ce problème.

Si on eût trouvé le moyen de constituer des prêts hypothécaires exempts de toutes chances de perte, que seraient donc devenus ceux qui n'ont pour tout bien que leurs talents ? Ils eussent donc été dans l'impossibilité de se procurer les capitaux nécessaires à tout travail ? Il n'y eût eu presque que les riches qui eussent pu travailler, et l'on sait qu'ils travaillent peu.

Si ceux qui possèdent eussent pu prêter leurs capitaux sans jamais être exposés à perdre, toutes les valeurs actives eussent donc fini par se concentrer dans leurs mains, au lieu de tendre à se répartir sur toutes les classes de la société.

On eût vu se former dans l'état une caste privilégiée, semblable à celle des gens de mainmorte, qui ne pouvaient qu'acquérir, sans jamais pouvoir se dessaisir d'aucun de leurs biens.

Et l'on sait quel sort est réservé aux peuples qui voient les richesses se concentrer entre les mains d'un petit nombre d'individus. La misère de ceux qui ne possèdent pas va toujours croissant ; ils sont réduits à recevoir d'humiliantes aumônes comme en Espagne, et tôt ou tard cet état de choses est brisé par de violentes commotions qui ébranlent tout le corps social. Les mesures que nous proposons ont pour objet de prévenir ces malheurs.

MOYENS DE MOBILISER LE SOL.

Puisque c'est une nécessité sociale que les hommes puissent se confier des valeurs sans être obligés de se demander des garanties matérielles, la législation doit protéger ces transactions d'une manière toute spéciale, parcequ'elles sont les plus nombreuses.

Elle ne doit pas permettre que des créanciers qui ont dû agir de confiance soient sacrifiés à des créanciers qui ne se sont mis en rapport avec le débiteur qu'au moment où son crédit était éteint.

Pour atteindre ce but, nous pensons que les dispositions suivantes devraient être adoptées :

Il serait interdit au débiteur de créer des priviléges ou hypothèques sur ses biens, au profit de certains créanciers, au préjudice d'autres créanciers.

Les immeubles actuellement grevés de priviléges ou hypothèques seraient, lors des premières ventes postérieures à la loi proposée, purgés de toutes charges, par l'accomplissement des formalités prescrites par le code dans ce but.

A l'avenir, les immeubles ainsi purgés seraient vendus exempts de toutes charges, comme le sont maintenant les rentes sur l'état.

Lors des ventes d'immeubles, les notaires rempliraient les mêmes fonctions que les agents de change pour les rentes sur l'état, et les agents du cadastre et des contributions directes, les fonctions des direceteurs de la dette inscrite.

Il serait établi un grand nombre de bourses où il serait procédé à l'amiable à la vente des biens immeubles.

Il ne serait plus permis de fonder des majorats. Les femmes pourraient constituer en dot les immeubles qui pourraient leur appartenir ou leur échoir par succession, et dans ce cas, il serait fait mention de la dotalité, en marge des titres de propriété délivrés à cet effet par l'autorité compétente.

On tendrait cependant à abolir insensiblement le principe de l'i aliénabilité de la dot.

Dans notre prochaine lettre, nous justifierons les moyens que nou proposons pour mobiliser le sol, nous indiquerons les avantages qu pourront résulter de ce changement dans la constitution de la pr priété, et nous essaierons de réfuter à l'avance les objections qu pourraient être faites contre l'adoption de nos principes.

NEUVIÈME LETTRE*.

DE LA MOBILISATION DES PROPRIÉTÉS FONCIÈRES.

JUSTIFICATION DES MOYENS PROPOSÉS DANS NOTRE DERNIÈRE LETTRE POUR MOBILISER LE SOL.

A l'occasion du concours ouvert par M. Casimir Périer pour la réforme du régime hypothécaire, nous avons publié sur ce sujet des vues d'amélioration qui diffèrent en tous points de celles que nous indiquons aujourd'hui.

Ce concours n'est pas encore jugé, et cependant nous n'hésitons pas à publier le tribut de nos dernières méditations sur ce grave sujet. Nous croyons en cela donner une preuve irréfragable de la profonde conviction qui nous porte à embrasser les principes nouveaux que nous émettons.

Nous avions d'abord pensé que le système des hypothèques perfectionné pourrait faire la base d'un bon système de crédit: maintenant nous croyons que le meilleur système hypothécaire sera toujours un obstacle à la libre réalisation des immeubles, et nous n'hésitons pas à demander que les immeubles ne puissent à l'avenir être grevés d'aucun droit réel ou hypothécaire, pour que le sol puisse facilement changer de mains.

Et en cela nous ne croyons pas être en contradiction avec nous-même, nous pensons seulement avoir donné une meilleure solution au problème qui est à résoudre.

* Extrait du *Globe* du 6 mai 1831.

Cette solution paraîtra d'autant plus satisfaisante qu'il y a dans la législation actuelle des précédents de l'application de ce que nous proposons.

Les rentes sur l'état sont, à très peu de chose près, constituées comme nous voudrions voir constituer la propriété foncière.

A l'égard des commerçants, la législation qui régit les rentes sur l'état est conforme à la plus rigoureuse justice :

Les rentes sur l'état ne peuvent être données en gage (1).

Un créancier isolé ne peut saisir les rentes de son débiteur pour s'en appliquer seul le produit, à l'exclusion des autres créanciers.

Mais lors de la faillite ou du décès du débiteur, ses rentes sont vendues, et le prix en est distribué au marc le franc entre tous les créanciers.

Si telle était la constitution des rentes sur l'état, à l'égard de tous les citoyens, elle serait certainement très sage, mais ici se retrouve encore la partialité que nous avons remarquée dans toutes nos lois en faveur des non-commerçants :

Lorsqu'un non-commerçant cesse ses paiements, comme il ne peut être mis en faillite, et que ses rentes ne peuvent être saisies, il en résulte qu'il peut jouir impunément d'une grande fortune, sans jamais pouvoir être forcé de payer ceux qu'il a dépouillés pour s'enrichir.

Le non-commerçant qui a des rentes sur l'état peut afficher le luxe le plus insultant, tandis que ses créanciers périssent de misère.

Cet état de choses cessera lorsque les non-commerçants pourront être mis en faillite comme les commerçants.

Alors la constitution des rentes sur l'état sera la plus belle institution qui ait jamais été imaginée ; elle servira de modèle pour la constitution de toutes les autres propriétés, et tout deviendra facile dans les transactions.

Voici comment les choses se passeront.

Aucun créancier ne pourra se faire consentir de privilége sur les biens d'un débiteur, au préjudice d'autres créanciers.

(1) Une loi de cette année a autorisé à donner en gage des rentes sur l'état, mais cette loi est si attentatoire au principe constitutif des rentes sur l'état, que nous ne la considérons que comme très provisoire.

Aucun créancier ne pourra faire vendre tout ou partie des biens du débiteur pour s'en appliquer seul le produit, en l'absence des autres créanciers.

Le débiteur aura la libre disposition de tous ses biens jusqu'à sa faillite.

Mais après la faillite il en sera dessaisi, et ses créanciers en disposeront comme ils le jugeront convenable.

Ils pourront d'autant mieux réaliser l'actif qui restera à partager, que cet actif n'aura pu être embarrassé dans les liens du contrat de gage.

Si le failli possède quelques créances, elles pourront être facilement réalisées; les mêmes facilités ayant lieu pour la liquidation de toutes les faillites.

S'il se trouve quelques créances litigieuses dans son actif, les difficultés auxquelles elles donneront lieu seront jugées dans le plus bref délai (1); et par suite de ces diverses combinaisons tout se résoudra facilement.

Sous l'empire d'une telle législation il n'y aura jamais de faillite présentant un actif supérieur au passif, car le débiteur pouvant toujours réaliser toutes ses valeurs, il paiera presque jusqu'au dernier moment.

Il y a dans nos lois actuelles d'autres précédents de ce que nous proposons d'établir.

Les domaines nationaux qui ont été vendus pendant la première révolution ont été déclarés exempts de toutes charges ou droits réels antérieurs aux adjudications.

L'état a senti que, si ces biens restaient grevés des droits anciens dont ils pouvaient être la garantie, il serait très difficile de les livrer à la circulation.

Les domaines actuels de l'état ne peuvent être l'objet d'aucune hypothèque, aussi lorsqu'ils sont mis en vente les acquéreurs ne manquent pas.

Les immeubles qui dépendent de sociétés formées par actions

(1) Notre cinquième lettre traite de la simplification des formes judiciaires.

se trouvent aliénés par la seule transmission de ces actions, il en résulte que tout l'actif de ces sociétés est toujours facile à réaliser.

Les législations qui se sont succédé sur cette matière ont toujours tendu vers le but que nous indiquons.

Sous l'ancien droit il y avait tant de cas d'inaliénabilité, que les biens immeubles restaient comme inféodés entre les mains d'un petit nombre d'individus.

Il y avait des corporations de main-morte, qui avaient le droit d'acquérir sans pouvoir vendre.

Ces corporations étaient un obstacle à la mobilisation du sol : elles ont été abolies.

Un propriétaire pouvait léguer ses biens, sous la condition qu'ils seraient inaliénables pendant plusieurs générations. C'est ce que l'on appelait léguer par *substitution.*

Les substitutions étaient un obstacle à la mobilisation du sol : elles ont été abolies, même au préjudice des générations au profit desquelles elles avaient été stipulées.

Il est vrai qu'une loi rendue sous la restauration a permis de nouveau de fonder des substitutions ; mais nous considérons cette loi rétrograde comme devant être incessamment abrogée.

Il y a encore des biens inaliénables : tels sont les immeubles déclarés dotaux, et les biens constitués en majorats. Nous croyons que ces biens ne tarderont pas à être rendus à la circulation, car nous considérons la facile transmission des biens comme une des conditions les plus essentielles de la prospérité du pays.

A l'égard des biens qui ne sont ni dotaux ni constitués en majorats, ils sont encore frappés d'une espèce d'inaliénabilité.

Comme ils sont la garantie d'une foule d'anciens droits réels connus ou inconnus, ils ne peuvent être vendus qu'avec des formes compliquées et dispendieuses ; les expropriations et les ordres sont interminables.

Ces formes sont un obstacle à la mobilisation du sol ; elles doivent également disparaître de notre législation.

Elles disparaîtront le jour où les immeubles ne pourront plus être soumis à des droits réels ou hypothécaires.

AVANTAGES DE LA MOBILISATION DU SOL.

La mobilisation du sol aura ce résultat très positif pour les propriéaires actuels, de faire augmenter considérablement la valeur capiale de leur sol.

Si les rentes sur l'état, qui n'ont point de base matérielle, sont cependant parvenues à un prix si élevé sous la restauration, ce n'est ue parcequ'elles sont faciles à réaliser.

Le sol ne pouvant périr, combien son prix n'augmentera-t-il pas e jour où il pourra être aussi facilement réalisé que les rentes sur 'état!

Et d'un autre côté, qu'on se figure le mouvement que pourra mprimer aux affaires la mise en circulation d'une valeur qui, sans xagération, peut être estimée à plus de 50 milliards.

Le sol mobilisé donnera naissance à une multitude de combinaisons financières qui favoriseront le développement de l'industrie.

Maintenant le sol, enlacé dans les liens du contrat de gage, ne peut faire la base d'aucune institution de crédit. Les tentatives faies jusqu'à ce jour dans ce but ont toutes échoué devant la difficulté oujours renaissante de réaliser, dans un temps donné, les immeules sur lesquels on a voulu opérer.

Maintenant nous avons si peu de valeurs vraiment circulables, que e moindre évènement politique paralyse toutes les relations induselles.

La prospérité du pays s'est accrue à mesure que les biens immeules ont été débarrassés des entraves qui s'opposaient à leur facile éalisation.

Lorsque les immeubles étaient inféodés dans les familles nobles, titre d'apanages ou de majorats, ces immeubles étant inaliénables, s seigneurs se livraient à des prodigalités de toute espèce; ils aient presque tous perdus de dettes; il était impossible de les ntraindre à se libérer; ils jouissaient noblement de leurs biens, ndis que leurs créanciers, ne pouvant obtenir le paiement de ce i leur était dû, se trouvaient dans la nécessité de se constituer en at de faillite; et à cette époque les faillites imprimaient un déshonneur éternel à des malheureux qui le plus souvent n'avaien se reprocher que d'avoir accordé leur confiance à des hommes (ne la méritaient pas.

Depuis que cet état de choses a cessé, depuis la suppression d corporations de main-morte et l'abolition des substitutions, l'agi culture et l'industrie ont fait des progrès immenses.

En abolissant le système des hypothèques, qui est un dernier ol stacle à la libre transmission des immeubles, on ouvrira de nouve les sources de richesses au pays.

Comme on ne pourra plus confier de capitaux sur des garantic matérielles, on sera obligé d'accorder sa confiance à des hommes mo raux et consciencieux. D'abord on n'accordera de crédit qu'à ceu qui possèderont quelques biens, mais on aura soin de s'assurer lorsqu'ils demanderont à emprunter des capitaux, s'ils sont capa bles de les faire valoir avec avantage; tandis que maintenant celui qui offre une garantie matérielle, quelque incapable qu'il soit, obtient un crédit proportionné aux garanties qu'il présente; il en résulte de mauvais travaux, et une mauvaise direction dans la production.

On s'habituera insensiblement à prendre la moralité et la capacité pour base du crédit, et l'on confiera des capitaux aux hommes dans lesquels on reconnaîtra des talents, quoiqu'ils soient sans fortune.

L'abolition du système des hypothèques aura en outre pour résultat de rendre les faillites moins ruineuses pour les créanciers.

Elle forcera les débiteurs à se liquider précisément au moment où leur crédit commencera à s'altérer. Les déficits seront dès lors beaucoup moins considérables que par le passé.

Car lorsqu'un commerçant n'a plus de crédit, et qu'il se trouve en déficit, l'honneur lui ferait un devoir d'arrêter le mal dans sa source, en se liquidant, pour se livrer ensuite à d'autres travaux.

Mais c'est tout le contraire qui a lieu maintenant. Par exemple, celui qui est en déficit de 50 p. 100, s'il possède pour 50,000 fr. d'immeubles, formant son seul actif, il les hypothèque pour contracter des emprunts. Il continue souvent la même opération qui a été la cause de son premier déficit. Le produit de ces emprunts est bientôt compromis; il est obligé de se constituer en faillite, et il n'a rien à offrir à ses créanciers.

Si, au contraire, ce commerçant n'eût pas pu faire d'emprunts hypothécaires, il eût été obligé de s'arrêter au moment où il avait perdu son crédit, et il eût eu 50,000 fr. à offrir à ses créanciers.

On voit clairement que l'abolition du système des hypothèques aura réellement pour effet de faire obstacle à ce qu'un débiteur en déficit et en discrédit puisse continuer une entreprise ruineuse pour lui et pour ses créanciers : il sera forcé de se liquider avant que tout son actif ait été entièrement dévoré.

Il est facile de comprendre combien un pareil résultat serait avantageux pour le commerce.

Car les faillites, présentant toujours un dividende plus ou moins considérable, n'influeront pas, comme maintenant, sur le sort des créanciers, au point d'entraîner leur propre ruine et de provoquer ainsi une longue suite de désastres.

De nos jours, il n'est pas rare de voir une première faillite être le prélude de plusieurs autres faillites, dans lesquelles on n'offre presque rien aux créanciers.

De pareils faits ne se présenteraient plus si les principes que nous émettons étaient appliqués.

D'une part, la faillite serait toujours déclarée avant que la ruine du débiteur fût entièrement consommée, et, d'autre part, toute cause de préférence disparaissant entre les créanciers, chacun d'eux serait exposé à des chances de pertes bien moins graves que celles qui menacent maintenant les créanciers ordinaires.

On nous a assuré qu'en l'an VII, lorsque la France a essayé de mobiliser son sol, l'Angleterre a fait des sacrifices immenses pour empêcher la réalisation de ce projet.

Elle prévoyait que nous serions la plus grande puissance financière et industrielle, le jour où la valeur immense de notre sol serait aussi disponible entre nos mains que les innombrables billets de banque qui font la richesse de l'Angleterre.

La tentative faite en l'an VII a échoué parcequ'on a voulu mobiliser des hypothèques, tandis que c'est le sol lui-même qu'il fallait mobiliser, et l'on ne pouvait obtenir ce résultat qu'en renonçant système des hypothèques.

Réponse aux objections qui peuvent être faites contre la mobilisation du sol.

Peut-être dira-t-on que c'est porter atteinte à la liberté de tran. action que de défendre le contrat de gage.

Quoiqu'il soit dit dans la loi que le propriétaire a le *droit d'user d'abuser de sa chose*, cependant ce principe a été successivement m difié.

On pouvait autrefois donner un immeuble, à la charge de le con server à plusieurs générations.

Cette espèce de contrat a été abolie, et même avec effet rétroactif au préjudice des générations en faveur desquelles de pareilles dona tions avaient été faites avant la loi qui a prononcé cette abolition.

Le prêt sur gages mobiliers est un contrat, et cependant il est défendu de prêter habituellement sur gages mobiliers.

Il semblerait, au premier aspect, qu'on devrait être libre d'emprunter à 15 ou 20 p. 100, et cependant ces prêts sont punis par des peines correctionnelles.

La puissance du législateur n'a pas d'autre borne que la justice. S'il est prouvé que les emprunts hypothécaires sont attentatoires aux droits acquis des créanciers ordinaires, et qu'ils sont un obstacle à la facile transmission des propriétés immobilières, et par suite nuisibles au développement du crédit, il faudra bien se résoudre à renoncer au système des prêts sur hypothèques.

Mais on ne pourra plus emprunter si l'on ne peut plus offrir de garanties matérielles.

Nous avons déjà fait connaître que les garanties matérielles ne pouvaient jamais être exemptes de toutes chances de perte, et que même elles pouvaient devenir insignifiantes si telle avait été la volonté de l'emprunteur en les stipulant.

Dans un ordre de choses où les immeubles pourraient être facilement réalisés, le propriétaire qui ne cultiverait pas aurait toujours plus d'intérêt à vendre qu'à emprunter ; il n'emprunte maintenant que parcequ'il ne peut pas vendre de suite.

Le propriétaire qui cultiverait lui-même aurait d'autant plus de crédit qu'on le verrait possesseur d'un immeuble qu'il pourrait vendre facilement en tout ou en partie, s'il était embarrassé dans ses affaires.

Entre commerçants, il se fait très peu de transactions sur hypothèques, parceque tout doit se résoudre par la faillite, et qu'en cas de fraude, des peines très sévères sont prononcées.

Nous concevons, par exemple, qu'en cas de faillite l'emprunteur qui en aurait imposé sur sa véritable situation lors du prêt devrait être considéré comme banqueroutier frauduleux.

En comparant les deux ordres de choses, on verra facilement que celui que nous proposons est préférable.

Lequel vaut mieux pour un prêteur,

Ou d'avoir une hypothèque,

Sans certitude mathématique du rang de cette hypothèque ;

Sans moyens de réaliser promptement l'immeuble hypothéqué ;

Sans contrainte par corps,

Et sans moyens de faire punir criminellement la fraude commise envers lui ;

Ou de ne pas avoir d'hypothèque,

Mais de pouvoir contraindre le débiteur à vendre son immeuble sans délai ;

De pouvoir le faire arrêter, pour le forcer à réaliser ou à rendre compte des capitaux qui lui ont été confiés,

Et de pouvoir toujours le faire punir criminellement, en cas de fraude.

Il nous semble qu'il n'y a pas à hésiter entre ces deux conditions : des moyens répressifs certains sont bien plus efficaces que des moyens préventifs incertains.

Le débiteur pourra réaliser ses immeubles et en dissiper le prix.

Dans ce cas il devra rendre compte de ce prix, et, s'il est démontré qu'il l'a détourné, il sera condamné comme banqueroutier frauduleux.

Il supposera des dettes.

Il faudra encore, dans ce cas, qu'il dise ce qu'il aura fait du montant de ces dettes supposées, et, si ses explications ne sont pas satisfaisantes, il sera considéré comme banqueroutier frauduleux.

Il réalisera et fuira à l'étranger.

Mais ceci rentre encore dans le cas de la banqueroute frauduleuse.

Parmi les débiteurs qui faillissent maintenant, c'est le plus petit nombre qui fuit.

On ne pourra plus vendre d'immeubles à crédit.

On vendra à crédit si on a confiance dans l'acheteur, sinon on exigera le prix comptant.

Les rentes sur l'état ne se vendent qu'au comptant.

Maintenant on ne peut vendre un immeuble comptant, à cause des délais que comportent les formalités à remplir pour régulariser la vente.

CONCLUSION.

De toutes les mesures que nous avons proposées, la mobilisation du sol serait peut-être celle qui aurait le plus d'influence sur la prospérité du pays.

Les propriétaires fonciers auraient un grand intérêt à la seconder, parceque ce sont eux qui en recueilleraient le premier bienfait, les propriétés devant nécessairement augmenter de valeur le jour où elles pourront être facilement réalisées.

Il ne peut rien se faire de bien en politique qui ne profite à tous.

Et ce qui est fait en faveur de l'industrie a surtout cet effet.

Que les partis se rallient donc à une pensée unique et positive : l'amélioration du sort de l'industrie.

Tant que les chefs de l'industrie seront seuls exposés à toutes les chances de perte que présente l'état social actuel, la crise ira toujours croissant. La misère commune sera une cause perpétuelle d'agitations et de désordres.

Sans doute il est bien de chercher à calmer l'effervescence populaire en attendant que l'on ait porté remède aux maux des classes qui souffrent; mais il serait mieux encore d'appliquer sans délai un remède, quel qu'il fût.

Ce qui sera fait en faveur des chefs de l'industrie sera fait en faveur de la classe ouvrière, et lorsque cette classe aura du travail elle rentrera dans l'ordre.

Nous pensons que désormais, même en supposant le calme rétabli, il sera impossible que l'industrie reprenne son action sous l'empire de lois qui l'ont dépouillée de toutes ses richesses.

A des temps plus ou moins éloignés, il arrive que des lois qui avaient d'abord suffi à la prospérité d'un peuple cessent d'être en harmonie avec le développement de sa civilisation, et, tant que des lois nouvelles ne sont point données au peuple qui se trouve plus avancé que ses lois, il n'y a pour lui que désordres et catastrophes.

Aussi l'on a vu que d'abord les lois françaises ne consistaient que dans de simples coutumes que la tradition avait recueillies.

Après un premier progrès, ces coutumes ont été insuffisantes pour régler les rapports sociaux; elles ont fait place au droit écrit.

En 1789, les rapports se multipliant de provinces à provinces, la civilisation ne pouvait plus se contenter de lois qui changeaient avec les limites des provinces; des lois communes étaient le besoin du temps.

Tant que ces lois n'ont pas été données, la France n'a cessé d'être déchirée. Napoléon publia ses codes, et un ordre meilleur présida aux transactions.

Nous considérons les codes publiés par Napoléon comme la base de sa puissance.

Mais depuis ces codes la France a fait encore de nouveaux progrès. L'industrie a pris un immense développement : elle se présente comme destinée à exercer une grande influence politique.

Dans cette position, les citoyens ne peuvent continuer à être divisés en deux castes, les commerçants et les non-commerçants; les commerçants ne peuvent plus vivre sous une législation différente de celle qui régit les non-commerçants.

Il faut qu'une même loi régisse tous les Français, sans quoi les commerçants, qui vivent sous la loi la moins favorable, seront to jours victimes des non-commerçants; ils se verront successiveme dépouillés de toutes leurs richesses.

Et, plus on tardera à changer cet état de choses, plus ces dernie seront obligés de faire des sacrifices; et, dans cette lutte inégale, c sacrifices tendront à consommer leur ruine.

Le jour où la plainte de l'industrie aura été entendue, les mau du peuple seront calmés : le peuple bénira celui qui aura apais ses douleurs; il lui prêtera sa force, et le gouvernement qui aur une pareille force, quel qu'il soit, n'aura rien à redouter à l'intérieu et à l'extérieur : il trouvera dans le bien-être des travailleurs, qu forment toujours la classe la plus nombreuse, une garantie d'ordr bien autrement puissante que celle qu'on s'épuise à chercher aujour d'hui dans des règlements de police ou dans des lois martiales.

Et qu'on ne dise pas qu'on ne peut rien faire en faveur de l'industrie, au milieu des combinaisons politiques qui agitent toutes les nations.

Napoléon était en guerre avec toute l'Europe lorsqu'il a publié ses codes.

Dans notre prochaine lettre nous ferons connaître quelle sera l'influence de la mobilisation du sol et de la création de *Banques* libres sur la destinée sociale.

DIXIÈME LETTRE*.

INFLUENCE DE LA MOBILISATION DU SOL ET DE LA CRÉATION DE BANQUES LIBRES SUR LA DESTINÉE SOCIALE.

Nous l'avons déjà dit, toute législation fondée sur les vrais principes de l'économie politique doit tendre à rendre les richesses du pays aussi circulables dans le corps social, que le sang dans les veines de l'homme. Plus les valeurs actives pourront être facilement réalisées et échangées, et plus le bien-être commun fera de progrès.

Les immeubles pouvant facilement changer de mains, leur valeur capitale augmentera considérablement; et, sous ce rapport, les propriétaires actuels seront intéressés à ce qu'ils soient mobilisés. Mais, au bout d'un certain temps, les titres de propriété acquerront une telle solidité, leur facile réalisation offrira tant d'avantages, et, par suite, leur prix sera si élevé, qu'ils ne rapporteront presque aucun revenu à ceux qui les possèderont sans les cultiver. Celui qui aura des titres de propriété dans son portefeuille sera presque dans la même position que celui qui conserve maintenant entre ses mains une grande quantité de billets de banque, qui lui présentent toute solidité, mais qui, à raison de leur facile réalisation, ne produisent aucun intérêt.

Ces combinaisons, secondées par d'autres que nous expliquerons dans d'autres lettres, tendront à faire baisser progressivement l'intérêt des capitaux confiés aux travailleurs. Maintenant celui qui,

* Extrait du GLOBE du 7 juin 1831.

prête des capitaux à un travailleur obtient, sous le nom d'intér une part plus grande que le travailleur lui-même dans le produit l'exploitation de ces capitaux, ce qui est souverainement injust celui qui fait sortir de la matière une nouvelle production doit av une plus grande part dans cette production que l'oisif qui ne fait q prêter la matière première.

Ceux qui possèderont des immeubles, n'en tirant presque aucu revenu, ne voudront pas vivre sur leur capital; ils chercheron quelque combinaison qui puisse leur produire un revenu plus élevé et ils la trouveront dans la création des banques libres. Ils réaliseron le prix de leurs immeubles et le confieront aux banques qui leu présenteront le plus d'avantages. Mais à mesure que ces banques elles-mêmes acquerront du crédit, elles ne voudront recevoir de capitaux que moyennant un intérêt très faible. Avant la révolution de juillet, il y avait en Hollande et même en France des maisons de banque qui ne consentaient à recevoir des capitaux que moyennant un intérêt de 1 ou 2 pour 100 au plus.

Les propriétaires oisifs de capitaux, non contents d'un intérêt si faible, seront réduits à cette option, ou de vivre sur leurs capitaux, ou de les donner aux banques, à des conditions viagères, sur leur tête et sur celles des personnes qui leur seront chères.

Le jour où l'intérêt sera abaissé à un point tel qu'un capital ne pourra produire de revenu qu'en le donnant à fonds perdu, ce jour-là la succession sera presque abolie, puisqu'il ne restera presque rien pour les héritiers de ceux qui auront ainsi abandonné leurs capitaux aux banques, moyennant de simples rentes viagères.

L'abaissement de l'intérêt se fera de plus en plus sentir à mesure que des titres de propriété seront convertis de titres nominatifs en titres au porteur; car, comme il n'y a pas de titres plus réalisables que les titres au porteur, le capital de ces derniers augmentera précisément en raison de cette facile réalisation, et produira dès lors moins d'intérêt; le cours des titres au porteur influera sur celui des titres nominatifs, et l'abaissement de l'intérêt deviendra commun à ces deux espèces de titres.

Ces résultats, que nous annonçons, devront nécessairement avoir lieu, parcequ'en même temps qu'ils sont favorables à l'intérêt du plus grand nombre, ils sont conformes à l'intérêt de la minorité qui possède : providentiellement, tout ce qui tend à améliorer le sort des masses est dans l'intérêt des classes privilégiées ; c'est ce qui fait que toutes les améliorations peuvent s'effectuer sans secousses, par les seules voies progressives, à mesure qu'il est démontré qu'elles sont conformes à l'intérêt de tous : et ce qui le prouve, c'est que la mobilisation du sol, par exemple, qui doit un jour diminuer l'influence des oisifs, sera d'abord favorable à ceux qui possèdent maintenant, en ce que l'abaissement de l'intérêt ne devant pas s'effectuer immédiatement sur toutes les valeurs, ils profiteront de l'augmentation qui aura lieu sur leur capital, et cela suffit pour qu'ils désirent la mobilisation du sol, et pour que dès lors elle ait lieu.

C'est ce qui aura lieu lors de la transition de toute mesure ayant pour objet de mobiliser quelques unes des propriétés qui font la richesse du pays.

La législation doit donc être combinée de manière à seconder la création des titres au porteur.

Un des grands moyens d'obtenir ce résultat, ce sera d'asseoir des impôts sur les titres nominatifs, en laissant les titres au porteur libres de toutes charges.

Cette mesure aura les résultats suivants :

L'intérêt des titres au porteur baissant toujours, les capitaux exprimés dans ces titres finiront par devenir la propriété des banques, par suite de l'abandon qui leur en sera fait par des traités viagers.

A l'égard des titres nominatifs, les capitaux exprimés dans ces titres seront frappés de droits élevés, lors des mutations gratuites, entre-vifs ou par décès, auxquelles ils donneront lieu. Les produits de ces droits constitueront dans les mains du gouvernement un capital immense dont la destination est bien facile à prévoir.

L'excédant des recettes sur les dépenses de l'état pourra être employé à fonder une banque nationale qui secondera les grandes entreprises en confiant ses capitaux à un taux très faible. L'existence de cette banque sera une concurrence redoutable pour les banques libres ; elle les mettra dans la nécessité de confier aussi leurs capitaux aux travailleurs, à des conditions très douces. Cette banqu véritablement nationale, aura d'autant plus de prépondérance sur l autres banques, que ce sera elle qui, pouvant faire les meilleures coi ditions, escomptera le papier de ces banques; cette position lui doi nera une autorité immense sur ces établissements; car l'institutio qui peut faire le plus de bien à l'humanité est celle qui a la pl grande autorité.

La banque nationale, usant de son ascendant salutaire, pourra imprimer aux autres banques une direction qui aura pour but d'établir une balance entre la production et la consommation. Selon qu'elle croira ou ne croira pas à l'utilité de telle ou telle production, elle créditera ou ne créditera pas les banques qui auront pour objet de seconder ces productions, et elle fera ainsi obstacle aux productions imprévoyantes qui sont maintenant une des principales causes des crises commerciales qui se renouvellent sans cesse.

La banque nationale étant celle qui présentera le plus de solidité, c'est à elle que les particuliers préfèreront confier leurs capitaux : maintenant même c'est l'état qui est encore considéré comme le meilleur débiteur.

Par suite de ces diverses combinaisons, le capital de la banque nationale augmentant sans cesse, elle sera de plus en plus à même de procurer aux travailleurs les plus capables les capitaux qui leur seront nécessaires pour exercer toute espèce d'industrie : car nous avons fait connaître, dans notre 4e lettre, qu'il y aurait des banques spéciales pour seconder le développement de chaque branche spéciale d'industrie.

AVANTAGES DE CET ÉTAT DE CHOSES.

Le résultat le plus important de cet état de choses sera de transporter presque toute l'action du gouvernement dans la banque nationale et dans les banques libres qui en dépendront : car, aux yeux des peuples, c'est gouverner que de donner une grande impulsion aux travaux de tous genres.

Quel amour les peuples peuvent-ils avoir pour un pouvoir qui est indifférent pour tout ce qui les touche individuellement, qui ne se présente à eux que comme un collecteur d'impôts, qui avoue qu'il n'a aucune mission pour s'occuper de leur bien-être, et qui croit qu'il n'a d'autre devoir à remplir envers eux que d'assurer l'exécution du principe *laissez faire, laissez passer.*

Que dirait-on des directeurs d'une société de travailleurs qui s'empareraient des produits de la société à mesure qu'ils seraient confectionnés, et qui, après avoir réduit les travailleurs à la misère et au désespoir, en les voyant se déchirer entre eux pour se soustraire à des maux communs, diraient qu'*il faut les laisser faire?*

Le jour où les banques, réunissant entre leurs mains presque tous les capitaux, seront chargées de les confier aux travailleurs les plus habiles, alors ce sera déjà le règne de la capacité : tout individu qui sera en état de produire quelque chose d'utile trouvera dans les banques le crédit qui lui sera nécessaire pour faire valoir sa capacité.

Lorsque la banque nationale sera en possession de presque toutes les richesses, elle fondera de grandes entreprises agricoles-modèles, elle rapprochera les distances en sillonnant le sol d'une multitude de canaux et de chemins de fer; elle fera tout ce que les citoyens les plus riches ne peuvent faire, étant réduits à leurs seuls moyens individuels. Enfin elle sera de fait le *gouvernement* sous le rapport industriel.

L'intérêt qu'elle prélèvera sur les travailleurs suffira pour couvrir toutes les dépenses de l'état, sans qu'il soit nécessaire d'avoir recours à aucun autre système d'impôt.

Comme ce sera des banques que les travailleurs tiendront leur bien-être, ils suivront avec reconnaissance toutes les directions que la banque nationale croira utile d'imprimer à tous les travaux, pour assurer la balance de la production et de la consommation, et faire obstacle aux maux qui sont maintenant la conséquence des déchirements de la concurrence.

Car lorsque tous les producteurs conserveront une plus grande part dans le produit de leurs travaux, ils pourront consommer une foule de choses qui rendent la vie plus douce, et qui ne sont maintenant réservées qu'à des classes privilégiées.

Dans ce moment il ne manque pas de malheureux qui voudraient acheter les draps, les toiles, les vins entassés dans les magasins du commerce; mais comme ils peuvent à peine suffire à leur existence avec ce qu'ils gagnent par leur travail, ils sont obligés de se priver de ces objets; s'ils gagnaient davantage, ils procureraient à l'instant même l'écoulement de toutes les marchandises sans emploi, et c'est ainsi que se trouverait résolu le problème de la balance de la production et de la consommation.

Dans un état de choses où les produits seront continuellement consommés, la concurrence n'aura aucun des effets désastreux qu'elle offre maintenant. La concurrence n'est funeste aux travailleurs que lorsqu'il n'y a, comme dans l'état actuel, aucune proportion entre la production et la consommation. Les richesses étant concentrées entre les mains d'un petit nombre d'individus, qui seuls consomment les produits autres que ceux de première nécessité, lorsque l'un de ces produits est demandé, il se présente cent, mille travailleurs prêts à le fournir au plus bas prix. Si ces travailleurs étaient eux-mêmes dans le cas de consommer ce produit, la demande qu'ils en feraient en éléverait le prix, et tous s'en trouveraient mieux.

Ainsi, on le voit, le grand moyen de solution de toutes ces difficultés c'est de faire en sorte que les travailleurs aient une plus grande part que maintenant dans les produits de leur travail, pour qu'ils puissent être élevés à la qualité de consommateurs, pour qu'il y ait balance entre la production et la consommation; et, par suite, pour faire cesser les inconvénients actuels et transitoires de la concurrence.

L'abaissement de l'intérêt a pour résultat immédiat de laisser au travailleur la majeure partie de tout ce qui est maintenant prélevé sur lui sous le titre d'intérêt, de fermage ou de loyer.

La mobilisation du sol et la création des banques que nous concevons sont des moyens certains de faire baisser l'intérêt des capitaux.

Ces mesures seront donc extrêmement favorables aux classes les plus *nombreuses* et les plus *pauvres*.

Elles seront en même temps favorables à l'intérêt de la minorité qui possède : l'augmentation qui surviendra dans la valeur capitale des biens immeubles mettra les propriétaires qui sont grevés d'hypothèques dans le cas de se libérer et de rester encore possesseurs d'une partie du prix de leurs biens. Car tandis que le capital de ces biens augmentera, le chiffre de leurs dettes restera le même; il leur sera dès lors facile de se libérer, et certes ce résultat n'est pas à dédaigner par les propriétaires actuels.

RÉPONSE A QUELQUES OBJECTIONS QUI POURRONT ÊTRE FAITES CONTRE CET ÉTAT DE CHOSES.

Peut-être pourra-t-on nous dire :

« Celui qui aura amassé un capital important, et qui ne voudra plus le faire valoir par lui-même, ne pouvant en retirer qu'un très faible intérêt, sera réduit à cette alternative, ou de vivre sur son capital, ou de l'abandonner à la banque nationale, moyennant une rente viagère.

» Dans l'un et l'autre cas il ne laissera rien ou presque rien à ses enfants. »

Ce résultat est précisément celui que nous désirons obtenir.

La justice veut que celui qui a travaillé puisse avoir une existence assurée pour le temps où il se reposera.

La justice ne demande pas que le fils oisif d'un père laborieux soit nécessairement aussi heureux pendant toute sa carrière que le père l'a été sur la fin de la sienne.

Soit que le père vive sur son capital, soit qu'il transforme son capital en une pension viagère, le père obtient ce qu'il était juste que son travail lui procurât : une EXISTENCE HONORABLE pendant ses travaux, et une RETRAITE convenable au jour du repos.

Si le fils est capable de faire quelque chose, il trouvera dans les banques tout le crédit qui lui sera nécessaire pour exercer sa capacité : il sera *crédité selon sa capacité*, et par suite, il fera des *gains proportionnés à* SES OEUVRES. Le crédit qui lui sera accordé lui procurera des avantages bien supérieurs à ceux qu'eût pu lui assurer la plus riche succession.

Si le fils est incapable de rien faire, ce serait vainement que le père lui laisserait des capitaux aussi faciles à réaliser que ceux que nous concevons. Ce fils les dissipera, ou les fera passer sans discernement dans des mains aussi improductives que les siennes ; tandis que si ces capitaux retournent à la banque nationale, la banque, par l'intermédiaire des banques libres, les confiera aux hommes le plus capables de les faire fructifier. C'est ainsi que se trouvera réalisé le principe que *chacun doit être classé suivant sa capacité* et *rétribué suivant ses œuvres.*

Si l'on s'attriste sur le sort du fils incapable d'un père laborieux, nous répondrons qu'il serait bien aussi de s'attrister sur le sort que subissent maintenant les enfants qui, ayant hérité de la misère de leur père, ne peuvent, faute de capitaux, faire valoir la capacité qui leur est échue.

D'ailleurs, dans la société actuelle, le fils incapable d'un père laborieux, non seulement est sans cesse exposé à perdre son héritage et à tomber ainsi plus bas que celui qui n'avait rien que sa capacité pour fortune, mais il a de plus dans les mains des moyens de corruption et de démoralisation d'autant plus funestes qu'il est plus incapable.

Mais dans l'avenir, l'homme le moins capable pourra encore se créer une existence très convenable : dans un grand mouvement de production et de consommation tel que celui que nous concevons, le sort du moindre travailleur sera bien préférable à celui que subit maintenant le fils de famille qui a dissipé l'héritage de ses pères.

Lorsqu'on voulut abolir les substitutions, on opposait également cet argument : « Mais un père ne pourra plus assurer l'existence à un fils dissipateur, en rendant sa succession inaliénable dans ses mains. »

Et cependant les substitutions ont disparu : l'intérêt qu'il y avait pour la société entière à ce que les biens pussent être aliénés l'a emporté sur l'intérêt étroit de la famille.

Maintenant qu'il est démontré combien il serait avantageux pour le pays que le sol fût mobilisé, l'intérêt de famille ne sera pas plus un obstacle à ce progrès qu'il ne l'a été lorsqu'il s'est agi d'abolir les substitutions.

On insistera peut-être, et on dira que c'est le désir de laisser un riche héritage à leurs enfants qui excite l'émulation des hommes.

Voici notre réponse à cette objection : Maintenant il y a deux époques dans le travail de chaque homme : le temps où il se livre à un travail productif qui lui est personnel, et le temps où, après avoir amassé quelques richesses par son propre travail, il spécule sur le travail des autres, et profite ainsi, sans rien faire, de l'intérêt élevé que lui produisent ses capitaux.

Lorsque les capitaux ne produiront presque aucun intérêt, l'homme ne pourra acquérir de richesses que par un travail qui lui sera propre ; il sera d'autant plus laborieux pendant sa virilité, qu'il saura qu'arrivé à la vieillesse il ne pourra plus augmenter sa fortune pour lui ni pour ses enfants en prêtant ses capitaux à d'autres travailleurs.

Comme il sera très facile à chacun de se créer une existence convenable par son seul travail, la pauvreté n'aura plus d'excuse, elle sera pour ainsi dire un vice ; et cet état de l'opinion publique constituera un véhicule nouveau qui excitera les hommes au travail.

Peut-être dira-t-on encore : « Est-il dans la destinée de la société que tout le monde soit ainsi livré à des travaux ? Est-il bien à désirer que la moralité des industriels soit celle de tous les hommes ? »

Oui, le travail est un devoir pour tous, mais l'industrie n'est pas le seul but de l'activité de l'homme, les sciences, les beaux-arts sont aussi l'objet de cette activité.

La prospérité de l'industrie fera la prospérité des hommes qui cultiveront les sciences et les beaux-arts.

Si les industriels sont maintenant livrés à une grande immoralité, c'est parceque, toutes les chances de pertes retombant sur eux, ils luttent sans cesse par tous les moyens, même par la fraude, contre les maux qui les menacent.

Mais le jour où, par suite des combinaisons que nous avons indiquées, il règnera une grande prospérité commerciale, toutes les fraudes dont le commerce est entaché disparaîtront.

La crainte de voir leur existence compromise fait commettre bien des fautes aux hommes.

Maintenant on veut se créer de grandes fortunes par tous l moyens, parceque l'on sait qu'on peut avoir à se prémunir co tre de grands désastres.

Lorsque les industriels auront à redouter moins de chances de pe te, ils pourront arriver à un état prospère par leur seul travail, sa avoir recours à la fraude, et ils seront par suite plus moraux.

Nous avons indiqué dans cette lettre l'influence de la mobilisatio du sol et de la création de banques libres sur la destinée sociale, no aurons incessamment à faire connaître comment les impôts de vront être combinés avec les réformes que nous avons indiquées.

Pour préparer leurs opinions sur ce que nous dirons lorsque nou nous occuperons des questions d'impôts, nous engageons nos lec teurs à prêter leur attention aux idées suivantes émises dans cett lettre :

Que l'impôt doit frapper les titres nominatifs, et laisser les titre au porteur libres de toutes charges ;

Que ce mode d'impôt aura pour résultat l'abaissement de l'inté rêt des capitaux, c'est-à-dire la réduction du plus onéreux de tous les impôts qui pèsent sur les travailleurs.

ONZIÈME LETTRE *.

DE QUELQUES DISPOSITIONS LÉGISLATIVES QUI POURRAIENT ÊTRE ADOPTÉES IMMÉDIATEMENT POUR PROVOQUER LA MOBILISATION PROGRESSIVE DU SOL.

Pour que les mesures que nous avons proposées dans nos précédentes lettres produisissent tous les effets que nous leur avons attribués, il faudrait qu'elles fussent toutes en même temps mises à exécution. Mais nos pouvoirs législatifs ne sauraient embrasser et adopter de suite un système général de législation, ils ne peuvent prendre que des mesures d'urgence; il convient donc que nous fassions connaître les dispositions transitoires qui devront être adoptées avant d'arriver à la réalisation des principes que nous avons émis.

Les prêts sur garanties matérielles ne cesseront d'être en usage que lorsque l'on aura fondé de larges institutions de crédit, c'est-à-dire :

Lorsque l'on aura permis à tous les citoyens de fonder des banques, en concurrence avec la banque de France, en remplissant certaines conditions (1);

Lorsque l'on aura simplifié les formes judiciaires (2);

Lorsque la liquidation des faillites aura été rendue plus facile ;

Lorsque des dispositions sagement combinées protégeront le dé-

* Extrait du *Globe* du 17 juillet 1831.

(1) Les dispositions législatives qui doivent être adoptées à cet égard ont été indiquées dans notre quatrième lettre.

(2) Voyez sur cette matière notre cinquième lettre.

biteur de bonne foi et séviront contre celui qui aura été convaincu de fraude (1) ;

Lorsque tous les priviléges de créance sur les biens du débiteur auront été abolis (2).

En attendant ces grandes réformes, il y a lieu d'indiquer comment il serait possible de mobiliser le sol, tout en conservant provisoirement aux prêteurs les moyens de consolider leurs créances par des garanties matérielles.

Ce but pourrait être atteint par les dispositions suivantes :

Les immeubles pourraient être mobilisés sur la demande des propriétaires.

Les immeubles mobilisés ne pourraient à l'avenir être l'objet d'aucun privilége et d'aucun droit réel ou hypothécaire.

Il ne pourrait être procédé à la vente forcée d'un immeuble mobilisé ou à la saisie de ses revenus qu'après que le propriétaire aurait été déclaré en état de faillite ou de déconfiture.

Tous les immeubles sans destination subiraient une augmentation de contribution foncière, au moyen de laquelle ils pourraient être vendus, loués, échangés, sans donner lieu à aucun droit d'enregistrement.

Les immeubles actuellement grevés de priviléges, hypothèques ou droits réels non inscrits, seraient, avant d'être mobilisés, purgés de ces droits par l'accomplissement des formalités maintenant prescrites par le code civil pour la purge des hypothèques légales.

A l'avenir les immeubles mobilisés purgés de toutes charges seraient vendus comme le sont maintenant les rentes sur l'état.

Lors des ventes de ces immeubles, les notaires rempliraient les mêmes fonctions que les agents de change, et les agents du cadastre les mêmes fonctions que les directeurs de la dette inscrite, pour les rentes sur l'état.

Il ne pourrait être établi ni majorats ni substitutions à aucun degré.

Les biens présentement substitués et ceux constitués en majorats seraient déclarés aliénables, sur la demande des intéressés.

(1) Voyez sur cette matière notre sixième lettre.

(2) Voyez sur cette matière notre septième lettre.

Les biens constitués en dot pourraient, après avoir été mobilisés, être aliénés par les propriétaires actuels, en se conformant à des formes indiquées, et à la charge par eux d'employer le prix de ces biens en acquisition de nouvelles rentes sur l'état, qui seraient déclarées inaliénables.

Tous les prix d'immeubles non liquides et tous les deniers pupillaires seraient consignés.

Ces fonds produiraient pendant la première année un intérêt plus élevé que celui qui est maintenant payé par l'état pour les consignations de den c rs.

L'année suivante ils pourraient être employés par le gouvernement en acquisition de nouvelles rentes sur l'état au cours du jour, à moins que les intéressés ne s'opposassent à ce mode d'emploi.

Lorsqu'il y aurait lieu à procéder à la vente forcée d'un immeuble mobilisé, elle serait effectuée d'après des formes simples, promptes et peu dispendieuses.

Quelques développements sont nécessaires pour justifier ces diverses propositions.

Nous nous référons à nos précédentes lettres, sur la nécessité d'affranchir les immeubles mobilisés de tous droits réels; et sur l'inconvénient qu'il y aurait à ce qu'un créancier pût provoquer la vente forcée de ces biens, avant que le débiteur ait été constitué en état de faillite ou de déconfiture.

Lorsque les dispositions que nous proposons auront été converties en lois, voici comment les choses se passeront.

Les immeubles mobilisés, étant affranchis de tous priviléges, hypothèques et droits réels, les propriétaires de ces immeubles n'auront d'autres titres de propriété que ceux qui leur seront délivrés par les agents du cadastre.

Ils auront autant de titres qu'ils posséderont de pièces de terre différentes.

Aucun créancier ne pouvant provoquer la vente d'immeubles mobilisés, pour s'en appliquer seul le prix en l'absence des autres créanciers, le débiteur aura la libre disposition de ces biens jusqu'à sa faillite ou sa déconfiture déclarée.

Alors seulement la vente forcée pourra en être provoquée, dans l'intérêt de la masse des créanciers.

Dans cette position, le propriétaire d'un immeuble mobilisé pourra faire des emprunts avec la plus grande facilité.

Au lieu de donner en garantie toutes les pièces de terre composant un domaine, il passera, sous le nom du prêteur, seulement le nombre de pièces qui sera nécessaire pour garantir la somme prêtée, et il se fera remettre une promesse de revente pour l'époque où il rendra la somme avancée.

Le prêteur pourra avancer presque la valeur intégrale des parcelles qui lui auront été données en garantie, parcequ'il n'aura aucuns frais à faire pour s'en rendre définitivement propriétaire.

S'il vendait ces parcelles à un étranger avant le délai convenu, la vente serait valable, mais le débiteur aurait une action en indemnité contre lui.

Il est à présumer que cette action serait presque toujours utile, car ceux qui prêtent sont ordinairement solvables.

Ces sortes de prêts présenteront tant de garanties, qu'il y aura une grande concurrence entre les capitalistes pour jouir de ce mode d'emploi. Cette concurrence mettra les emprunteurs à même de stipuler en leur faveur des conditions bien différentes de celles qui leur sont imposées maintenant lors des placements hypothécaires, dont la liquidation offre tant de difficultés.

La mesure de la mobilisation du sol serait sans résultat si l'on maintenait les droits qui sont maintenant perçus lors des mutations des propriétés foncières.

L'enregistrement des ventes d'immeubles est un impôt qui tôt ou tard doit subir une diminution notable.

Aux termes de la Charte constitutionnelle, chacun doit contribuer aux charges de l'état proportionnellement à sa fortune.

Celui qui vend son bien n'est pas plus riche que celui qui ne le vend pas. Dès lors on ne voit pas pourquoi le premier supporte un surcroît d'impôt à titre d'enregistrement, tandis que le second ne paie rien.

Quelle raison de faire payer une somme quelconque à un individu par ce seul motif qu'il vend son bien?

Si la propriété foncière doit payer un impôt plus fort que celui dont elle est grevée maintenant, il est juste de le faire supporter par tous les propriétaires fonciers, et non pas seulement par ceux qui sont dans la nécessité de vendre.

Le trésor perçoit chaque année pour l'enregistrement des baux d'immeubles, des ventes d'immeubles, des prêts sur immeubles, des procès verbaux d'ordre et de collocation, pour droits d'hypothèques et de transcriptions, et pour moitié dans les salaires des conservateurs des hypothèques, une somme de . . . . 71,379,443 fr.

Le principal de la contribution foncière est de . 154,787,000

La contribution foncière, y compris tous les centimes additionnels, s'élève, pour l'an 1831, à . 244,875,554

Si l'on répartit les 71,379,443 ci-dessus entre tous les propriétaires fonciers, chacun d'eux aura à payer 46 cent. pour franc du principal, ou 29 cent. pour franc du montant total de sa contribution foncière; et par ce moyen il sera rédimé de tous droits d'enregistrement pour les actes à titre onéreux qu'il pourra passer au sujet de ses biens immeubles.

Supposons une propriété d'une valeur de 200,000 fr., présentant un revenu de 7,000 fr. net d'impôts, et imposée à 750 fr. tout compris.

S'il s'agissait de vendre cette propriété, elle donnerait lieu, pour l'enregistrement, à raison de 6 fr. 05 cent. à un droit de. . . . . 12,000 fr.

Pour le droit d'inscription du privilége du vendeur, à 1 fr. 10 c. p. 1,000 fr., à un droit de 220

Total. . . 12,220 fr.

Cette propriété à chaque mutation donnerait donc lieu à une perception de 12,220 fr.

En ajoutant à sa contribution foncière, s'élevant à 750 fr., une somme annuelle de 29 cent. p. 100, c'est-à-dire 217 fr. 50 cent. lesquels représentent un capital de.. . . . . 4,350 »

Le propriétaire de cet immeuble, s'il vient à vendre, se rédime de l'obligation de payer une somme de . . . . , ... 12,220

Différence à son profit. . . . 7,870

Et il rédime en même temps ses successeurs des diverses somm de 12,220 fr. que chacun d'eux serait obligé de payer à chaque mu tation ultérieure.

Nous omettons ici les divers droits que ce propriétaire eût enco été obligé de payer, s'il eût loué sa propriété par acte enregistré, s' l'eût hypothéquée, si le prix en eût été distribué par voie d'ordre tous droits dont il est rédimé par la seule addition de 217 fr. 50 cent son impôt foncier.

Si ce propriétaire ne veut ni vendre, ni emprunter, ni louer pa acte enregistré, peut-être dira-t-il : « Pour moi la mesure se résout en une augmentation d'impôt de 217 fr. 50 c. »

S'il ne vend pas, il aura toujours augmenté la valeur vénale de son immeuble d'une somme de 7,870 fr., ainsi que cela vient d'être démontré.

S'il ne vend pas, il peut se trouver dans la nécessité de faire un échange, et dans ce cas il pourra le réaliser sans payer d'enregistrement.

Enfin s'il ne vend pas, le capital de son immeuble augmente en raison de l'augmentation que la mesure de la mobilisation aura procurée aux fonds voisins, et dès lors il n'est pas juste qu'il profite de cette autre cause d'augmentation de capital sans rien payer.

Peut-être dira-t-on encore « qu'il faut ménager la propriété foncière, et que si on augmente sa contribution l'on ne pourra lui faire subir une nouvelle augmentation en cas de guerre. »

Quelle que soit la somme d'impôt dont on veuille grever la propriété foncière, la question sera toujours ramenée à ces termes : Lequel vaut mieux de répartir la somme à payer entre tous les propriétaires, ou de la faire supporter par ceux qui vendent leurs biens?

Qu'on se figure les réclamations qui se seraient élevées si le supplément d'impôt foncier voté dans la session de 1830 eût été ajouté aux droits d'enregistrement, déjà si élevés, au lieu d'être réparti au marc le franc entre tous les propriétaires.

Et alors on pourra se convaincre que tout impôt qui pèse sur la propriété foncière est plus justement perçu par la voie proportionnelle que par la voie indirecte et aveugle de l'enregistrement.

Il reste à faire connaître quelques dispositions secondaires destinées à faciliter l'exécution de la mesure que nous proposons.

En attribuant aux notaires, pour la vente des immeubles mobilisés, les mêmes fonctions que les agents de change exercent pour la vente des rentes sur l'état, il est bien entendu que les notaires seront, comme les agents de change, reponsables de la validité des mutations auxquelles ils concourront.

En effet lorsqu'un notaire a délivré un certificat de propriété d'une rente sur l'état, le transfert fait en vertu de ce certificat est valable, quand même le notaire aurait commis une erreur. Les intéressés auxquels ce transfert peut porter préjudice n'ont d'action que contre lui.

Nous ne voyons pas pourquoi les mêmes principes ne seraient pas appliquées à l'égard des notaires lors des ventes d'immeubles mobilisés.

Pour que les notaires puissent plus facilement connaître la capacité des vendeurs, les déclarations de déconfiture seront publiées dans la même forme que les déclarations de faillite.

Lors des prémières ventes qui suivront la promulgation des dispositions législatives que nous proposons, il sera nécessaire que les limites des parcelles mobilisées soient exacement fixées. Pour atteindre ce but, le projet de loi que présentera le gouvernement devra imposer aux notaires chargés de mobiliser des propriétés l'obligation de faire connaître aux possesseurs limitrophes de ces propriétés les bornes qui leur auront été assignées par le cadastre, pour que ces possesseurs soient mis en demeure de contester ces bornes, s'ils le jugent convenable.

Pour que la mobilisation du sol n'éprouve aucun retard, le projet devra ordonner que les prix d'immeubles mobiliés à la charge d'inscriptions seront consignés toutes les fois que les parties auxquelles ils seront destinés ne seront pas prêtes à recevoir.

Et pour que ces consignations ne portent pas de préjudice aux intéressés, les sommes consignées devront produire un intérêt plus élevé que celui qui est maintenant alloué par la caisse des consignations; mais, à l'expiration de l'année de la consignation, le ministre des finances sera autorisé à les employer en acquisition de rentes sur l'état, pour lesquelles il devra être ouvert au grand-livre un compte spécial.

Cet emploi n'aura cependant pas lieu si les créanciers ayant droit au prix consigné déclarent s'y opposer ; dans ce cas les intérêts de ce prix seront réduits au taux actuel.

Cette mesure aura pour effet de seconder puissamment le crédit public, en mettant des capitaux considérables à la disposition du trésor.

Les biens vendus par l'état étant exempts de tous priviléges et hypothèques, il sera inutile de soumettre leur mobilisation à aucune formalité : elle pourra avoir lieu sur la simple demande des adjudicataires.

Cette mesure pourra influer d'une manière notable sur le prix de ce qui reste à vendre sur les 300 mille hectares de bois dont l'aliénation a été ordonnée dans la session de 1830.

Combien ne sera-t-il pas avantageux pour les adjudicataires de ces bois d'avoir des titres de propriété aussi faciles à transmettre que des inscriptions de rentes sur l'état !

Si l'adjudication d'un bien de l'état a eu lieu avec stipulation d'un délai pour le paiement du prix, il pourra être délivré provisoirement à chaque adjudicataire un certificat d'adjudication qui sera converti en titre définitif de propriété lors du paiement intégral de son prix.

Si les biens vendus sont susceptibles d'être divisés, le domaine pourra être autorisé à délivrer des titres définitifs négociables du tiers, du quart ou du cinquième de l'immeuble adjugé, selon que l'adjudicataire aura payé le tiers, le quart ou le cinquième de son prix.

Les formes à suivre pour la vente forcée d'un immeuble mobilisé pourront être déterminées comme il suit :

Un notaire désigné par le tribunal procéderait d'abord à une vente amiable.

Cette vente serait publiée et notifiée à ceux qui pourraient avoir intérêt à la surenchérir ; les surenchères seraient admises pendant un mois, dans l'étude du notaire désigné, sur soumissions cachetées.

A l'expiration de ce délai la vente serait définitivement opérée au nom du plus offrant.

Ces formes seraient simples, promptes, et ne donneraient lieu à aucuns frais.

La mesure de la mobilisation du sol serait incomplète si le projet n'indiquait pas les moyens de rendre à la circulation une quantité considérable de biens qui sont maintenant inaliénables; c'est pourquoi nous pensons qu'il y aura lieu de permettre l'aliénation des biens substitués et des biens constitués en majorats; et de laisser les époux mariés sous le régime dotal, libres de vendre leurs biens dotaux, en suivant des formes indiquées, mais à la charge d'en employer le prix en acquisition de nouvelles rentes sur l'état, qui seront déclarées dotales, et comme telles inaliénables.

Les époux seront placés dans cette alternative, ou de n'avoir qu'un revenu très faible en gardant l'immeuble dotal, ou de se faire un revenu plus considérable en vendant cet immeuble et employant le prix en rentes.

Les rentes sur l'état présenteront d'autant plus de sécurité, que le trésor aura ainsi toujours à sa disposition une quantité énorme de capitaux.

D'un autre côté cette mesure aura pour effet de rendre à la circulation un très grand nombre de biens qui sont maintenant comme inféodés dans certaines familles.

Il n'y a aucun inconvénient à ce que des rentes soient frappées d'inaliénabilité, il y en a beaucoup à ce que des fonds de terre ne puissent changer de mains pour aller dans celles qui pourraient en tirer le meilleur parti. Ce *statu quo* est contraire aux principes de la production.

Après avoir démontré la nécessité de laisser à l'avenir les immeubles libres de tous droits réels, pour en rendre les mutations plus faciles, il est nécessaire de substituer de nouvelles garanties à celles que les hypothèques légales offrent maintenant aux mineurs pour sûreté de leurs droits contre leurs tuteurs.

Lorsqu'un tuteur possède des immeubles tous ses biens sont frappés de l'hypothèque légale de son pupille, non seulement pour ce qu'il a reçu, mais encore pour tout ce qu'il pourra recevoir pendant tout le cours de sa gestion; et si l'hypothèque légale du mineur est inscrite, le tuteur ne peut rien aliéner pendant tout le temps que dure sa tutelle.

Au contraire, lorsqu'un tuteur ne possède rien, la loi le laisse libre de toucher tous les capitaux qui peuvent appartenir au mineur, sans prendre aucune mesure de garantie contre lui.

Il en résulte que les citoyens qui possèdent des biens-immeubles ne veulent pas accepter de tutelle. Ces fonctions se trouvent dès lors abandonnées à des hommes insolvables qui le plus souvent dissipent la fortune des mineurs.

Il y a même en France des départements où les fonctions de tuteur sont un objet de spéculation.

Il nous semble que, pour faire cesser cet état de choses, il y aurait lieu de déclarer par une loi que les débiteurs de deniers pupillaires ne pourraient valablement se libérer qu'en consignant à la caisse des dépôts et consignations les sommes par eux dues. Les fonctions de tuteur se borneraient alors à faire les diligences nécessaires pour provoquer le recouvrement des créances dues aux mineurs.

Chaque année le conseil de famille déterminerait la somme qui devrait être mise à la disposition du tuteur pour l'entretien du mineur ou pour l'administration de ses biens, et le tuteur toucherait cette somme à la caisse des consignations.

Les capitaux consignés seraient employés de la manière qui serait déterminée par le conseil de famille; mais, à défaut d'emploi dans l'année du dépôt, ils seraient convertis en acquisition de nouvelles rentes sur l'état.

En Hollande et dans toute l'Allemagne il existe des chambres de tutelles qui ont à peu près les mêmes attributions que celles que nous voudrions voir déférer aux conseils de famille et au trésor public.

Au moyen de ces dispositions, les hypothèques légales n'auraient plus d'objet, puisque les tuteurs n'auraient jamais aucuns deniers pupillaires à leur disposition.

Cette mesure seconderait singulièrement la mobilisation du sol.

Nous ne croyons pas devoir revenir sur les avantages que le pays retirerait des dispositions que nous proposons. Ces avantages ont été développés dans nos 9e et 10e lettres.

Nous faisons des vœux pour que le gouvernement comprenne enfin que l'ordre qu'il veut établir ne peut régner qu'autant qu'il entrera franchement dans la voie des améliorations qui doivent influer sur le bien-être des peuples.

—

DOUZIÈME LETTRE *.

CONSIDÉRATIONS GÉNÉRALES SUR LES FINANCES.

Jusqu'ici les hommes d'état qui se sont occupés des finances se sont contentés de rechercher les moyens les plus certains de faire entrer dans les caisses du trésor les sommes nécessaires aux dépenses publiques.

Aucun d'eux ne s'est attaché à rendre la perception de l'impôt plus facile et plus abondante, en mettant les contribuables plus à même de le payer.

Les réformes dont il est question dans nos précédentes lettres ont été indiquées précisément dans ce dernier but.

Elles tendent à amener progressivement un abaissement notable dans le taux de l'*intérêt des capitaux*.

Si l'on obtient ce résultat, on aura fait plus dans l'intérêt des travailleurs qu'en se bornant à modifier plus ou moins le système actuel de nos contributions.

En effet le sort des populations serait bien plus amélioré par un ensemble de lois qui feraient diminuer de moitié le taux de l'intérêt des capitaux, que par un système de finances qui aurait pour résultat de diminuer de moitié tous les impôts.

Supposons, par exemple, un travailleur payant 200 fr. d'impôts, et exploitant un capital de 50,000 fr. qui lui a été prêté à raison de 6 pour 100.

* Extrait du *Globe* du 1er août 1831.

Si, par son industrie, il fait produire 10 pour 100 à ce capital, c'est-à-dire. . . . . 5,000 fr.

Il a à payer pour intérêts 3,000

Reste pour lui. 2,000

Une diminution de 1 pour 100 dans le taux de l'intérêt du capital qui lui a été prêté lui procurerait un bénéfice de. 500

Tandis que son impôt réduit de moitié ne le soulagerait que de 100 fr.

Il est évident que si ce travailleur voit améliorer sa position de 500 fr. par l'abaissement du taux de l'intérêt, il lui sera bien plus facile d'acquitter la taxe à laquelle il aura été imposé, il pourra même en supporter une plus forte.

L'abaissement du taux de l'intérêt des capitaux influant d'une manière notable sur le sort de tous les travailleurs, qui forment la classe la plus nombreuse, plus leur condition s'améliorera, et plus les impôts seront faciles à asseoir et à percevoir.

Le meilleur système de finances laissera les caisses du trésor vides, s'il doit s'appliquer à un peuple livré à des travaux presque improductifs pour lui. Alors toutes les richesses s'aglomèreront entre les mains d'un petit nombre d'individus, que l'impôt ne frappera qu'imparfaitement, à raison de la difficulté de déterminer leur position respective ; ne pesant que sur quelques contribuables dont la fortune ne sera jamais bien connue, l'impôt sera peu productif.

Au contraire un mauvais système d'impôts peut faire face à tous les besoins de l'état, s'il est appliqué à une nation chez laquelle les travailleurs conservent la majeure partie de ce qu'ils produisent ; alors, au lieu de s'agglomérer, les richesses se répartiront naturellement entre les mains du plus grand nombre ; l'impôt pourra frapper beaucoup d'individus jouissant d'un état prospère ; il sera dès lors facile à asseoir et plus productif.

Ce n'est donc pas sans raison que nous insistons avec tant de persévérance pour que le gouvernement entre enfin dans la voie des mesures qui doivent produire l'abaissement du taux de l'intérêt, et par suite procurer au commerce la prospérité dont il aurait déjà d' jouir depuis notre glorieuse révolution.

Le gouvernement a d'autant plus d'intérêt à entrer dans cette voie, que, le jour où l'industrie prospèrera en France, la presse publiera par tout l'univers que cette prospérité est due à notre régénération.

Elle fera naître chez les peuples qui nous redoutent maintenant le désir de nous imiter.

Les rois absolus ne pourront plus présenter notre ordre social comme une source d'anarchie et de désordres.

La propagande de notre prospérité déjouera toutes leurs intrigues, et nous donnera une influence bien supérieure à celle que nous pourrions attendre d'une propagande armée sortie du sein d'un peuple livré aux horreurs de la misère.

La nation qui saura se rendre la plus heureuse sera la plus puissante de la terre.

Si, comme nous croyons l'avoir démontré, l'agglomération des richesses entre les mains d'un petit nombre d'individus oisifs est un obstacle à la prospérité d'un pays, un bon système d'impôts doit ménager les fortunes naissantes entre les mains des travailleurs, et faire rentrer insensiblement les capitaux dans la circulation du corps social, à mesure qu'ils tendent à s'agglomérer entre des mains improductives.

Tout en se proposant ce but, le véritable financier doit adopter de préférence les modes d'impôt qui nécessitent le moins de frais de perception, et qui font naître le moins d'obstacles à la production et à la consommation.

Nous nous étions flatté que des pensées neuves et généreuses présideraient à la rédaction du budget de 1831, qui devait être un premier pas vers notre régénération.

Nous avons étudié, médité ce budget, et nous avons vu avec peine qu'il admettait toutes les bases des impôts établis sous la restauration, et ne différait des budgets précédents qu'en demandant plus ou moins à tel ou tel impôt.

Cependant il nous paraît bien difficile d'admettre que toutes les bases des impôts votés sous la restauration soient conformes aux principes de la saine justice, et qu'aucune d'elles n'appelle de réforme.

Il y eut de grands changements dans notre système de finances après la révolution de 1789; nous croyons que la révolution de 1830 doit en amener d'aussi importants.

Les conquêtes que fera la révolution de 1830 seront d'autant plus durables qu'elles seront obtenues par la voie pacifique de la presse et de la parole.

Celui qui possède des vérités acquiert bien plus de puissance, en les faisant passer dans les esprits par la seule voie de la persuasion, qu'en voulant les imposer violemment à ceux qui ne les comprennent pas.

Car tel qui repousse une vérité qui ne lui est pas démontrée, en devient le plus ferme soutien lorsqu'elle est passée dans sa conviction.

Nous croyons donc faire œuvre de bon citoyen en livrant à la publicité le fruit de nos méditations sur le système actuel de nos finances.

Nous essaierons d'abord d'indiquer ce que les principes qui servent maintenant de base à nos impôts ont de vicieux; nous ferons connaître ensuite les principes que nous croyons devoir être substitués à ceux que nous aurons attaqués.

Critique des impôts indirects.

Le plus grand reproche que l'on puisse faire à l'impôt indirect, c'est qu'il fait payer *indirectement* par des malheureux des sommes que l'on rougirait de leur demander *directement.*

Ainsi, par exemple, le pauvre ouvrier, qui dépense dans un mois 30 francs qu'il ne s'est procurés qu'à force de travail, s'il achète trente litres de vin, s'il consomme un kilogramme de sel, s'il brûle un demi-kilogramme de tabac, paie chaque mois au fisc 7 fr. 80 c., et chaque année 93 fr. 60.

L'homme riche, au contraire, qui dépense mille francs par mois, qui se fait servir les vins les plus exquis, n'en boit pas une plus grande quantité, n'emploie pas plus de sel, ne consomme pas plus de tabac, ne paie cependant pas plus d'impôt indirect; loin de là, il paie beaucoup moins que le simple ouvrier, car celui qu peut acheter du vin en pièce, soit qu'il habite la ville ou la campagne, paie des droits bien moins élevés que celui qui est obligé d'acheter du vin à la bouteille.

Ainsi donc la classe ouvrière, celle qui est la plus voisine de la misère, qui, aux termes de la constitution, devrait être imposée comparativement à la classe aisée, dans la proportion respective des fortunes, se trouve la seu le écrasée sou le poids des impôts indirects; tandis que si justice était faite, si le travail était encouragé, les services pénibles pris en considération, elle devrait en être presque exempte.

Voici un calcul qui rendra l'injustice de la répartition de l'impôt indirect on ne peut plus palpable.

Les rôles de la contribution personnelle et mobiliaire, sur lesquels figurent tous les citoyens qui ne sont pas indigents, comprennent 5,198,683 individus imposés à la contribution personnelle, ci. 5,198,683

Sur ce nombre il y a 944,053 individus qui n'ont pas de loyer susceptible de faire la base d'une contribution mobilière, ci. 944,053

Il ne reste donc que . . . . 4,254,630 individus sur lesquels on puisse raisonnablement faire peser des impôts.

Supposons que, sans tenir aucun compte des différentes positions de fortune de ces contribuables, on partage également entre eux, par tête, ce que rapportent au trésor les impôts du sel, des boissons et du tabac.

Ces impôts produisent, déduction faite de tous frais, une somme de . . . . 188,000,000 fr.

Chacun des 4,254,630 citoyens imposables n'aurait alors à payer que 44 fr.

Et nous avons vu plus haut qu'un simple ouvrier, qui peut ne pas avoir de domicile, paie chaque année, pour la consommation de son strict nécessaire en vin, sel et tabac, une somme de 93 fr. 60 c.

Si cet ouvrier a une femme et des enfants, il paie quelquefois le double et le triple de cette somme.

Peut-il y avoir des expressions assez fortes pour stigmatiser un mode d'impôt aussi injuste?

L'impôt de l'enregistrement n'est pas mieux réparti. On est tenu de payer un droit d'enregistrement quand on vend ou achète un objet quelconque, et cependant la circonstance que l'on vend ou que l'on achète n'est pas un signe que l'on est plus ou moins riche. Dans notre onzième lettre nous avons démontré combien cet impôt était peu rationnel.

Les mêmes observations peuvent être faites sur le timbre, les droits de greffe et les divers frais de justice, sur la taxe des brevets d'invention, les rétributions universitaires, les douanes, et sur les droits établis sur les voitures publiques (1).

Ces divers impôts frappent aveuglément les contribuables, quelle que soit leur fortune, sans égard au principe de la répartition proportionnelle.

Sur le milliard voté chaque année il n'y a que les impôts directs, montant à 362 millions, qui soient répartis eu égard à la fortune des citoyens; les 628 millions restant, étant le produit d'impôts indirects, n'ont que le hasard pour base de répartition.

Et cependant il est écrit dans la Charte de 1830, qui doit être une vérité : « Les Français contribuent indistinctement aux charges de l'état, *proportionnellement à leur fortune.* »

Les impôts ne seront véritablement proportionnels que lorsque tous les impôts indirects auront été abolis, et remplacés progressivement par un bon système d'impôts directs.

Ce résultat ne pourra être obtenu que lorsque les nouveaux princi-es financiers que nous nous proposons de faire connaître auront été ppliqués.

A mesure que l'application de ces principes aura ouvert de nouvelles ressources au trésor public, on pourra supprimer les impôts ndirects qui auront provoqué le plus de réclamations.

(1) Voyez au surplus ce qui a été dit sur quelques uns de ces impôts dans notre deuxième lettre.

Mais, pour entrer dans la voie des réformes, faut-il attendre que les populations soulevées se refusent à acquitter les impôts dont l'injustice est démontrée? N'est-il pas plus sage de prévenir toute collision en allant au-devant des vœux des peuples?

Il y a deux ans, quelques écrivains avaient appelé l'attention du gouvernement sur l'impôt des boissons; leurs avertissements avaient d'abord été dédaignés; mais des départements du midi ayant manifesté violemment leurs répugnances pour cet impôt, on a nommé une commission qui a été chargée de préparer un projet de loi sur cette matière, et les esprits se sont calmés.

Depuis que la tranquillité est rétablie, on n'entend plus parler de l'intention où serait le gouvernement de modifier cette partie de notre système financier. Attend-on, pour s'occuper de cette réforme, que les départements qu'elle intéresse le plus fassent quelques démonstrations ouvertement hostiles contre l'ordre actuellement établi?

Un gouvernement sage devrait cependant éviter de mettre les populations dans la nécessité de recourir à des moyens violents pour obtenir les améliorations dont la nécessité est démontrée.

Un pouvoir qui ne fait de réformes que lorsqu'il y est contraint par la force brutale peut être considéré comme le principal fauteur des troubles qui agitent le pays dont les vœux sont dédaignés.

Les perturbateurs qui exploitent ces troubles sont moins coupables que ceux qui les ont fait naître, en négligeant de faire droit à des réclamations fondées.

Nous faisons donc des vœux sincères pour que cette partie de notre système de finances subisse promptement des modifications.

Mais l'impôt indirect n'est pas le seul qui puisse être justement attaqué. L'impôt direct, tel qu'il est établi maintenant, peut également être l'objet de critiques fondées.

Critique des impôts directs.

Tout impôt direct devrait être réparti proportionnellement à la fortune de chaque citoyen.

L'impôt foncier est le seul auquel ce principe ait été appliqué avec quelque exactitude; mais il s'en faut de beaucoup que les autres impôts directs soient justement répartis.

L'impôt des portes et fenêtres et l'impôt personnel étant d'une somme égale pour tous les citoyens, quelle que soit leur position sociale, les pauvres se trouvent frappés, par cet impôt, pour une somme aussi forte que les riches.

L'impôt mobilier et celui des patentes présentent des résultats bien plus injustes : par la combinaison de ces deux impôts, le riche qui n'exerce aucune profession ne paie presque rien, tandis que le citoyen sans fortune qui exerce une industrie paie une contribution fort élevée.

Voici un exemple de ce que nous avançons.

Si un rentier, qui ne paie aucun impôt foncier, a un loyer de 6,000 fr., il sera imposé pour environ une somme de		144 fr. » c.
Si c'est un marchand droguiste qui ait également un loyer de 6,000 fr., il paiera,		
1° pour le droit proportionnel de sa patente, 10 p. 100	600 »	
2° Pour sa contribution mobilière, la même somme que le rentier . .	144 »	1,044 fr. » c.
3° Pour le droit fixe de sa patente	300 »	
S'il s'agissait d'un banquier, le droit fixe de la patente étant de 500 fr. au lieu de 300, il paierait de plus		200 »
C'est-à-dire		1,244 fr. » c.

Sur quoi peut-on se fonder pour imposer le rentier d'une manière si différente du droguiste et du banquier ?

Comment peut-on admettre comme juste que le rentier ne paie que 144 fr., tandis que chacun des deux industriels paie 7 ou 8 fois plus que lui ?

Le rentier qui prend un loyer de 6,000 fr. sait d'avance que sa fortune lui permet de faire cette dépense.

L'industriel qui prend un loyer de 6,000 fr. fait souvent une tentative, et peut se trouver en perte à la fin de l'année.

C'est le rentier qui devrait payer le plus. La justice exigerait au moins qu'il payât autant que l'industriel.

Pourquoi favorise-t-on ainsi les non-patentés en faisant peser tout le poids des impôts sur les patentés ? Nous sommes réduits à avouer que nous ne devinons pas les raisons d'une telle partialité ; cependant nous ne pouvons croire que ceux qui ont fait de pareilles lois aient prévu qu'elles présenteraient des injustices aussi criantes dans l'application.

On rencontre ici en matière d'impôts les mêmes vices que nous avons signalés dans toutes les autres parties de la législation qui règlent les rapports des industriels avec les propriétaires et les capitalistes.

Les lois ayant toujours été faites par des propriétaires et des capitalistes, elles ont dû naturellement se résoudre en des résultats favorables à leurs auteurs, et par suite contraires aux industriels, qui n'ont jamais eu assez de part au pouvoir législatif pour faire prévaloir leurs intérêts.

Dans notre prochaine lettre nous ferons connaître le système d'impôts que nous croyons devoir être substitué à celui qui est maintenant en vigueur.

TREIZIÈME LETTRE*.

DU SYSTÈME D'IMPOT A SUBSTITUER A CELUI QUI EST MAINTENANT EN VIGUEUR.

Dans nos précédentes lettres nous avons fait connaître les réformes qui pouvaient être apportées à quelques points importants de notre législation, pour remédier à la crise que subit maintenant l'industrie.

Mais aucune des réformes que nous avons indiquées ne peut être réalisée sans influer d'une manière notable sur les recettes de l'état.

Ainsi on ne peut simplifier les formes judiciaires (1) sans priver le trésor de tout ou partie des 28 millions que produit l'impôt du timbre, et des 4 millions que produisent les droits de greffe.

On ne peut rendre la liquidation des faillites plus rapide et plus facile (2), et prononcer l'abolition des priviléges de divers créanciers sur les biens du débiteur commun (3), sans porter atteinte à ces mêmes impôts.

Car les frais rendus nécessaires par la présence des créanciers privilégiés dans les failites sont une source importante de recettes pour le trésor.

On ne peut demander la mobilisation des propriétés foncières (4) sans remplacer, par d'autres droits, les droits d'enregistrement qui sont maintenant perçus lors des mutations d'immeubles.

* Extrait du *Globe* du 27 août 1831.

(1) *Voyez* sur cette matière notre cinquième lettre.

(2) *Voyez* sur cette matière notre sixième lettre.

(3) *Voyez* sur cette matière notre septième lettre.

(4) *Voyez* sur cette matière nos dixième et onzième lettres.

On ne peut réclamer la suppression des impôts indirects même les plus onéreux, tels que ceux existant sur le vin et le sel, sans indiquer en même temps comment combler le déficit qui résulterait nécessairement de la suppression de ces impôts.

Toute l'attention des publicistes et des économistes doit donc se porter sur les moyens de remplacer le système d'impôt actuellement en vigueur.

Car s'il est impossible d'y introduire aucun changement, il faut renoncer à toute amélioration.

Bien pénétré de cette vérité, nous avons mûrement médité ce grave sujet. Voici quel est le résultat de nos réflexions.

Après les plus minutieuses investigations, le agents des contributions directes n'ont pu porter sur les rôles que 5,198,683 individus qui puissent être imposés à une contribution personnelle ou mobilière.

Ceux qui ne paient aucune de ces deux contributions sont ou des femmes en puissance de mari, ou des enfants mineurs, ou des indigents.

Ces cinq millions d'individus paient des impôts directs qui varient suivant leurs diverses facultés contributives.

Ne peut-on pas se faire cette question ?

Puisqu'il n'y a en France que cinq millions d'individus imposables, pourquoi ne pas leur demander de suite, par un seul impôt, ce qu'on leur demande maintenant, au moyen d'une multitude d'impôts qui font naître mille entraves à la production et à la consommation.

Nous ne faisons pas de doute que celui qui paie maintenant 100 fr. de contributions directes préférerait en payer 300, et pouvoir se faire rendre la justice qui lui est due sans payer des frais énormes;

Acheter, vendre et transiger, sans payer aucun des droits indirects qui paralysent maintenant toutes les transactions.

Si les contribuables n'avaient à payer qu'un seul impôt, ils se trouveraient dégrevés des frais de régie que nécessite maintenant la perception des divers impôts indirects, et l'on sait que ces frais sont très considérables.

Le but que le législateur doit se proposer en matière d'impôt, c'est la répartition des charges de l'état, eu égard à la fortune de chacun.

Les constitutions qui ont été données à la France depuis 1789 ont toutes promis que ce but serait rempli. Il ne l'a jamais été.

La Charte de 1830 contient une disposition formelle à cet égard : « Les Français, y est-il dit, contribuent indistinctement, dans la » proportion de leur fortune, aux charges de l'état. »

Aujourd'hui, un an après cette Charte, qui devait être une *vérité*, les ministres du roi proposent dans le budget de 1831 et dans celui de 1832 de ne prélever que 362 millions d'impôts directs, et de laisser peser sur le peuple 628 millions d'impôts indirects, qui n'ont que le hasard pour base de répartition.

Nous avons donc lieu de craindre que la promesse de l'égale répartition de l'impôt contenue dans la Charte de 1830 ne soit pas plus réalisée que les promesses du même genre qui avaient été faites dans les constitutions précédentes.

On donne pour raison de cette violation de la chose promise la difficulté de déterminer d'une manière précise les facultés contributives de chaque citoyen.

Nous croyons que le revenu de chaque contribuable pourrait être mieux déterminé qu'il ne l'est maintenant dans les rôles des contributions directes ; faute de mieux nous préfèrerions encore que ces revenus formassent la base de la répartition de toutes les charges de l'état, plutôt que de laisser une seule partie de ces charges répartie par le hasard, car nous ne connaissons pas de plus mauvaise règle que le hasard.

Et nous avons démontré dans notre dernière lettre qu'en principe les impôts indirects ne peuvent avoir que le hasard pour base de répartition, et que, de fait, ils pèsent beaucoup plus sur le pauvre que sur le riche.

Quel que soit le moyen qui sera employé pour déterminer les revenus des citoyens, nous croyons que ces revenus ne devront pas être tous frappés dans la même proportion, comme ils le sont maintenant.

Ainsi nous croyons que celui qui a un revenu suffisant à peine pour son existence doit payer une fraction de son revenu bien moindre que celui qui a un revenu considérable.

Nous ne pensons pas qu'il soit juste qu'un petit propriétaire foncier qui n'a que 1,000 fr. de rente en paie le 10e, tandis qu'un riche propriétaire qui a 100,000 fr. de rente ne paie également que le dixième de ses 100,000 fr. de rente.

Cent fr. d'impôt sont une charge bien plus pesante pour celui qui n'a que 1,000 fr. de rente, que 10,000 fr. pour celui qui a un revenu de 100,000 fr.

Voilà pourquoi nous pensons que lorsque les revenus seront bien déterminés, il sera bien d'établir un impôt progressif en raison de la fortune de chacun.

Un revenu considéré comme de stricte nécessité ne serait imposé qu'à une faible somme, tandis qu'un revenu plus considérable serait imposé dans une proportion plus forte.

Ainsi, par exemple, on considérerait comme revenu nécessaire une somme de 1,000 fr. pour chaque membre d'une famille.

Le revenu nécessaire ne serait imposé qu'à raison de 8 p. 100, et ce qui excèderait le nécessaire serait imposé comme suit :

De 1 fr. à 5,000 f.	8 1/2 p. 100	De 55,000 à 60,000 f.	16 p. 100
De 5,000 à 10,000 f.	9	De 60,000 à 65,000 f.	17
De 10,000 à 15,000 f.	9 1/2	De 65,000 à 70,000 f.	18
De 15,000 à 20,000 f.	10	De 70,000 à 75,000 f.	19
De 20,000 à 25,000 f.	10 1/2	De 75,000 à 80,000 f.	20
De 25,000 à 30,000 f.	11	De 80,000 à 85,000 f.	21
De 30,000 à 35,000 f.	11 1/2	De 85,000 à 90,000 f.	22
De 35,000 à 40,000 f.	12	De 90,000 à 95,000 f.	23
De 40,000 à 45,000 f.	13	De 95,000 à 100,000 f.	24
De 45,000 à 50,000 f.	14	De 100,000 et au-dessus	25
De 50,000 à 55,000 f.	15		

Dans l'application de ce tarif, le revenu qui serait le produit annuel d'un travail ne serait compté que pour moitié.

Ainsi, si un industriel se faisait un revenu de 6,000 fr., il serait imposé pour 3,000 fr. seulement ; savoir :

1,000 fr. de revenu nécessaire à 8. . . .	80 fr.
2,000 fr. d'excédant à 8 1/2.	170
Total. . . .	250

Si au contraire il s'agissait d'un propriétaire foncier n'exerçant aucune industrie, et ayant un revenu de 6,000, il serait imposé :

Pour 1,000 fr. de revenu nécessaire à 8 p. 100. .	80 fr.
Pour 5,000 fr. d'excédant à 8 1/2.	425
Total.	505

MOYEN DE DÉTERMINER LE REVENU DE CHAQUE CONTRIBUABLE.

Il est facile de juger que le tarif ci-dessus ne pourra être appliqué qu'autant que le revenu de chaque citoyen sera connu au lieu de son domicile. Mais comment obtenir un pareil résultat ?

Nous ne nous dissimulons pas toute la difficulté du problème ; nous savons que jusqu'ici il a été considéré comme insoluble par les divers législateurs qui s'en sont occupés.

Nous essaierons cependant de proposer une solution qui nous paraît pouvoir satisfaire les esprits positifs qui portent leur attention sur ces matières.

Le revenu de chaque citoyen peut se composer de deux éléments principaux : 1° du produit des fonds de terre et capitaux qu'il a loués ou prêtés, 2° du produit de son travail personnel.

DU REVENU DES PROPRIÉTAIRES ET CAPITALISTES QUI N'EXERCENT AUCUNE INDUSTRIE.

On peut facilement connaître le revenu total d'un propriétaire foncier en renvoyant au lieu de son domicile l'état des propriétés qu'il possède dans les divers départements du royaume.

L'administration de l'enregistrement fait maintenant un travail de ce genre dans un but bien moins important.

Toutes les fois qu'un individu fait un prêt hypothécaire ou un acte quelconque constatant en son nom un actif mobilier, l'extrait en est renvoyé au lieu de son domicile ; et lorsque cet individu vient à décéder, et qu'il s'agit de percevoir des droits de mutation sur sa succession, l'administration de l'enregistrement possède souvent plus de renseignements sur l'actif mobilier du défunt que les héritiers eux-mêmes.

Si un pareil travail se fait maintenant pour le cas que nous venons d'indiquer, pourquoi ne le ferait-on pas dans le but plus large que nous signalons ?

Rien ne s'oppose à ce que les agents des contributions directes du lieu de la situation d'un immeuble, après en avoir évalué le revenu réel, fassent passer une note indicative de ce revenu au lieu du domicile du propriétaire.

Quand ce travail ne serait fait que pour les revenus fonciers, il aurait toujours l'avantage de permettre l'application d'un tarif progressif à cette espèce de revenu.

Cette seule considération suffirait pour déterminer le gouvernement à le prescrire.

A l'égard des revenus de capitaux mobiliers, on peut les déterminer par plusieurs moyens.

On ne place ordinairement des capitaux qu'en rentes sur l'état, ou en actions sur des compagnies industrielles, ou en prêts sur particuliers.

Les titres de ces placements sont ou nominatifs ou au porteur.

Les *titres nominatifs* de rentes sur l'état peuvent facilement être connus au domicile de chaque contribuable, en faisant envoyer des extraits de ces titres aux domiciles respectifs.

Ce n'est pas ici le lieu d'examiner s'il est convenable de grever les rentes sur l'état d'un impôt.

Nous examinerons toutes les objections qui peuvent être faites contre notre système lorsque nous l'aurons exposé dans toutes ses parties.

La connaissance des actions nominatives émises par des compagnies industrielles pourrait difficilement être transmise au domicile des propriétaires de ces actions; nous indiquerons dans notre prochaine lettre un moyen de les soumettre à un impôt.

A l'égard des titres au porteur, il n'y a pas lieu de regretter que la connaissance ne puisse en être acquise au lieu du domicile des porteurs.

Car nous avons établi dans notre 10e lettre que, lorsque des titres nominatifs sont convertis en titres au porteur, cette conversion exerce une grande influence sur l'abaissement du taux de l'intérêt des capitaux.

Et il a été démontré dans notre douzième lettre que le moindre abaissement dans le taux de l'intérêt favorisait plus la prospérité d'un pays qu'une diminution notable dans le montant des impôts.

L'abaissement dans le taux de l'intérêt donne naissance à de nouveaux établissements qui produisent une somme d'impôt supérieure à celle que produiraient des titres nominatifs s'ils n'eussent pas été convertis en titres au porteur.

Celui qui convertit un titre nominatif en un titre au porteur rend l'action du fisc plus difficile à son égard, mais il exerce sur l'ensemble des relations sociales une influence qui produit plus au trésor que ce dont il croit le priver par cette conversion.

D'un autre côté le gouvernement n'est pas dépourvu de tout moyen de frapper les titres au porteur. S'il veut les assujettir à un impôt, il peut le demander aux diverses compagnies qui ont émis des actions de cette nature, et avec d'autant plus de facilité, que les actions au porteur ne pouvant être émises que par des sociétés anonymes, un commissaire du gouvernement est toujours préposé près de ces sociétés. Il est dès lors très facile de prélever chaque année une somme quelconque, à titre d'impôt, sur le dividende qui est distribué aux actionnaires par chacune de ces sociétés.

Nous sommes encore à concevoir comment jusqu'ici on n'a pas préféré un pareil impôt à l'impôt sur les boissons, qui a été l'objet de tant de réclamations.

Il y a maintenant en circulation beaucoup d'actions de compagnies industrielles; un impôt bien combiné sur ces actions pourrait produire des sommes considérables.

A l'égard des prêts sur particuliers, on ne doit pas non plus regretter de ne pouvoir en acquérir la connaissance au lieu du domicile des contribuables, ces prêts donnant lieu à des établissements qui sont même maintenant l'objet d'un impôt (l'impôt des patentes).

D'un autre côté ils offrent tant de chances de pertes, que ces pertes sont une charge suffisante pour ceux qui emploient leurs fonds de cette manière.

Mais nous voulons aller plus loin, et supposer un contribuable qui ne possède aucune propriété foncière, et qui n'a aucune rente sur l'état.

Au lieu de son domicile il n'est parvenu aucun renseignement sa fortune, et cependant il habite un riche hôtel, il a des voitur des domestiques.

Une loi des 13 janvier — 12 février 1791 avait précisément pré ce cas.

Cette loi avait considéré le prix du loyer comme un signe de r venu.

L'article 18 de cette loi était ainsi conçu :

Les loyers 1° de 12,000 fr. et au-dessus sont présumés être du 12e 1/2 d revenu du contribuable ;

2° ceux de 11 à 12,000 du 11e 1/2	10° ceux de 3,500 à 4,000 du 7e 1/
3° ceux de 10 à 11,000 du 11e	11° ceux de 3,000 à 3,500 du 7e
4° ceux de 9 à 10,000 du 10e 1/2	12° ceux de 2,500 à 3,000 du 6e 1/
5° ceux de 8 à 9,000 du 10e	13° ceux de 2,000 à 2,500 du 6e
6° ceux de 7 à 8,000 du 9e 1/2	14° ceux de 1,500 à 2,000 du 5e 1/2
7° ceux de 6 à 7,000 du 9e	15° ceux de 1,000 à 1,500 du 5e
8° ceux de 5 à 6,000 du 8e 1/2	16° ceux de 500 à 1,000 du 1/4
9° ceux de 4 à 5,000 du 8e	17° ceux de 100 à 500 du 1/3

Ainsi, aux termes de ce tarif, le contribuable qui avait un loyer de 6,000 fr., par exemple, était considéré comme ayant un revenu de 54,000 fr., et il était imposé en conséquence.

Celui qui avait un loyer de 100 fr. était considéré comme ayant un revenu de 300 fr.

Cette loi n'a pu être appliquée que pendant fort peu de temps, faute de moyens d'exécution convenables.

A cette époque l'administration des contributions directes était loin d'être organisée comme elle l'est maintenant; elle n'avait pas l'expérience qu'elle a acquise depuis, elle ne pouvait procéder à l'estimation des loyers sans donner lieu à d'innombrables réclamations.

Et d'un autre côté, il faut le dire, il est toujours fort difficile de mettre à exécution une loi de finances qui a pour objet de soulager les classes pauvres d'impôts qui ne devraient peser que sur les classes aisées, dans la proportion de leur fortune.

Mais maintenant les agents des contributions directes exécutent des travaux qu'on eût considérés comme chimériques en 1791.

Ils estiment tous les loyers des patentés, pour les soumettre à un impôt du dixième de ces loyers, et leurs estimations donnent lieu à peu de réclamations.

Puisque l'on est bien parvenu à estimer d'une manière assez satisfaisante les loyers des patentés, nous ne voyons pas comment il pourrait être impossible d'estimer également les loyers des non-patentés, pour en faire la base de l'impôt progressif que nous proposons.

Le loyer n'étant qu'un signe de revenu, nous pensons que si avec un faible loyer un contribuable a des chevaux, des voitures, des domestiques, qui annoncent évidemment un revenu supérieur à celui que représente son loyer, le contrôleur doit prendre ces éléments en considération dans son estimation, sauf à soutenir, devant les tribunaux, l'exactitude de son opération, si elle est contestée.

Lorsque les tribunaux ont à déterminer la pension qu'un fils riche peut être tenu de faire à ses père et mère malheureux, l'avocat du père ou de la mère, à défaut d'autres renseignements, expose que le fils a un loyer de telle importance, qu'il a tant de chevaux, tant de voitures, tant de domestiques, le tribunal, prenant ces faits en considération, arbitre la fortune du fils, et fixe la pension demandée.

Les tribunaux sont déjà saisis des difficultés qui s'élèvent en matière d'enregistrement et d'impôts indirects; nous ne voyons pas pourquoi la même garantie ne serait pas accordée pour la solution des difficultés auxquelles pourrait donner lieu la fixation de l'impôt direct.

Il est bien entendu que la fixation de l'administration serait exécutoire par provision, sauf restitution, ainsi que cela a lieu maintenant pour la fixation des droits d'enregistrement contestés.

Quelques dispositions assez simples pourraient faciliter de beaucoup l'assiette et la perception du mode d'impôt que nous proposons.

Une loi sur le domicile pourrait être combinée de manière à ce que les titres nominatifs indiquassent toujours le véritable domicile des propriétaires : les renvois des extraits de ces titres seraient dès lors toujours adressés au domicile réel de chaque contribuable.

On pourrait obliger les personnes qui ont des voitures bourgeoises à les faire enregistrer à la police sous une série de numéros, comme cela se pratique maintenant pour les cabriolets et pour toutes les voitures de transport.

On pourrait tenir la main à ce que les domestiques fussent toujours porteurs d'un livret indiquant le nom et le domicile de leurs maîtres.

A l'aide de ces mesures on pourrait facilement connaître le nombre des voitures et des domestiques de chaque contribuable.

Les conservateurs actuels des hypothèques, que la mobilisation du sol priverait d'une grande partie de leurs fonctions, pourraient être chargés de classer sous le nom de chaque contribuable les renseignements contenus dans les notes de renvois qui leur seraient adressées des différentes parties de la France par les agents de l'administration préposés à cet effet.

On pourrait enfin obliger chaque contribuable à faire une déclaration dans laquelle il ferait connaître,

Son domicile réel,

Le nombre des membres de sa famille habitant le même domicile que lui et ne payant aucune contribution,

Le montant des revenus de ses immeubles, avec indication de leur situation,

Le montant des revenus de ses capitaux en rentes sur l'état, en actions sur des compagnies ou en toutes autres valeurs,

Le montant de son loyer,

Le nombre de ses domestiques et de ses voitures.

Le contribuable qui ne ferait point cette déclaration, ou qui en ferait un fausse, serait imposé pendant trois ans à un tiers en sus du maximum du tarif, sur tous les revenus que l'administration établirait d'office sous son nom.

En Angleterre les contribuables ne sont taxés que d'après les revenus par eux déclarés.

Dans le système que nous proposons, voici comment les choses se passeraient :

Chaque contribuable ferait une déclaration détaillée de ses revenus. L'administration vérifierait cette déclaration en la comparant aux renvois qui lui seraient parvenus sous le nom de ce contribuable.

Si le revenu indiqué par la déclaration était supérieur à celui résultant des renvois, l'impôt serait assis sur le revenu déclaré. Dans le cas contraire, le revenu résultant des renvois serait préféré.

Si le revenu indiqué par le loyer ou par l'état de maison du contribuable était supérieur au revenu résultant des renvois, l'impôt serait perçu sur le revenu indiqué par le loyer et l'état de maison du contribuable.

Par ce moyen le revenu indiqué par le loyer et l'état de maison ne ferait pas double emploi avec le revenu indiqué par les renvois.

Et la totalité de l'impôt de chaque contribuable serait toujours payée au lieu de son domicile.

A défaut de paiement, il y serait contraint par les moyens indiqués dans notre sixième lettre.

Dans notre prochaine lettre nous ferons connaître les moyens de déterminer les revenus des citoyens qui exercent une industrie ou qui remplissent des fonctions quelconques.

Nous développerons les avantages des propositions que nous faisons dans la présente lettre, et nous répondrons aux objections dont elles pourraient être l'objet.

—

QUATORZIÈME LETTRE *.

DU SYSTÈME D'IMPOT A SUBSTITUER A CELUI QUI EST MAINTENANT EN VIGUEUR.

Dans notre dernière lettre nous croyons avoir établi qu'il serait juste de créer un impôt progressif sur les revenus des citoyens.

Nous avons indiqué le moyen de déterminer les revenus des propriétaires et des capitalistes qui n'exercent aucune industrie.

Nous devons maintenant faire connaître comment peuvent être évalués les revenus des citoyens qui exercent une industrie ou remplissent des fonctions quelconques.

MOYENS DE DÉTERMINER LE REVENU DES CITOYENS QUI EXERCENT UNE INDUSTRIE OU REMPLISSENT DES FONCTIONS PUBLIQUES.

Le revenu des citoyens qui remplissent des fonctions publiques doit être facile à établir.

Il suffit de donner ordre aux payeurs d'envoyer au lieu du domicile de chaque fonctionnaire une note des sommes par lui touchées chaque année à ce titre.

Ce n'est pas ici le lieu d'examiner s'il convient de réduire les traitements plutôt que de les assujettir à un impôt ; nous nous occuperons de cette question en répondant aux objections qui peuvent être faites contre le système que nous proposons.

* Extrait du *Globe* du 6 sept. 1831.

Les revenus des citoyens qui exercent une industrie sont maintenant évalués d'après le montant de leur loyer. Ce mode pourrait être conservé en y appliquant toutefois le tarif de la loi du 13 janvier 1791, d'après lequel un loyer de 500 fr. supposait un revenu de 1,500; un loyer de 1,000 fr. un revenu de 4,000 fr., et ainsi de suite, en augmentant la proportion selon l'importance du loyer.

Le revenu présumé produit par une industrie ne serait compté que pour moitié, par opposition aux revenus qui seraient le résultat de loyers, fermages, ou intérêts de capitaux, lesquels seraient comptés en totalité.

Chaque revenu produit d'un industrie, et par conséquent réduit de moitié, serait soumis au tarif progressif contenu dans notre dernière lettre.

Par exemple, dans le cas d'un loyer de 500 fr., supposant un revenu industriel de 1,500 fr., le revenu ne serait compté que pour. . . . . 750 fr.

Il serait imposé, à raison de 8 p. 100, à 60

Dans le cas d'un loyer de 1,000, supposant un revenu industriel de 4,000 fr.

Le revenu ne serait compté que pour 2,000

et serait imposé, savoir :

Pour 1,000 fr. de revenu, nécessaire, à 8 p. 100. . . . . 80 fr.

Pour 1,000 fr. de revenu excédant le nécessaire, à 8 1/2 p. 100 85

} 165

Cependant on ne peut disconvenir que ce ne soit agir par simple présomption que d'évaluer le revenu d'un industriel par le montant de son loyer.

Toutes les fois que la réalité pourra être substituée à la présomption, elle devra être préférée.

Ainsi, par exemple, *dans le cas d'une société anonyme ayant émis des actions au porteur*, il est évident que la somme qui est distribuée chaque année entre les actionnaires représente le revenu de la société d'une manière bien plus exacte que le loyer des lieux occupés par la société, multiplié par un terme quelconque.

Dans ce cas il y aurait lieu d'asseoir l'impôt sur la somme distribuée aux actionnaires, non d'après un tarif progressif, mais d'apr[è]s un tarif fixe; car il serait injuste d'appliquer le tarif progressif à u[n] revenu n'appartenant pas à un seul individu.

Le dividende distribué entre des propriétaires d'actions au porte[u]r pourrait être frappé d'un droit de 10 p. 100, par exemple.

Cette perception serait d'autant plus facile que toutes les société[s] anonymes doivent deux fois par an déposer leur état de situation [à] la préfecture du département, et au tribunal de commerce de l'arrondissement où elles ont leur domicile.

Il existe plusieurs autres moyens de substituer, dans un grand nombre de cas, la réalité à la présomption résultant du loyer.

En instituant des commissaires taxateurs, qui seraient chargés de reviser les droits perçus sur les parties par les divers officiers ministériels, on pourrait connaître les revenus annuels de chacun d'eux.

Ces commissaires taxateurs tiendraient registre des sommes par eux allouées chaque année aux officiers ministériels, et en donneraient avis à l'administration des contributions.

Il paraît plus difficile de pouvoir arbitrer le bénéfice annuel des sociétés libres et des grandes maisons de commerce, et cependant la chose n'est pas impossible.

Aux termes de l'art. 9 du code de commerce, les commerçants sont tenus de faire tous les ans, sous seing privé, un inventaire de leurs effets mobiliers et immobiliers, et de leurs dettes actives et passives, et de le copier année par année sur un registre-journal.

Cette formalité n'est point remplie par les petits commerçants; mais elle l'est exactement par le haut commerce.

Il y a quelques années, ainsi que nous l'avons déjà dit, M. Laffitte exprima le vœu qu'une loi obligeât les commerçants à déposer un double de leur inventaire au tribunal de commerce, pour que la situation de chacun fût connue de tous (1).

Cette idée pourrait être mise à profit, dans un but financier, par les dispositions suivantes :

Toute personne apposant sa signature sur des effets négociables

(1) Nous avons, dans notre sixième lettre, déjà fait connaître quelle serait l'utilité de cette mesure dans l'intérêt du commerce.

serait tenue, sous peine d'amende, dedresser chaque année l'inventaire prescrit par l'article précité, et d'en déposer un double au tribunal de commerce du lieu de son domicile.

L'inventaire déposé au greffe serait communiqué à tout requérant.

En cas de faillite, si les inventaires annuels étaient reconnus faux, le failli serait considéré comme banqueroutier frauduleux et puni comme tel. Par suite de ces mesures, il serait défendu aux banques d'escompter des effets de commerce dont les signataires ou endosseurs auraient omis de déposer leurs inventaires annuels.

Il règnerait dès lors une grande confiance dans les transactions.

Les inventaires seraient presque toujours sincères, car ceux qui les dresseraient seraient placés dans cette alternative : d'une part, ils désireraient présenter des inventaires favorables à leur gestion, pour avoir le plus de crédit possible auprès des banques et des capitalistes ; d'autre part, ils craindraient d'avancer des faits mensongers dans ces inventaires, pour ne pas s'exposer à être constitués en banqueroute dans le cas où ils éprouveraient des malheurs.

Les banquiers et les capitalistes pourraient mieux apprécier la position des personnes auxquelles ils accorderaient du crédit.

Ces inventaires faciliteraient beaucoup l'instruction des faillites.

Le bénéfice reconnu par l'inventaire d'une année pourrait être pris pour base de l'impôt à payer l'année suivante par chaque commerçant.

RÉSUMÉ DES PROPOSITIONS CONTENUES DANS LA PRÉSENTE LETTRE ET DANS LAPRÉCÉDENTE.

La manière la plus simple de résumer les propositions contenues dans cette lettre et dans la précédente, c'est de supposer l'application des principes que nous proposons à des cas spéciaux.

EXEMPLE *d'un contribuable propriétaire foncier et capitaliste, n'exerçant aucune industrie.*

Il résulte de sa déclaration et des renvois parvenus à l'administration au lieu de son domicile,

Que son revenu fonoier est de	2,000 fr.
Son revenu en rente sur l'état de	1,000
Son revenu en valeurs diverses	3,000
Total	6,000 fr.

Son loyer est de 1,000 fr.; ce qui, d'après le tarif de la loi du 13 janvier 1791, suppose un revenu de 5,000 fr.

Ce contribuable a déclaré avoir une femme et deux enfants qui ne paient aucune contribution.

Dans cette position, son revenu imposable est celui résultant des renvois montant à 6,000.

Ce revenu doit être taxé ainsi qu'il suit :

4,000 fr. de revenu nécessaire pour lui, sa femme et ses deux enfants, à 8 p. 100. . . . . 320 fr.

2,000 de revenu excédant le nécessaire, à 8 1\|2. . 170

Total. 490

Exemple *d'un contribuable capitaliste n'exerçant aucune industrie et demeurant à Paris.*

Il résulte des renvois parvenus au lieu de son domicile qu'il a en rentes sur l'état une somme de . . . . 6,000 fr.

Son loyer est de 2,400 fr. ; ce qui, d'après le tarif de la loi précitée, suppose un revenu de 14,400 fr.

Mais il a une calèche, un cabriolet et trois domestiques . . . .

Le contrôleur a estimé que cet état de maison supposait un revenu supérieur à celui résultant des renvois parvenus au lieu du domicile de ce contribuable et à celui que fait supposer son loyer.

Il a estimé son revenu à 30,000 fr.; le contribuable a contesté cette fixation; le tribunal l'a réduite à . . . . 24,000 fr. »

A reporter . . . 24,000 fr. »

Report . . .	24,000 fr. »

Ce contribuable est célibataire; il doit être taxé ainsi qu'il suit :

1,000 fr. de revenu nécessaire, à 8 p. 100 .	80 fr. »
23,000 fr. de revenu excédant le nécessaire, à 10 1/2 p. 100, suivant le tarif proposé dans notre dernière lettre	2,465 fr. »
Total . . .	3,265 fr. »

Maintenant ce contribuable ne paie que 114 fr. (1).

EXEMPLE *d'un contribuable exerçant une industrie et ne jouissant d'aucun autre revenu que celui provenant de son travail.*

Il a un loyer de 1,000 fr., qui, d'après le tarif précité, fait supposer un revenu de	5,000 fr. »
Il résulte de son dernier inventaire, déposé au greffe du tribunal de commerce, et dont l'administration a pris connaissance, qu'il a réalisé dans la dernière année un bénéfice de . . .	6,000 »
Ce revenu, étant purement industriel, ne lui est compté que pour moitié.	3,000 »
Comme il a une femme et deux enfants, ce revenu n'est taxé que comme revenu nécessaire, à 8 p. 100	240 »

EXEMPLE *d'un contribuable propriétaire et capitaliste, exerçant une industrie.*

Il résulte des renvois parvenus au lieu de son domicile, et de sa déclaration :

	REVENU RÉEL.	REVENU IMPOSABLE.
Que son revenu foncier est de	1,500 f.	1,500 f.
A reporter	1,500 f.	1,500 f.

(1) Voyez notre douzième lettre.

Report	1,500 f.	1,500 f.
Son revenu en rentes sur l'état de	600	600
Id., en valeurs diverses	300	300
Il a une pension militaire de	1,200	
Laquelle, comme fruit de travaux, ne lui est comptée que pour		600
Son loyer est de 1,200	1,200	
Ce loyer, d'après le tarif de la loi précitée, suppose un revenu de 6,000 fr.	6,000	
Lequel, comme fruit de travaux, ne doit également être compté que pour moitié		3,000
Total	9,600	6,000

Ce contribuable ayant une femme et deux enfants est taxé ainsi qu'il suit :

4,000, fr. de revenu nécessaire, à 8 p. 100,	320 fr.
2,000 fr. de revenu excédant le nécessaire, à 8 1|2 p. 100,	170
Total	490

Ces exemples peuvent faire juger de la juste progression du système que nous proposons.

Ainsi celui qui a un revenu de 6,000 fr., qui ne lui provient que du fruit de son travail, ne paie que 255 fr.

Celui qui a un revenu de 9,600 fr., composé en partie du fruit de son travail et en partie de fermages et intérêts de capitaux, voit ce revenu réduit à 6,000 fr., et imposé à 490

Celui qui a un revenu de 6,000 fr. qui n'est composé que de fermages et d'intérêts de capitaux, est imposé à la même somme de 490

Celui qui n'exerce aucune industrie, qui a un revenu apparent de 6,000 fr. et un loyer qui fait supposer un revenu de 14,400 fr., mais dont l'état de maison démontre un revenu de 24,000 fr. est imposé pour ce revenu, à 3,265

AVANTAGES DU SYSTÈME QUE NOUS PROPOSONS.

Ce système a le grand avantage de réaliser les promesses de la Charte de 1830, en répartissant les charges de l'état entre tous les citoyens, dans la proportion de leur fortune, et dans une proportion bien plus juste que celle qui se pratique maintenant, même pour l'impôt foncier.

Car le propriétaire foncier qui n'a qu'un revenu de 1,000 fr. en paie au moins le dixième, souvent même le huitième, et le sixième dans certains départements.

Un grand propriétaire foncier paie d'après les mêmes bases.

Nous avons cru juste de n'imposer le revenu nécessaire qu'à 8 p. 100, et d'augmenter la proportion à mesure que le revenu augmente lui-même.

L'impôt doit frapper ceux qui ont, plutôt que ceux qui n'ont pas.

Le mode d'impôt que nous proposons sera très productif.

En ménageant le pauvre il lui laissera plus de latitude pour fonder des établissements nouveaux; ces établissements seront eux-mêmes une source abondante de recettes pour l'état.

L'impôt sur le dividende des sociétés anonymes sera simple et facile à percevoir.

De grandes économies seront réalisées lorsque toutes les contributions existantes auront été progressivement converties en une seule contribution, payable au domicile de chaque citoyen.

On sait que, dans l'état d'organisation actuelle des contributions, lorsqu'un contribuable possède des propriétés dans plusieurs communes, il faut que l'administration exerce autant d'actions contre lui qu'il y a de communes dans lesquelles il possède des immeubles, sans préjudice des diverses actions que le fisc exerce contre lui pour la perception des divers impôts indirects auxquels il est soumis à chaque instant.

Il nous paraît également plus rationnel que l'impôt de l'année courante soit assis sur le revenu de l'année précédente, car alors on ne demande au contribuable qu'une part dans des résultats consommés, on agit dès lors sur des données plus certaines.

Les renvois, au lieu du domicile de chaque contribuable, du montant des traitements et pensions qu'il touche de l'état, feront obstacle aux cumuls que la loi défend.

Le système d'impôt que nous proposons pourra être appliqué de suite, en même temps que le système qui est maintenant en vigueur.

Rien ne s'oppose à ce que, pour la première année, on ne continue la perception des impôts indirects en même temps que l'on asseoira l'impôt progressif.

On abolira ensuite les impôts indirects qui pèsent le plus sur le peuple, à mesure que les produits de l'impôt progressif permettront cette abolition sans préjudice pour le trésor.

RÉPONSE AUX OBJECTIONS QUI POURRONT ÊTRE FAITES CONTRE LE SYSTÈME QUE NOUS PROPOSONS.

Peut-être dira-t-on :

1° *Mais pourquoi tendre à l'abolition de tous les impôts indirects? Ces impôts frappent sur de grandes masses; la plupart de ces impôts excitent peu de réclamations?*

Sans doute ils frappent sur de grandes masses, et surtout sur des masses pauvres : c'est ce qui explique le peu de réclamations que soulèvent ces sortes de contributions.

Les classes sur lesquelles elles pèsent principalement ne sont pas représentées dans les chambres, composées, pour la presque totalité, de propriétaires fonciers, qui sont plus naturellement portés à se plaindre des impôts directs qu'ils paient, que des impôts indirects qui grèvent les classes inférieures.

Au lieu de faire payer des impôts indirects aux ouvriers qui travaillent chez un maître, il est bien plus naturel d'imposer le maître classes élevées à des privations aussi dures que celles que subissent maintenant les classes inférieures par suite des impôts indirects.

2° *Si l'on frappe les classes élevées, la richesse prendra la livrée de la misère, les consommations seront moins considérables, et les producteurs en souffriront.*

Si les classes élevées s'abstiennent de consommer, elles procureront un abaissement dans les prix des productions, qui seront dès lors plus à la portée des classes inférieures.

Si le trésor a besoin de dix francs, il vaut mieux qu'il les demande à un riche qu'à un pauvre ouvrier.

Nous avons peine à croire que celui qui a maintenant un revenu mobilier considérable, et qui dépense ce revenu en chevaux, voitures et gages de domestiques, change sa manière de vivre parce-qu'il subira une augmentation dans sa contribution.

3° *C'est éteindre toute émulation que d'élever la proportion de l'impôt à mesure que la fortune des travailleurs augmente.*

Nous ne pensons pas que beaucoup de personnes s'abstiendront de se livrer à des travaux susceptibles de leur produire 100,000 fr. de rente, par la considération que sur ces 100,000 fr. de rente il leur faudra payer 25,000 fr. à titre d'impôt.

4° *On transformera sa fortune pour la soustraire à l'impôt progressif.*

Nous avons démontré que l'administration aura tous les moyens de connaître ce que chacun possèdera en propriétés foncières, rentes sur l'état, traitements, pensions et revenus industriels.

Nous avons indiqué le moyen de frapper les titres au porteur.

Il n'y aura que les prêts sur particuliers qui échapperont à l'action du fisc.

Comme ils verront avec joie l'usage qui sera fait des deniers publics, ils seconderont le gouvernement de leurs efforts, au lieu de chercher à l'entraver; ils seront d'autant plus disposés à lui prêter appui, que chacun profitera des institutions auxquelles les nouveaux principes financiers donneront naissance.

5° *Une telle investigation sur la fortune des citoyens pourra leur paraître vexatoire.*

Le domicile des citoyens sera aussi respecté qu'il l'est maintenant.

Dans l'état actuel des choses, les contrôleurs estiment les loyers des divers contribuables; ils continueront de procéder à cette estimation comme par le passé.

L'administration obtiendra tous les documents qui lui seront nécessaires, presque sans le concours des citoyens, par le seul effet des renvois dont nous avons parlé dans notre dernière lettre.

Les contribuables n'auront de rapport avec l'administration que pour obtenir d'elle ce qu'ils jugeront être dans leur intérêt : par exemple, pour lui faire connaître qu'ayant tel nombre d'enfants, leur impôt doit être réduit en conséquence.

Pour percevoir les impôts des boissons et des douanes, et pour maintenir le monopole du tabac et du sel, l'administration est forcée d'avoir recours à des mesures bien plus vexatoires que celles que nous proposons.

Quand cessera-t-on donc de s'apitoyer sur le sort de ceux qui n'éprouvent presque aucune gêne, pour compatir aux maux de ceux qui souffrent véritablement ?

6° *Le système proposé ne peut être exécuté qu'autant que les citoyens feront des déclarations spontanées de leurs revenus, et l'administration n'a jamais pu obtenir aucun document par cette voie.*

Dans le système que nous proposons, chaque contribuable aura un grand intérêt à faire la déclaration prescrite pour ne pas subir l'application d'un tiers en sus du maximum du tarif sur le revenu que l'administration établira d'office sous son nom.

7° Il n'y aura donc plus d'impôt de répartition? cependant cette espèce d'impôt avait l'avantage d'assurer les recettes du trésor à l'avance, et d'une manière positive.

Sur le milliard d'impôts voté chaque année, il n'y a plus d'impôt de répartition que l'impôt foncier, s'élevant à . 244,000,000 fr.
Et l'impôt mobilier, s'élevant à. 27,000,000

Total 271,000,000

Tous les autres impôts sont des impôts de quotité.

Les impôts de quotité répondent chaque année aux prévisions du budget, aussi bien que les impôts de répartition.

Les impôts de répartition sont très inégalement répartis entre les différents départements.

Il y a des départements où les contribuables paient le 10e de leur revenu foncier, il y en a d'autres où ils paient le 5e, le 6e, etc.

Les impôts de répartition ont un caractère d'immobilité qui s'oppose à la réparation des injustices même les plus évidentes.

L'impôt de quotité suit la matière imposable dans toutes ses modifications, tandis que l'impôt de répartition se perçoit sans égard aux changements qui ont pu survenir dans la valeur des objets sur lesquels il est assis.

8° Imposer les rentes sur l'état, c'est porter atteinte au crédit public.

En contributions directes, environ	10 fr.
En contributions indirectes.	93 (1)
Total.	103 fr.

Celui qui a 100,000 de rente sur l'état ne paie presque pas plus d'impôts directs et indirects.

La justice veut que l'égalité proportionnelle soit ici rétablie.

Dans notre système, le rentier de l'état qui a 1,000 fr. de revenu ne paierait que 80 fr. au lieu des 103 fr. qu'il paie maintenant, et le rentier qui a 100,000 fr. de revenu paierait 25,000 fr.

Si ses rentes étaient au porteur, il ne paierait que 10,000 fr.

Une plus égale répartition de l'impôt entre les rentiers de l'état ne peut nuire au crédit public.

Le crédit public parviendra au plus haut point de prospérité lorsque les impôts seront combinés de manière à peser de plus en plus sur les oisifs, en épargnant les travailleurs.

Le crédit public prend sa source dans une juste répartition de l'impôt, et non pas dans des priviléges exorbitants, concédés à un petit nombre d'individus, au grand préjudice de la majorité de la nation.

Ces considérations nous conduisent à conclure que rien ne s'oppose à ce que les rentes *nominatives* sur l'état soient soumises à un impôt progressif;

Et à ce que les rentes sur l'état *au porteur* soient soumises à une retenue du dixième, comme nous l'avons proposé pour les actions des compagnies industrielles.

9° *Pourquoi imposer les traitements* ?

Nous croyons que les traitements doivent être imposés, par ce motif que maintenant l'impôt ne frappe pas seulement sur le superflu des contribuables, mais même sur leur nécessaire.

Ainsi, maintenant, l'ouvrier qui gagne à peine de quoi suffire à

En supposant que chaque traitement ne soit que le nécessaire de celui qui le reçoit, il doit être frappé d'un impôt moins fort, il est vrai, que si ce traitement excédait le nécessaire; mais enfin il faut que le titulaire contribue pour quelque chose aux charges de l'état.

Le propriétaire foncier qui n'a que 1,000 fr. de rente paie bien 100 fr. et quelquefois 200 fr. d'impôt dans certains départements. Pourquoi l'employé qui n'a également que 1,000 fr. de traitement ne contribuerait-il pas aussi pour une somme quelconque?

Dans le système que nous proposons, le traitement de cet employé ne lui sera compté que pour moitié, et il sera imposé, à raison de 8 p. 100, c'est de dire à 40 fr.

Il paie maintenant une bien plus forte somme, par l'effet des impôts indirects.

On pourra par des mesures administratives retenir sur chaque traitement l'impôt dû par chaque fonctionnaire, eu égard à sa fortune personnelle.

10° *Mais vous ne frappez pas l'avare qui entasse son argent dans un réduit misérable; maintenant l'impôt indirect l'atteint au moins sur ses consommations.*

En voulant atteindre cet homme par des impôts indirects, on frappe en même temps des milliers d'individus qui ne peuvent véritablement pas supporter un impôt quelconque.

Il vaut mieux laisser un avare livré aux tourments de son égoïsme, que de frapper tout un peuple de malheureux pour l'atteindre.

11° *En obligeant les commerçants qui signent ou endossent des effets à ordre à déposer chaque année leur inventaire au tribunal de commerce, on portera atteinte au crédit des commerçants qui n'auront pas de capitaux à eux.*

administration, obtiendra plus de crédit que le propriétaire de cap taux qui les aura mal gérés et ne pourra justifier que de pertes.

12° *Ce sera un travail immense que ces renvois, au lieu du domicile chaque citoyen, de tous les éléments constitutifs de son revenu.*

Nous avons déjà fait observer que l'administration de l'enregis trement faisait un travail analogue pour connaître l'actif des succes sions mobilières, et percevoir des droits de mutation sur ces succes sions.

Il y a un autre précédent de ce genre de travail dans le droit criminel. La première question que l'on adresse à un accusé est celle-ci : Où êtes-vous né? L'accusé indique le lieu de sa naissance ; et la justice criminelle renvoie à ce lieu les principaux documents relatifs aux poursuites qu'elle dirige ; de telle sorte que lorsqu'un individu se trouve en état de récidive, on en obtient facilement la preuve, en consultant les notes de renvoi qui ont été adressées au lieu de sa naissance pour être classées sous son nom.

Le travail des renvois que nous demandons n'est rien en comparaison de tous les travaux que nécessite maintenant la perception des divers impôts indirects.

13° *Les tribunaux seront bien surchargés s'ils doivent connaître de l'appréciation de faits relatifs à l'assiette de l'impôt progressif.*

On n'a pas oublié que dans notre cinquième lettre nous avons indiqué les moyens de hâter et de simplifier la marche de la procédure devant les tribunaux.

Maintenant les tribunaux connaissent des difficultés qui s'élèvent relativement à la perception de tous les impôts indirects, y compris l'enregistrement ; pourquoi ne connaîtraient-ils pas également des difficultés auxquelles pourra donner lieu l'impôt que nous proposons ?

Dans tous les cas, quelles que soient les objections qui puissent être élevées contre cet impôt, il est impossible qu'il ne soit pas préféré aux impôts indirects, qui n'ont que le hasard pour base de répartition.

Plutôt que de conserver le système des impôts indirects, il vaudrait mieux en répartir le produit PAR TÊTE entre tous les contribuables.

Ceux qui ne possèdent rien auraient encore moins à payer que maintenant.

Mais nous croyons que l'on peut faire mieux.

Dans notre prochaine lettre nous indiquerons, parmi les mesures que nous avons proposées dans cette lettre et dans la précédente, celles qui pourraient être immédiatement mises à exécution, et quelles dispositions transitoires pourraient en faciliter l'application.

—

QUINZIÈME LETTRE *.

DU SYSTÈME D'IMPOT A SUBSTITUER A CELUI QUI EST MAINTENANT EN VIGUEUR.

Pendant que les partis épuisent toute leur virtualité dans de vains débats, qui ne font qu'agraver le sort de l'industrie, nous croyons devoir continuer l'exposé de ce que nous pensons qui devrait être fait pour calmer la crise que subissent maintenant tous les intérêts.

Dans nos deux précédentes lettres nous avons exprimé le vœu qu'un impôt progressif fût établi sur les revenus des citoyens, et nous avons indiqué comment pourraient être déterminés les revenus des contribuables ; soit qu'ils fussent propriétaires fonciers, rentiers de l'état ou capitalistes vivant de leur revenu ; soit qu'ils fussent industriels, fonctionnaires publics ou pensionnaires de l'état.

En faisant connaître nos vues sur cette matière, nous ne nous sommes pas dissimulé qu'elles ne peuvent être immédiatement converties en lois.

Les amélioration ne peuvent s'accomplir que progressivement; c'est pourquoi nous croyons devoir indiquer ce qui pourrait être fait maintenant pour préparer l'application du système que nous proposons.

Nous avons d'abord dû faire connaître le but, bien convaincu que lorsqu'il serait compris on n'hésiterait pas à adopter les voies et moyens qui doivent y conduire.

* Extrait du *Globe* du 3 octobre 1831.

DISPOSITIONS QUI POURRAIENT ÊTRE ADOPTÉES DE SUITE POUR PRÉPARER L'ADOPTION DU SYSTÈME D'IMPÔT PROGRESSIF PROPOSÉ DANS NOS DEUX DERNIÈRES LETTRES.

1° *Soumettre les citoyens qui n'exercent aucune industrie à payer, outre leur impôt mobilier, un droit fixe déterminé et un droit proportionnel de 10 p. 100 sur le montant de leur loyer.*

Dans notre douzième lettre nous avons dit que, par la combinaison de l'impôt mobilier et de celui des patentes, le rentier qui n'exerce aucune profession ne paie presque rien, tandis que le citoyen sans fortune qui exerce une industrie paie une contribution fort élevée.

Et nous avons donné cet exemple :

Si un rentier, qui ne paie aucun impôt foncier, a un loyer de 6,000 fr., il est imposé environ à une somme de	144 fr.
Si c'est un marchand droguiste, qui a également un loyer de 6,000 fr., il paie :	
1° Pour le droit proportionnel de sa patente, à raison de 10 p. 100	600
2° Pour le droit fixe de sa patente.	300
3° Pour sa contribution mobilière la même somme que le rentier	144
Total. . . .	1,044
S'il s'agissait d'un banquier, le droit fixe de la patente étant de 500 fr. au lieu de 300, il paierait de plus.	200
C'est-à-dire. . .	1,244

La circonstance que l'un de ces contribuables paierait un impôt foncier plus ou moins fort ne changerait rien à la cotisation qu nous venons d'établir.

Pour rétablir l'égalité, il y aurait lieu de déclarer provisoireme par une loi, en attendant l'établissement de l'impôt progressif, qu « le non-commerçant paiera comme le commerçant, outre son i »pôt mobilier, un impôt de 10 p. 100 de son loyer, et de plus u »droit fixe analogue à celui qui est maintenant payé par chaqu »commerçant. »

Cette loi serait certainement très juste, soit que le rentier aït o n'ait pas de propriétés foncières.

Car, lorsqu'un commerçant possède des immeubles, il ne lui es fait aucune diminution sur son droit fixe ni sur le droit proportion nel de 10 p. 100 établi sur son loyer.

Celui qui, n'exerçant aucune industrie, a un loyer de 6,000 fr. peut, plutôt que celui qui exerce une industrie, payer un impô de 1,244 fr.

Nous ne voyons aucun motif de traiter le premier plus favorablement que le dernier.

La disposition législative que nous proposons produirait une somme énorme à l'état; elle pourrait être exécutée avec d'autant plus de facilité, qu'en vertu de la loi qui, dans la session de 1830, a modifié le mode d'assiette de l'impôt mobilier, toutes les valeurs locatives de France doivent être, cette année, l'objet d'une nouvelle estimation.

2° *Soumettre les dividendes distribués entre des associés commanditaires à un droit de* 10 p. 100.

Cet impôt sera très facile à asseoir et à percevoir dans les sociétés anonymes.

Car dans ces sortes de sociétés, il y a toujours un commissaire du gouvernement qui surveille toutes les opérations.

Ce commissaire pourra facilement percevoir l'impôt qui sera dû sur le dividende de chaque année.

Ces sociétés étant généralement les plus importantes, l'impôt auquel elles seront soumises offrira une ressource assez considérable au trésor.

Le droit de 10 p. 100 n'est pas trop élevé, car les revenus fonciers paient dans la proportion du cinquième au dixième de revenu net.

Et l'on sait qu'un propriétaire foncier a moins de facilité à réaliser son revenu qu'un actionnaire commanditaire d'une société industrielle.

Cet impôt pourra être facilement perçu sur les sociétés libres, en obligeant les sociétaires responsables à déposer chaque année au greffe du tribunal de commerce un double de leur inventaire, énonçant les dividendes à distribuer entre leurs commanditaires.

Faute par eux d'effectuer ce dépôt, le droit de 10 pour 100 serait perçu sur le capital social.

Dans le cas où les inventaires par eux déposés seraient par la suite reconnus faux, ils seraient, en cas de faillitte, déclarés en état de banqueroute frauduleuse, ainsi que cela a été expliqué dans notre dernière lettre.

3° *Faire une loi sur les patentes, qui comprendra un grand nombre de professions qui ne sont pas imposées maintenant, et qui établira une juste proportion entre tous les citoyens patentables.*

Il y a maintenant beaucoup de professions très lucratives qui ne sont pas soumises à l'impôt de la patente.

Nous citerons à cet égard les notaires, les avoués, les avocats, les agréés, les administrateurs des compagnies anonymes, les adjudicataires d'octrois, les fermiers de pêches, les maîtres de poste aux chevaux, les entrepreneurs de salines, etc., etc.

Les notaires sont dans une position particulière. En 1791 ils avaient été soumis à la patente; depuis on les a obligés à fournir un cautionnement, pour lequel il ne leur fut pas payé d'intérêt : on les dispensa dès lors de l'impôt de la patente.

Maintenant ils touchent les intérêts de leurs cautionnements, et cependant ils ne sont pas soumis à la patente.

7.

Il y a lieu de les assujettir à cet impôt comme en 1791.

D'après des données certaines que nous nous sommes procurées l'impôt actuel des patentes produit de 24 à 25 millions.

Une nouvelle loi sur les patentes, qui ferait peser cet impôt plu particulièrement sur les industries les plus productives, en épargnan celles qui le sont moins, procurerait au trésor une recette de 3 à 40 millions.

M. de Chabrol, dans un rapport sur les finances, publié au commencement de 1830, s'exprimait en ces termes au sujet de cet impôt :

Mon prédécesseur a réuni tous les éléments de cette importante matière, pour les soumettre à l'épreuve de l'examen et de la discussion d'une commission spéciale composée des hommes les plus éclairés, et faire préparer un projet de loi destiné à régler d'une manière plus précise et plus étendue la classification des professions existantes, et à déterminer plus exactement le rapport du tarif avec les revenus qu'il doit atteindre.

J'ai fait continuer cet examen, disait ce ministre, *et j'en présenterai les résultats aussitôt qu'ils auront été rendus définitifs.*

Maintenant cette commission a sans doute terminé son travail. Pourquoi n'est-il plus question d'une réforme qu'un ministre de Charles X avait jugée si utile ?

Dans la position critique où se trouve maintenant le commerce, il serait très opportun de dégrever les petits industriels de la partie d'impôt qui doit être supportée par les industriels qui exercent les professions les plus lucratives.

Cette mesure est d'autant plus urgente qu'elle doit avoir le double résultat de répartir plus justement cet impôt et d'en augmenter le produit.

4° *Opérer une retenue de 10 p. 100 sur toutes les rentes inscrites sur le grand-livre de la dette publique.*

L'impôt tel qu'il est constitué maintenant pèse même sur le nécessaire des citoyens qui ne sont pas rentiers de l'état.

Le citoyen qui, après un long travail, s'est fait, à force d'économie, un revenu foncier de 2,000 fr. qui lui sert de retraite, paie maintenant une contribution personnelle et mobilière, des impôts indirects sur ses consommations, et une part notable de son revenu.

Pourquoi le rentier de l'état serait-il traité plus favorablement? La justice veut qu'il soit frappé d'autant de natures d'impôt que tous les autres contribuables.

On peut ajouter qu'un rentier de l'état qui n'a que 1,000 fr. de revenu pour toute fortune paie, en impôts indirects, une somme presque égale à celui qui a 100,000 fr. de rente sur l'état.

La retenue que nous proposons fera cesser cettte inégalité choquante.

Les rentiers de l'état seront dès lors dans la même position que les propriétaires fonciers; ils paieront un impôt personnel et mobilier, des impôts indirects sur leurs consommations, et de plus une fraction proportionnelle de leur revenu.

Les propriétaires fonciers paient du cinquième au dixième de leur revenu, les rentiers de l'état seront favorisés en ne payant que le dixième dans tous les cas.

Le crédit public ne peut souffrir d'une mesure éminemment juste et qui doit dégrever le trésor d'une somme annuelle d'environ 20 millions.

Les états ne portent pas atteinte à leur prospérité en rendant une égale justice à tous.

Dans notre 10e lettre (1) nous avons émis ce principe, que les titres nominatifs devaient seuls être frappés d'impôts, et que les titres au porteur devaient en être exempts.

En cela nous avons indiqué un but qui doit être atteint un jour; mais on ne peut obtenir ce résultat qu'après une série de mesures transitoires.

Transitoirement nous devons proposer d'imposer toutes les rentes indistinctement, sauf à revenir plus tard à l'application du principe ci-dessus, lorsque l'opinion publique sera assez avancée pour permettre entre les rentiers une distinction qu'elle ne saurait admettre aujourd'hui, faute d'en concevoir la portée.

(1) Voyez le *Globe* du 7 juin 1831.

L'adoption de ces différentes mesures donnera au gouverneme le temps de préparer l'établissement de l'impôt unique progressif qi nous avons proposé dans nos treizième et quatorzième lettres.

Pour rendre possible l'établissement de cet impôt pour l'ann' 1833, il faudrait que quelques dispositions législatives fussent adop tées cette année dans ce but.

On pourrait ordonner aux divers agents de l'administration de ren voyer pendant l'année 1832 au lieu du domicile de chaque citoyen

1° Le montant du revenu de chacune de ses propriétés foncière situées dans différents lieux ;

2° L'état des rentes sur l'état inscrites en son nom;

3° Les notes indicatives de ses traitements et pensions.

On prendrait des mesures pour que l'estimation des valeurs locatives, qui se fait maintenant en vertu de la dernière loi sur l'impôt personnel et mobilier, fût faite avec la plus grande régularité possible.

Des règlements de police prescriraient, dans l'année, le numérotage de toutes les voitures de maître, et la formalité du livret à tous les domestiques, de manière à ce que l'on pût connaître, au lieu du domicile de chaque citoyen, le nombre de ses voitures et de ses domestiques, pour faciliter l'évaluation de son revenu.

On obligerait tous les cioyens à faire des déclarations de tous les documents relatifs à l'établissement de leurs revenus, en les prévenant que, faute par eux d'avoir fait leur déclaration dans un délai déterminé, ils seraient imposés, l'année suivante, au maximum du tarif, sur les éléments constitutifs de leurs revenus, dont l'administration aurait acquis la preuve.

Le commerce subissant maintenant une crise profonde, on n'obligerait pas encore tous les industriels à déposer leur inventaire annuel au tribunal de commerce. Cette obligation ne serait imposée d'abord qu'aux diverses sociétés commerciales dont les actes doivent être publiés, et aux commerçants payant une patente excédant une certaine somme.

NÉCESSITÉ DE S'OCCUPER DES QUESTIONS D'INTÉRÊTS RÉELS.

Nous adjurons le pouvoir d'entrer sans délai dans la voie des mesures qui doivent influer sur la prospérité de l'industrie.

Avec un peuple qui ne peut suffire à son existence par son travail, on ne peut faire ni politique intérieure ni politique extérieure.

A l'intérieur on ne trouve que des passions agitées par la misère publique.

Toutes les questions sont traitées avec défiance; on croit toujours que le gouvernement veut constituer le pouvoir dans sa main, de manière à s'arroger le droit de faire même le mal; on cherche alors tous les moyens de l'entraver.

Tandis que, s'il faisait connaître ce qu'il est dans l'intention de faire pour le bonheur du peuple, tout se résoudrait facilement; les corps délibérants mettraient à sa disposition tous les moyens de réaliser les pensées généreuses qu'il aurait exprimées.

A l'extérieur tout est péril. Comme le peuple ne sait pas ce que l'on est disposé à faire pour lui, il ne montre aucune sympathie pour ses gouvernants; et les gouvernants, ne se sentant pas appuyés par l'enthousiasme du peuple, ne parlent en son nom qu'avec timidité; ils craignent d'être dans la nécessité d'avoir recours à la guerre : car quel espoir peut guider au combat une nation à laquelle on ne promet rien pendant la paix et rien pour après la victoire?

Les peuples voisins, voyant que nous ne sommes pas plus heureux qu'eux, ne désirent point être gouvernés comme nous; leurs souverains peuvent même les soulever contre nous en leur faisant entrevoir que, si nos principes étaient appliqués chez eux, ils ne leur apporteraient qu'anarchie et misère.

Tandis qu'au contraire si dès maintenant on rendait des lois favorables à l'industrie, la nation en serait reconnaissante; elle serait prête à soutenir de toute la force de son énergie un ordre de choses qu'elle jugerait pouvoir assurer son bonheur.

Les nations voisines envieraient notre sort, désireraient même se réunir à nous pour jouir des mêmes lois, ou elles forceraient leurs gouvernements à nous imiter. Dans cette position, il serait impossible à leurs souverains de les exciter à nous faire la guerre.

Il y a des hommes d'état qui croient que ce n'est pas avec des lois qu'on fait aller le commerce, et que le commerce reprend de lui-même lorsque la tranquillité règne dans un pays.

Cette opinion présente un cercle vicieux : car du moment où le besoin de certaines lois se fait sentir, la tranquillité ne peut régner tant que ce besoin n'est pas satisfait.

Si les lois sont impuissantes pour faire aller le commerce, on pourrait alors, sans inconvénient, rétablir les corporations, les monopoles, les substitutions, les dîmes, et alors on verrait quelle serait l'influence de pareilles lois sur l'industrie.

Les lois que l'industrie attend maintenant sans pouvoir les définir sont aussi indispensables à son développement que les lois qui, dans la première révolution, ont aboli les corporations, les monopoles, les substitutions, les dîmes et les droits féodaux.

Les lois qui ont été rendues à cette époque sur ces diverses matières étaient aussi indispensables à la prospérité de la France que celles que nous réclamons maintenant sur le monopole des banques, sur les formes judiciaires, sur les faillites, sur les priviléges de divers créanciers, sur la mobilisation du sol, sur le mode de répartition de l'impôt.

Nous faisons des vœux bien sincères pour que le gouvernement sente enfin que c'est dans la solution des questions qui s'agitent sur ces divers points de notre législation que se trouvent les éléments d'ordre qu'il cherche vainement dans des combinaisons plus ou moins habiles sur la pondération des pouvoirs, sur la responsabilité des ministres et sur toutes autres matières, qui n'influent que très faiblement sur le sort des classes inférieures.

Dans notre prochaine lettre, nous indiquerons divers autres modes d'impôts que nous croyons pouvoir être substitués à ceux maintenant en vigueur.

SEIZIÈME LETTRE *.

DU SYSTÈME D'IMPOT A SUBSTITUER A CELUI QUI EST MAINTENANT EN VIGUEUR.

Si l'on parvient à établir un impôt progressif sur les revenus des citoyens, ainsi que nous l'avons proposé dans nos 13e et 14e lettres, les charges de l'état seront plus justement réparties, et l'on aura le moyen d'asseoir certains impôts mieux qu'ils ne le sont maintenant.

Pour atteindre ce double résultat on doit s'empresser de centraliser, ainsi que nous l'avons indiqué, au lieu du domicile de chaque citoyen, les divers éléments constitutifs de son revenu.

Cette centralisation permettra d'abord d'apporter une amélioration notable dans la fixation des droits actuellement établis sur les successions et sur les donations entrevifs.

ÉTABLISSEMENT D'UN IMPÔT PROGRESSIF SUR LES SUCCESSIONS ET SUR LES DONATIONS ENTREVIFS, POUVANT PRODUIRE PLUS DE 100 MILLIONS.

Le revenu d'un citoyen étant connu au lieu de son domicile, il sera facile d'en déterminer le capital.

Les déclarations de succession seront bien plus conformes à la vérité qu'elles ne le sont maintenant.

L'actif des successions étant bien déterminé, il nous paraît injuste de maintenir les droits actuels, dont la proportion est la même,

* Extrait du *Globe* du 24 octobre 1831.

soit qu'il s'agisse d'une succession de 1,000 fr. ou d'une succession de 100,000 fr.

Cependant celui qui n'hérite que de 1,000 fr. peut bien moins payer un droit de 10 fr. que celui qui hérite de 100,000 fr. ne peut payer 1,000 fr.

Nous pensons que, si on maintient le droit de 1 p. 100 pour celui qui hérite de 1,000 fr. en ligne directe, on peut imposer celui qui hérite de 100,000 fr. à un droit de 7 ou 8 p. 100.

Mais les droits établis sur les successions et sur les donations entre vifs peuvent subir une augmentation bien plus notable.

C'est bien ici le cas d'appliquer ce principe que l'*impôt doit prendre où il y a*. Celui qui hérite de son père ou de son frère, ou celui qui en reçoit un don entre vifs, peut bien plutôt payer un impôt que l'ouvrier qui achète du vin, du sel ou du tabac, avec le produit de son salaire.

L'héritier ou le donataire peut très bien supporter un impôt un peu élevé sur un capital qui n'est dans ses mains le fruit d'aucun travail.

On a de la marge, sur ce terrain, avant de réduire l'héritier ou le donataire à s'imposer les privations que les impôts indirects font subir aux classes laborieuses qui forment l'immense majorité de la nation.

Nous croyons que les dispositions suivantes pourraient être adoptées sur cette matière, sans aucune espèce d'inconvénient.

Les donataires et les héritiers en ligne directe seraient soumis à un impôt progressif réglé ainsi qu'il suit :

Pour une somme de 5,000 f. et au-dessous, il serait perçu un droit de 4 p. 100, et pour une somme

de	5 à 10,000	4 1/2 p. 100	de	55 à 60,000	8	p. 100
	10 à 15,000	4 3/4		60 à 65,000	8 1/2	
	15 à 20,000	5		65 à 70,000	9	
	20 à 25,000	5 1/4		70 à 75,000	9 1/2	
	25 à 30,000	5 1/2		75 à 80,000	10	
	30 à 35,000	5 3/4		80 à 85,000	10 1/2	
	35 à 40,000	6		85 à 90,000	11	
	40 à 45,000	6 1/2		90 à 95,000	11 1/2	
	45 à 50,000	7		95 à 100,000	12	
	50 à 55,000	7 1/2		100,000 et au-dessus	12 1/2	

Les donataires et les héritiers collatéraux ou non-parents paieraient le double du tarif ci-dessus.

On reconnaîtra que ce tarif est très juste, si on le compare à celui qui est maintenant en vigueur.

Les transmissions entre vifs, à titre gratuit, en ligne directe, sont réglées ainsi qu'il suit :

Par contrat de mariage	(meubles). . .	0 f. 62 c. 1/2 p. 100.
Id.	(immeubles). .	2 75
Hors contrat de mariage	(meubles). . .	1 25
Id.	(immeubles). .	4

Les mutations par décès en ligne directe sont taxées, savoir :

Mutations de meubles . .	»	25 c. p. 100.
Id. d'immeubles	1 f.	»

Ainsi, dans l'état actuel de la législation, celui qui recueille de la succession de son père pour 5,000 fr. d'immeubles ne paie, à raison de 1 p. 100, qu'une somme de 50 fr. ; mais pour liquider cette succession il dépense quelquefois 2 ou 300 fr. ; il y a même des cas où les frais de liquidation absorbent tout l'actif de la succession.

Et celui qui recueille de la succession de son père pour 100,000 fr. d'immeubles ne paie également qu'à raison de 1 p. 100, c'est-à-dire 1,000 fr. ; mais les frais de liquidation étant à peu près les mêmes que pour celui qui n'hérite que de 5,000 fr., il en résulte que l'un est bien plus favorablement traité que l'autre.

D'après le tarif que nous proposons, pour la ligne directe, le donataire ou l'héritier qui recueillera un capital d'une valeur de 5,000 fr. paiera un droit de 4 p. 100 (1), c'est-à-dire 200 fr., soit qu'il s'agisse de biens meubles ou immeubles, soit qu'il les recueille entre vifs ou par décès ; mais il ne paiera presque aucuns frais de liquidation, les formes judiciaires devant être rendues plus simples et beaucoup moins dispendieuses, ainsi que nous l'avons expliqué dans notre cinquième lettre.

(1) Il est à remarquer que ce taux est le même que celui établi sur les donations d'immeuble, en ligne directe, hors contrat de mariage, d'après la loi actuelle.

Ce donataire ou cet héritier sera donc traité bien plus favorablement qu'il ne l'est maintenant.

D'après le même tarif, celui qui sera donataire ou héritier d'un capital d'une somme de 100,000 fr. en ligne directe paiera 12,500 fr.

Certes ce mode d'impôt est bien plus juste que celui maintenant en vigueur, qui a produit des résultats tels, que l'on peut dire qu'EN FRANCE IL N'Y-A QUE LES GRANDES FORTUNES QUI SE TRANSMETTENT PAR HÉRITAGE : LE PÉCULE D'UN PÈRE LABORIEUX EST PRESQUE TOUJOURS DÉVORÉ PAR L'IMPÔT ET PAR LES FRAIS DE JUSTICE.

Nous ne voyons aucune raison d'établir des droits différents, selon qu'il s'agit de biens meubles ou immeubles, et selon que ces biens sont transmis par donations entrevifs ou par décès.

Enfin puisque celui qui achète un immeuble avec un capital qui est le plus souvent le fruit de son travail paie maintenant un droit de plus de 6 p. 100, celui qui n'a eu que la peine de naître pour devenir propriétaire des biens que lui a laissés son père peut bien payer 4 p. 100 au lieu de 1 p. 100, taux actuel.

Toutes les considérations que nous venons de faire valoir à l'égard des biens meubles ou immeubles donnés ou légués en ligne directe s'appliquent aux biens meubles ou immeubles donnés ou légués en ligne collatérale ou entre personnes non parentes.

L'impôt progressif appliqué à ces deux espèces d'héritiers ou de donataires ne produira que des résultats conformes à la plus rigoureuse justice.

Lorsque les revenus des donateurs ou des défunts auront été établis d'avance pour asseoir l'impôt direct progressif, l'impôt que nous proposons pourra être perçu facilement et presque sans déficit.

Cet impôt produira environ 100 millions de plus que l'impôt actuellement établi sur les donations et les successions.

En voici la preuve :

En ligne directe les dons faits pendant l'année 1829 se sont élevés à une somme capitale de. . . . . 429,255,821 f.
et les successions à une somme de. 949,565,399

Total. . . . 1,378,825,220

En supposant que chaque don ou chaque succession ne se fût élevé qu'à une somme de 5,000 f., l'année 1829 eût produit, à raison de 4 p. 100, 55,153,000

Ce n'est pas exagérer que de supposer un produit de la moitié de la somme ci-dessus pour les dons et les successions excédant 5,000 fr., auxquels le tarif progressif eût pu être appliqué . 27,576,500

Total. . . . 82,729,500

En ligne collatérale, pendant l'an 1829, les dons entrevifs se sont élevés

Entre époux, à	3,310,075 f.
Entre personnes non parentes, à	11,103,422
Les successions se sont élevées	
Entre époux, à	130,295,000
Entre collatéraux, à . . .	242,484,000
Entre personnes non parentes, à	33,525,000
Total. . .	420,717,497

En supposant que chaque don ou que chaque succession ne se fût élevé qu'à une somme de 5,000 f., l'année 1829 eût produit, à raison de 8 p. 100 33,657,360

A ajouter moitié en sus de cette somme pour les dons ou les successions qui ont excédé 5,000 f. 16,828,680

50,486,040 } 50,486,040

Total 133,215,540

Les dons et successions n'ont rapporté, d'après le tarif actuel, que 31,000,334

Le bénéfice résultant du tarif proposé eût été pour le trésor de 102,213,206

L'impôt que nous proposons sur les dons et sur les successions aurait donc ce double avantage d'être conforme au principe de la plu rigoureuse justice et d'être très productif.

ABOLITION DU DROIT DE SUCCÉDER EN LIGNE COLLATÉRALE AU-DELA DU SIXIÈME DEGRÉ.

Aux termes de l'art. 754 du code civil les parents au-delà du 12e degré ne succèdent pas.

Rien ne s'oppose à ce qu'une loi nouvelle exclue les parents du 11e ou du 10e degré, et ainsi de suite, à mesure que l'opportunité de cette mesure sera reconnue.

Au 4e degré les sentiments de famille sont déjà bien faibles; ce sont des cousins-germains ou des petits-neveux, entre lesquels les liens du sang sont maintenant comptés pour fort peu de chose.

Au 6e degré ce sont des petits-cousins ou des seconds arrière-neveux. Nous ne voyons aucun inconvénient à la suppression immédiate du droit d'héritage au-delà du 6e degré, sans préjudice du droit de tester, auquel il ne serait porté aucune atteinte.

Il y a bien peu de personnes qui règlent leur conduite d'après l'espérance qu'ils ont d'hériter d'un petit-cousin ou d'un second arrière-grand-oncle

Le capital des successions en ligne collatérale s'élève maintenant à 242,480,000 fr. par année.

Nous savons que les droits de succession sont perçus sur des déclarations dans lesquelles on ne déduit pas les dettes, et que sous ce rapport l'actif réel n'est pas le même que celui indiqué dans ces déclarations.

Mais nous savons aussi qu'en général ces déclarations dissimulent le véritable actif, ce qui n'aura pas lieu lorsque l'état, devenant héritier au-delà du sixième degré, aura le droit de prendre toutes les mesures conservatoires qu'il jugera convenables pour ses intérêts.

On ne peut évaluer quel sera le produit de la suppression du droit d'hériter au-delà du 6e degré : les comptes publiés chaque année ne fournissent pas de données suffisantes pour établir une prévision à cet égard; mais quel que soit le produit de cette suppression, elle sera jugée utile, nous n'en doutons pas.

Les deux mesures financières que nous indiquons dans cette lettre seront vivement désirées lorsque l'on connaîtra l'emploi qui pourrait être fait des capitaux qu'elles produiront.

INDICATION DE L'EMPLOI QUI POURRAIT ÊTRE FAIT DES CAPITAUX QUI SERONT LE PRODUIT DES DEUX MESURES FINANCIÈRES CI-DESSUS INDIQUÉES. — CRÉATION D'UNE BANQUE NATIONALE.

Ces capitaux pourraient être employés à supprimer les impôts indirects qui pèsent le plus sur les classes inférieures, ou à fonder de larges institutions de crédit.

Dans ce dernier cas il serait possible, avec une recette annuelle de plus de 100 millions, de fonder une *banque nationale* qui exercerait une influence immense sur le sort de notre industrie.

La banque de France jouit d'un privilége qui lui confère le droit exclusif d'émettre des billets au porteur jusqu'en 1843.

Ce privilége lui procure depuis 1803 un bénéfice annuel de 2 à 3 millions. Peut-être pourrait-on abolir ce privilége sans indemnité. Cependant, si l'on juge convenable d'en accorder une, elle pourrait être évaluée à 1 ou 2 millions par an, à prendre jusqu'en 1843 sur les 100 millions dont nous venons de parler.

Cette mesure mettrait le gouvernement à même de permettre aux citoyens de fonder des banques libres en remplissant certaines conditions qui seraient déterminées.

Elle permettrait en outre de transformer la *banque de France*, qui n'est qu'une spéculation individuelle, en un établissement public qui prendrait le nom de BANQUE NATIONALE.

Dans les années 1828 et 1829 la banque de France a fait pour 407 et 434 millions d'escomptes, et sur ces opérations elle a perdu 52,650 et 65,500 fr., mais elle a gagné 2,519,432 et 2,585,553 fr.

Si, au lieu de se proposer de gagner, la banque n'eût eu pour but que de seconder le commerce dans ses travaux, au risque même de perdre quelques millions, au lieu de faire pour 400 millions d'escomptes, elle eût pu en faire pour un milliard.

En 1830 elle a fait pour 617 millions d'escomptes, sur lesquels elle a perdu 750,000 fr.; mais cette perte a été balancée par des bénéfices tels qu'elle a réalisé un bénéfice net de 4,021,068 fr.

On voit clairement qu'une banque qui se proposerait de perdre 50 ou 60 millions pourrait faire pour 5 ou 6 milliards d'escomptes.

C'est précisément ce que nous voudrions que fît une *banque nationale.*

Elle créditerait les banques libres qui s'établiraient pour seconder les différentes branches spéciales de commerce, et calculerait d'avance que, sur le nombre des banques qu'elle aurait créditées, une ou deux venant à manquer, elle éprouverait *telle* perte, qui serait couverte par un crédit ouvert sur les 100 millions ci-dessus.

Dans ce système tout individu qui serait capable d'exercer une industrie quelconque trouverait dans la banque qui créditerait cette industrie les capitaux qui lui seraient nécessaires pour se livrer à la profession qu'il aurait embrassée.

Et si des écoles spéciales étaient fondées dans chaque branche d'industrie, les jeunes gens qui se seraient distingués dans ces écoles obtiendraient la confiance des banques, et y trouveraient le crédit qui leur serait nécessaire pour faire valoir leurs talents.

Il n'est pas douteux que des capitaux ainsi répartis le seraient beaucoup mieux que PAR LE HASARD DE LA NAISSANCE.

Dans tous les cas il est certain que de telles institutions influeraient plus sur la prospérité du pays que quelques millions employés en travaux de charité.

Ce système de crédit ferait baisser considérablement le taux de l'intérêt de l'argent, puisque chaque travailleur tiendrait les capitaux qu'il emploierait directement de la banque qui l'aurait crédité, sans être obligé, comme maintenant, de subir la loi de deux capitalistes intermédiaires sans la signature desquels la banque de France refuse tout crédit.

Au lieu d'avoir des fonds à 12 ou 15 p. 100, le travailleur ne paierait qu'un intérêt de 3 ou 4 p. 100 tout au plus.

Conservant ainsi une plus grande part dans le fruit de ses travaux, il serait moins exposé au désastre de la faillite.

D'un autre côté, *les formes judiciaires* étant extrêmement simplifiées, et les immeubles pouvant plus facilement changer de mains par l'effet de la mesure de *la mobilisation du sol* dont nous avons parlé dans nos huitième et neuvième lettres, chaque travailleur pourrait toujours disposer de toutes ses valeurs et opérer promptement ses recouvrements.

Dans cette position il présenterait beaucoup plus de garanties qu'il n'en offre dans l'état actuel de la législation.

La mobilisation du sol devant mettre une masse énorme de capitaux en circulation, les banques elles-mêmes seraient moins exposées à faillir.

Lorsque l'intérêt de l'argent aura subi une baisse considérable, les produits seront établis à des prix très modérés.

Les effets désastreux de la concurrence seront dès lors neutralisés par deux circonstances :

D'une part la banque nationale étant la source de tout crédit pourra exiger des banques inférieures qu'elle créditera tous les renseignements qu'elle jugera utiles pour établir chaque année une statistique de plus en plus parfaite sur la production et la consommation.

Cette statistique rendue publique fera connaître aux producteurs la direction qu'ils devront donner à leurs travaux.

D'un autre côté, chaque travailleur, conservant par la baisse du taux de l'intérêt une part plus grande dans le fruit de son travail, pourra consommer presque autant qu'il aura produit.

Et cette pondération de la production et de la consommation fera de plus en plus disparaître les effets fâcheux de la concurrence, au grand avantage de tous les travailleurs.

Le taux de l'intérêt de l'argent baissant de plus en plus, l'état contractera facilement des emprunts lorsqu'il aura besoin de capitaux.

A mesure que cet ordre de choses se perfectionnera l'opinion publique manifestera le désir de voir les produits des héritages rentrer de plus en plus dans les caisses de la banque nationale, pour qu'elle soit à même de seconder les institutions de crédit qui se seront formées.

Combien ne sera-t-il pas agréable à un citoyen parvenu à l'âge de 20 à 25 ans de trouver dans les banques le crédit qui lui sera nécessaire pour exercer l'industrie qu'il aura embrassée!

Quel est celui qui ne préférerait pas qu'on lui prêtât 20,000 fr., par exemple, à l'âge de 25 ans, plutôt que d'hériter de 20,000 fr.

à l'âge de 50 ans, après avoir traîné une vie misérable sans avoir eu les moyens d'exercer l'état auquel il était destiné ?

Nous n'hésitons pas à prédire que, lorsque les institutions de crédit que nous annonçons auront été fondées, ceux même qui ont des héritages à attendre demanderont l'abolition du principe de l'hérédité, pour jouir de suite des bienfaits de ces institutions dans leur plus grand développement.

C'est ainsi que les diverses mesures que nous avons proposées seront réclamées par ceux-là même dont elles paraissent blesser le plus les intérêts.

Les réformes indiquées dans cette lettre et dans les précédentes peuvent déjà donner une idée assez large des modifications importantes qui seront apportées à notre ordre social par l'application du principe qu'*une égale protection est due à l'industrie et à la propriété*. On peut facilement pressentir toutes les conséquences qui peuvent découler de ce principe fécond.

Dans une nouvelle série de lettres nous passerons à d'autres considérations, nous indiquerons les moyens de réaliser progressivement la suppression des impôts qui doivent être remplacés, nous parlerons ensuite des *dépenses de l'état* et de l'organisation des pouvoirs législatifs.

www.ingramcontent.com/pod-product-compliance
Ingram Content Group UK Ltd.
Pitfield, Milton Keynes, MK11 3LW, UK
UKHW021850190726
13855UKWH00001B/250

9 782013 473637